同济大学经济与管理学院资助出版

管
EM

中国经济增长的
新要素和新模式

管莉花 等 著

同济大学出版社
TONGJI UNIVERSITY PRESS

图书在版编目(CIP)数据

中国经济增长的新要素和新模式 / 管莉花等著. —
上海：同济大学出版社，2019.1
ISBN 978-7-5608-8291-8

Ⅰ. ①中… Ⅱ. ①管… Ⅲ. ①中国经济—经济增长—
研究 Ⅳ. ①F124.1

中国版本图书馆 CIP 数据核字(2018)第 295109 号

中国经济增长的新要素和新模式

管莉花 等 著

出 品 人 华春荣 策 划 吕 炜 陆克丽霞 责任编辑 熊磊丽
责任校对 徐春莲 封面设计 陈益平

出版发行 同济大学出版社 www.tongjipress.com.cn
(地址:上海市四平路 1239 号 邮编：200092 电话:021-65985622)
经 销 全国各地新华书店、网络书店
排版制作 南京展望文化发展有限公司
印 刷 江苏凤凰数码印务有限公司
开 本 710 mm×1000 mm 1/16
印 张 18.75
字 数 375000
版 次 2019 年 1 月第 1 版 2019 年 1 月第 1 次印刷
书 号 ISBN 978-7-5608-8291-8

定 价 88.00 元

前言

FOREWORD

经济增长的新要素开发与模式转换是新常态下中国经济增长中的关键问题,本书从三个方面展开了论述。首先从消费结构与居民生活消费对碳排放的影响研究开始,分析碳排放强度的空间效应及地区收敛性;其次,从影响收入差距的两个方面(要素价格扭曲及社会资本)分析其对收入差距的影响。最后,从上市家族企业的公司治理结构角度,实证分析了公司治理结构对企业绩效的影响。

本书分为三个部分:第一部分由管莉花、谷子豪撰写。管莉花从消费结构与居民生活消费碳排放角度,使用 Urban-RAM 模型对选取的我国 12 个省、直辖市 2001—2015 年的居民生活消费碳排放进行测算,并对居民生活消费总体碳排放强度及分领域碳排放强度的特点及其变化趋势等进行分析。在此基础上,引入泰尔指数进行居民生活消费碳排放区域差异研究,判断是否存在区域差异,并观察其变化趋势,哪些领域造成了区域差异。之后,建立面板数据模型进一步深入研究确定消费结构升级是否会显著影响居民生活消费碳排放。研究发现,消费结构升级确实会显著影响居民生活消费碳排放,且目前总体上会给居民生活消费碳排放强度带来正向作用;第三产业占比、开放度显著负向影响居民生活消费碳排放强度,技术水平表现为显著正向影响。谷子豪以 2003—2015 年我国 30 个省市为研究对象，对碳排放强度进行核算，探讨其地理空间相关性特征，并对比研究引入空间效应后收敛性的变化，不仅为政府制定和实施关于节能减排政策提供理论支持，也对政策的出台与制定提供参考建议。首先，根据联合国政府间气候变化专门委员会(Intergovemental Panelon Climate Change，IPCC)所提供的各能源排放系数并基于能源平衡表，分别估算了各省市碳排放总量及碳排放强度数据。其次，根据我国区域资源禀赋的非均衡性，构建了两种不同的空间权重矩阵，并测算2003—2015年的莫尔指数，检验省市间的空间相关性；最后，引入收敛模型，分别对不含空间效应、引入邻近空间权重矩阵及引入综合空间权重矩阵进行对比分析。研究表明：① 从全国角度来看，我国的碳排放总量和碳排放强度均具备“西高东低”“北高南低”的特征，从省际层面看，个别区域碳排放强度一直徘徊在高位甚至向相反方向演化，达成碳排放强度下降目标任务艰巨，减排政策的制定也需要因地制宜；② 引入空间权重矩阵对碳排放强度的空间相关性进行检验，表明中国省际间碳排放强度存在正相关性，其中基于资源禀赋及地理距离建立的综合空间权重矩阵相比常规的邻近空间权重矩阵所得到的莫尔指数更高，各省市的碳排放强度的正相关性更强；③ 基于2003—2015年全国30个省市的面板数据的收敛性研究表明，全国范围内，无论是否引入空间效应碳排放强度，在所研究期间均不存在绝对β收敛，但若将中国分为东、中、西三部分，在引入空间效应下，东部地区存在绝对β收敛，意味着东部各省碳排放强度收敛于同一稳态；④ 分别在无空间效应、引入邻近空间权重及引入综合空间权重下引入控制变量，结果表明，碳排放强度在三种情况下均存在条件β收敛，意味着全国各省市碳排放强度收敛于各自稳态水平。引入空间权重后，控制变量的显著性及拟合优度得到提升；综合空间权重相比临近空间权重拥有显著的空间相关系数，因此更具实际意义。

本书第二部分由李锋、王奇撰写。李锋从要素价格扭曲和要素收入份额变动角度出发，明确要素价格扭曲的定义、形成原因、常见的度量方法以及对经济的影响效应，并对要素收入分配结构的变动趋势、变动原因以及经济后果三个方面分析，明确在中国环境下收入份额变动的现状及其具体原因。李锋通过对经典理论模型的梳理，根据中国存在要素价格扭曲的现实经济背景，构建理论模型分析表明，要素价格扭曲是导致要素收入份额变动的主要变量。借助中国工业企业数据库(1998—2010)在微观企业层面开展实证分析。通过对数据的描述性统计发现，中国要素收入分配结构表现出强资本弱劳动的变动趋势，分解结果表明，行业内效应是变动的主要原因。考虑扭曲、政府干预、出口、市场分割等因素，并从企业异质性特征、地区等多维度进行分析。研究结果表明，在中国背景下，资本要素价格扭曲和劳动要素价格扭曲都导致了要素收入分配的恶化，主要可以从要素替代性、政策导向、二元经济结构等多个方面进行解释。王奇根据2008年中国家庭收入调查(CHIP)数据，对社会资本是否对收入及收入差距存在显著影响进行分析。在计量方法上，首先通过OLS回归，进行变量选择发现；其次，采用分位数回归比较社会资本对不同收入群体的影响，并且检验影响差异的显著性。最后，对社会资本贡献或者引起了多大程度的收入差距，采用基于夏普值的分解方法，对基尼系数、广义熵和Atkinson指数三个收入差距指标进行分解。研究结论表明，总体而言，社会资本强弱关系对不同收入群体的影响存在显著不同的差异，其中强关系对不同收入群体收入的影响呈倒U形，弱关系中社会网络地位同样呈现倒U形，而社会网络规模则表现出了规模效应递增的特征，高收入人群的社会资本收益率更高。社会资本对收入差距的贡献水平接近教育的二分之一，同物质资本持平，与以往主要着眼人力资本和物质资本相比，社会资本的重要程度不言而喻。同时，分区域对收入差距进行了分解，研究发现，社会网络规模在东部地区的贡献度排名远高于中西部，社会网络地位在西部排名比较高，强关系的排名在三个区域持平，上述结果表明，在市场化水平较高的地区，家庭背景的影响较低，而个体后天的努力和所处环境更加重要。

第三部分由王琪瑶、吴悦撰写。王琪瑶从上市家族企业的公司治理结构角度，实证分析了公司治理结构对企业绩效的影响。选取了在中小企业板上市的71家家族企业2015年的数据作为研究样本，分别以ROE和托宾Q作为被解释变量，建立了企业短期绩效模型和长期绩效模型。回归结果显示，企业短期绩效模型并不具有统计学意义，治理结构各影响因素未对ROE呈现显著的正向或负向影响。但是，企业长期绩效模型具有统计学意义，并且监事会的规模和家族控股比例对企业价值呈正向影响，资产负债率对企业价值呈负向影响。吴悦从市场环境、定价分析和实证研究三个方面论证将中国艺术品投资应用于资产组合管理的可行性。通过对政治法律环境和宏观经济环境的外部环境分析以及市场二级结构和艺术品基金的内部环境分析，阐明了我国艺术品市场已初步具备支持投资者投资艺术品的市场环境条件；其次，基于对已有文献的整理，总结了影响艺术品价格的客观因素，并加以主观因素的分析，探求艺术品资产的定价规律，为投资者的价格决策提供依据；再次，通过实证分析，展示了上证综合指数、上证国债指数、Au99.99价格和艺术家市场指数的收益风险状况及相关性，并通过对比分析含有和不含艺术品的资产组合之间的收益风险状况的差异，证明了将艺术品引入投资组合可以有效地改善投资组合质量。

经济增长的新要素开发主要表现为结构转变、配置效率的改善及供给侧改革等。中国经济的新模式由高速增长体现为高质量增长，更加注重节能环保（碳排放），也更加注重改善民生（收入分配），本书从碳排放与收入分配的角度，提供了一个很好的宏观视角。同时，本书从家族企业的公司治理结构及艺术品投资的角度，提供了一个微观的视角。本书丰富了“中国经济增长的新要素和新模式”的研究，可以为对经济增长感兴趣的学者提供新思路及新启发。

目录

CONTENTS

第一篇

消费结构与居民生活消费碳排放研究

管莉花

一、引言

（一）研究背景

20世纪末，人们发现全球平均气温较之100年前有了明显的上升，全球气候变暖现象出现。不断加剧的全球气候变暖使得海平面上升，冰川融化，极端天气和气候事件发生频率升高，危害自然生态系统的平衡，威胁人类的生存。人们开始意识到在发展经济的同时，也应更加关注气候、环境问题，寻求最大化可持续发展。IPCC第五次评估报告指出：1983—2012年很可能是北半球过去1 400年以来最热的30年，全球几乎所有地区都经历了升温过程；1880—2012年，地球表面平均温升达0.85℃；2003—2012年的平均温度比1850—1990年平均温度升高了0.78℃（IPCC，2013）。大气和海洋已变暖，冰雪在减少，海平面在上升，说明气候变暖问题依旧非常严峻。相比之前的评估报告，此次报告更为明确地指出温室气体排放已经成为20世纪中期以来气候变暖的主要原因。大气中各类温室气体浓度显著升高是毋庸置疑的事实，统计资料显示，大气中的二氧化碳浓度达到过去80万年以来的最高水平。由此可知，缓解全球气候变暖的关键是使得二氧化碳排放得到控制。目前，碳减排问题已成为国际社会关注的焦点，从1992年通过的《联合国气候变化框架公约》到2005年正式生效的《京都议定书》，再到2015年协议通过的《巴黎协定》，都体现了国际社会高度重视碳减排问题。在这样的大背景下，大部分国家都已开始寻找减排方法，追求低碳发展。

我国也多次在重要会议、报告中将低碳发展放在重要位置，并在努力寻找减少碳排放的方法措施。2009年11月，联合国气候变化会议在丹麦哥本哈根举行，会议前夕，我国正式公布了温室气体减排计划，承诺到2020年单位国内生产总值二氧化碳排放比2005年下降40%～45%。2015年末的气候变化巴黎大会上，习近平主席提出中国将在2030年达到单位国内生产总值二氧化碳排放比2005年下降60%～65%的目标，使得二氧化碳排放达到最低值。“十三五规划”指出要“推动低碳循环发展；推进交通运输低碳发展；主动控制碳排放，加强高耗能行业能耗管控;实施循环发展引领计划”。党的十九大报告也首次将“美丽”作为社会主义现代化强国的限定词之一,提出要在未来把我国建成富强、民主、文明、和谐、美丽的社会主义现代化强国。报告提及生态环境11 次,提及低碳 4 次,对于生态文明建设、低碳发展的重视程度更上一层楼。改革开放以来,庞大的人口基数及经济的迅速发展使我国碳排放总量不断上升,目前,我国已成为碳排放总量第一的国家。在这样的形势及全球关注碳排放的背景下,控制碳排放增长,寻找碳减排措施成为我国亟待解决的问题。

党的十九大报告明确指出,在建设美丽中国的道路上需要着力解决突出环境问题,提倡全民共治,并从源头进行防治,持续实施防治行动,保卫蓝天。那么,到底何谓大气污染的源头呢,碳排放产生的根源在哪里呢?

长期以来,工业、能源供应业、交通运输业等一直是全球碳排放的主要部门,多数国家也着力寻找方法措施减少这些部门的碳排放。以我国为例,全国碳交易市场已于 2017 年 12 月 19 日正式启动,颁布了《全国碳排放权交易市场建设方案(发电行业)》,可以明显看到,电力行业将是全国碳市场的主力军。我国目前实施的碳排放控制措施依旧主要集中于传统工业、能源供应业等部门。然而,近年来的一些研究、报告显示,与居民生活消费相关的能源消耗大幅度增长,甚至已经超过了产业部门所消耗的能源量,成为二氧化碳排放的又一主要增长点。以美国为例,1949 年美国能源总消费中,工业能耗、交通能耗和居民生活能耗分别占比为 46%、25%、17.5%,到 2013 年,工业用能、交通用能和居民生活用能比重变为 32.2%、27.7%、21.7%,可以明显看出,居民生活能耗占比上升,而工业用能占比显著下降。正如 IPCC 报告中所述,人类活动对全球气候变暖起主导作用。众所周知,人类活动影响气候的途径主要是对外排放温室气体,资料显示,20 世纪中叶以来,全球气候变暖一半以上是由人类活动造成的。居民生活消费是人类活动的主要内容,二氧化碳又是最重要的一种人为温室气体,居民通过能源消费消耗向外界排出二氧化碳,同时,居民消费的产品及服务在其原料、生产、运输、销售和终端使用过程中都会承载能源消耗,也会带来碳排放的增加。这就是说,居民生活消费产生的碳排放已经成为总体碳排放的重要组成部分,在很大程度上影响着全球气候,我们需要高度重视居民生活消费碳排放。

谈到居民生活消费碳排放,自然而然就会想到其与消费这一人类生活的主题有着密不可分的联系。目前,我国消费方面的情况也正经历着很大变化。2015

年，消费成为我国经济增长第一驱动力，对经济增长的贡献率高达66.4%①。最值得关注的是，我国目前正在经历一场消费结构升级的"革命"，消费结构升级成为近几年热议的话题之一。简单地说，消费结构就是消费者购买各种消费品及劳务产生的支出在总消费支出中所占的比例。消费结构的变迁，事实上是在总消费支出中，各种消费支出所占比重的变化过程。与过去的消费结构相比，我国的消费结构正由生存型消费向享受型、发展型消费升级，由物质型消费向服务型消费转移，且升级趋势明显。根据国家统计局公布的数据可以看出，我国城镇居民在食品烟酒、衣着等方面的消费支出占比呈下降趋势，食品烟酒支出占比从2001年的37.94%下降至2016年的29.30%②。而这一部分消费支出占比的下降，也就意味着享受型、发展型消费支出占比的显著提升。事实证明，我国的消费结构正在经历巨大转变。

（二）研究意义

首先，碳排放作为环境污染的一个衡量标准，需要通过测算得出。测算居民生活消费碳排放能够直观明确地了解目前居民生活消费碳排放的现状及变化趋势，掌握居民生活消费对环境的影响情况有助于更好地确定碳减排的目标及方向。

其次，中国幅员辽阔，人口、经济发展水平、资源禀赋、交通区位等情况的不同可能会带来各地区居民生活消费碳排放的巨大差异。碳减排的责任不应当是平均分配至每个省市，而应当在考虑各区域碳排放差异的基础上合理安排和分配碳减排责任。因此，在核算居民生活消费碳排放的基础上，研究我国是否存在居民生活消费碳排放的区域差异以及该差异的变化趋势，能够为未来合理确定并分配各省市的碳减排责任提供重要依据。

正如研究背景中提到的，目前我国消费领域发生重大变化，消费结构表现出明显的升级趋势。消费作为一种关键经济行为，不仅会影响资源的利用，也会带来对环境的影响。随着消费水平提升，直接能源消费、对强排放消费品需求也会上升，增大对资源和生态环境的压力。我国目前的消费结构正经历从生存型消费向享受型、发展型消费升级，从理论上说，一方面，这会带来汽车、住房等消费的相对增加，而这部分消费会使能源消费增加，带来对环境的压力；另一方面，消

① 数据引自新华网新闻。
② 数据引自国家统计局。

费结构升级意味着污染排放较少的产品/服务的消费比重增加，服务性消费支出增加，环保意识有所增强，从而减少消费对环境的负面影响。那么，消费结构升级是否真的会对环境产生影响，其影响是怎样的？本文通过消费结构与居民生活消费碳排放的研究，可以有效判断消费结构升级是否显著影响居民生活消费碳排放并清晰掌握如何影响这一关键。在该研究的基础上，可以确定居民生活消费领域有效的碳减排措施，更有针对性更科学地促进低碳发展。因此，本文的研究具有较强的理论及现实意义。

（三）研究对象与概念界定

本文的主要研究对象为居民生活消费碳排放，主要针对居民生活消费领域的直接和间接碳排放。本文中的居民生活消费碳排放涉及居住建筑、基础设施、家庭消费、交通工具这四个与居民生活消费密不可分的领域。所谓居民生活消费领域的直接碳排放，是指居民通过直接消费消耗能源向外界排出二氧化碳，而居民生活消费间接碳排放是指居民生活消费所使用的产品和服务在其原料、生产、运输、销售和终端使用过程中都会承载能源消耗，也会带来碳排放的增加。

另外需要界定的概念是居民生活消费碳排放强度，本文中的居民生活消费碳排放强度是居民生活消费碳排放与最终消费支出的比值，含义是每 1 元消费支出带来的碳排放。最终消费支出是政府消费支出和居民消费支出的总和。在国家统计年鉴中，对于最终消费支出的解释如下：最终消费支出是常住单位为满足物质、文化和精神生活的需要，从本国经济领土和国外购买的货物和服务的支出。由于本文提及的居民生活消费碳排放包含居民生活消费中对于基础设施等公共服务的使用所产生的碳排放，因此认为使用包含政府消费支出在内的最终消费支出较之居民消费支出更为合理。

（四）研究内容、方法与框架

1. 研究内容

首先，要进行居民生活消费碳排放的研究，必须要对居民生活消费碳排放的现状有所了解，因此需要对居民生活消费碳排放进行测算。现有文献中出现的方法包括直接测算法和间接测算法两种，两种测算方法使用的方式及测算工具都存在或多或少的不足，本文创新性地采用美国劳伦斯伯克利国家实验室开发的 Urban - RAM(Urban Rapid Assessment Model)模型进行碳排放测算。在此基础上，对所选取的 12 个省、直辖市 2001—2015 年居民生活消费碳排放的测算结果进行描述性分析，从基础层面了解各省、直辖市居民生活消费碳排放的现状及变化趋势，也可以通过结果简单地确认各省、直辖市之间的居民生活消费碳排放是否存在差异。

其次，本文通过使用泰尔指数计算确定所选取 12 个省、直辖市 2001—2015 年间居民生活消费碳排放强度是否存在差异，通过定量计算更直观确定差异大小，并且从结果也能充分了解 15 年间区域差异大小是否发生显著变化，以及变化趋势。区域差异的确认可以为未来合理确定分配 12 个省、直辖市的碳减排份额提供重要依据。

在测算分析居民生活消费碳排放及计算确定是否存在区域差异之后，进行居民生活消费碳排放的影响因素研究，研究的主要方向为消费结构升级是否对居民生活消费碳排放产生显著影响，确定目前的消费变化是否会给居民消费碳排放带来有利或是不利的影响，并在此基础上提出更加有效、更具针对性的生活消费领域的政策措施建议。

2. 研究方法

1) 居民生活消费碳排放测算方法——Urban - RAM 模型

Urban - RAM 模型是美国劳伦斯伯克利国家实验室中国能源组针对中国的具体情况开发的一个碳足迹计算工具。通过搜集模型所需要的多样化的指标数据，可以测算得出居民生活消费碳排放。模型的特点主要在于其不仅能获得居民总体的生活消费碳排放，且能将居民消费碳排放分为居住建筑、交通出行、家庭消费、城市基础设施四个方面，分别体现这四个方面各自的碳排放情况。

该模型中所需使用的数据主要包括 GDP、常住人口、住户数、商业建筑面积(分用途)、住宅建筑面积、交通工具(汽车、出租车、电动自行车、摩托车、公共汽车、轻轨、地铁、高铁)情况、用水量、收入支出等，涉及居民生活消费的方方面面。

与碳排放系数法只计算居民终端能源使用碳排放相比，该法将居住建筑、基础设施、交通出行、家庭消费产生的碳排放均包括在内，更为全面具体，更能真实反映各省市的居民生活消费碳排放情况；而与投入产出分析法及消费品生命周期分析法等间接计算法相比，该法没有复杂烦琐的计算过程，且不以投入产出表作为数据基础。

2) 泰尔指数法

泰尔指数法由泰尔(Theil, 1967)提出，最初使用于测算收入差距，各区域收入份额与人口份额之比的对数的加权和，权数为收入份额，代数公式如下。

$$T=\sum\left[I_i/I\times\ln\left(\frac{I_i/I}{P_i/P}\right)\right] \tag{1-1}$$

其中，T 表示泰尔指数，I 表示总收入，I_i 是第 i 个地区的收入；P 是总人口，P_i 是地区 i 的人口。

泰尔指数一般大于等于 0，得出的数值越小，表示差异越小；反之表示差异越大。如果收入与人口份额比大于 1，表明该区域发达，与之对应的对数值会大于 0，反之，表明该区域落后，对数值会小于 0。

在此基础上，可以类比构建计算居民生活消费碳排放区域差异的泰尔指数，研究人均碳排放差异的代数公式为

$$T=\sum\left[C_i/C\times\ln\left(\frac{C_i/C}{P_i/P}\right)\right] \tag{1-2}$$

其中，C/P 为人均碳排放，C 表示总体碳排放水平，C_i 是第 i 个地区的碳排放水平；P 是总人口，P_i 是地区 i 的人口。

研究碳排放强度差异的代数公式为

$$T=\sum\left[C_i/C\times\ln\left(\frac{C_i/C}{\mathrm{GDP}_i/\mathrm{GDP}}\right)\right] \tag{1-3}$$

其中，GDP 是所有区域的国内生产总值之和，GDP_i 是地区 i 的国内生产总值。

3) STIRPAT 模型

STIRPAT 模型是 IPAT 方程的随机形式。IPAT 方程是一个量化模型，主要用于分析人文因素对于环境的影响，其一般表示为

$$I=P\times A\times T \tag{1-4}$$

其中需要说明的是，T 表示单位国内生产总值创造的二氧化碳排放，即碳排放强度 T 是二氧化碳排放总量与国内生产总值的比值，A 表示人均国内生产总值，P 表示人口总量，I 即为二氧化碳排放量。由于 IPAT 方程结构简单、易于操作，因此被广泛应用于能源与环境经济领域，但它存在的一个缺陷是考察的变量数目有限，所能得到的研究结果基本限于二氧化碳排放与能源、经济及人口在宏观上的量化关系以及对因变量的等比例影响，这成为该方程的最大局限。

为了克服 IPAT 方程的不足，Dietz 等在传统的 IPAT 模型的基础之上提出了 STIRPAT 模型，其标准形式如下：

$$I = aP^b A^c T^d e \tag{1-5}$$

式中，I、P、A、T 分别表示对环境影响、人口、富裕度、技术水平；a 是模型系数；b、c、d 是需要估计的指数；e 是误差项。模型中指数的引入帮助其可用于分析人文因素对环境的非等比例影响。

3. 研究框架

本文的研究框架如图 1-1 所示。

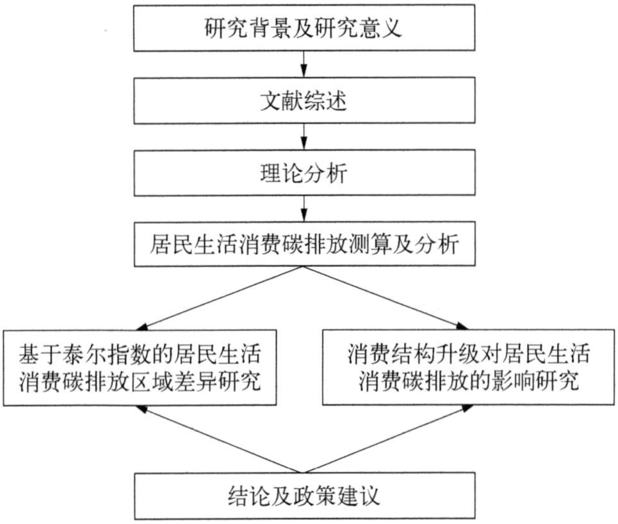

图 1-1　研究框架

（五）内容安排

根据上述研究内容及框架的描述，本文分为七个部分。

第一部分：引言。阐述本文的研究背景及研究意义，明确本文的研究对象及概念界定，并介绍本文的研究内容、研究方法及研究框架。

第二部分：文献综述。从三个方面对本文相关的研究进行整理回顾。三个方面分别为碳排放的相关研究、居民生活消费碳排放相关研究和测算区域差异的泰尔指数法的相关研究。

第三部分：理论分析。从三个部分介绍了本文的理论支撑：消费结构升级的理论基础，消费对于生态环境影响的理论分析，消费结构升级影响居民生活消费碳排放的理论分析。

第四部分：居民生活消费碳排放测算及分析。本文创新性地使用美国劳伦斯伯克利国家实验室中国能源组针对中国情况开发的 Urban－RAM 模型对我国 12 个省、直辖市 2001—2015 年的居民生活消费碳排放进行测算，并计算出四个部分(居住建筑、基础设施、家庭消费、交通工具)各自的碳排放水平，在此基础上进行各省市居民生活消费总体及分部分碳排放强度的现状、变化趋势等分析描述。

第五部分：基于泰尔指数的居民生活消费碳排放区域差异研究。本文使用泰尔指数法，构建适合测算碳排放区域差异的泰尔指数，从居民生活消费碳排放总体区域差异及分部分(居住建筑、基础设施、家庭消费、交通工具)碳排放区域差异这两个方面进行测算分析，判断在居民生活消费碳排放方面我国是否存在显著的区域差异。

第六部分：消费结构升级对居民生活消费碳排放的影响研究。使用拓展的 STIRPAT 模型进行实证分析，研究判断消费结构升级是否会对居民生活消费碳排放产生影响，若能显著影响，会产生怎样的影响。

第七部分：结论与展望。通过上述研究，总结归纳本文的研究结论，并提出合理有针对性的政策建议；同时总结本文的创新点及目前存在的不足，提出未来可以努力的方向。

二、文献综述

本部分对与本文相关的三个方面的文献进行整理回顾。首先是对碳排放的研究进行简要文献回顾，其次是对本文主要研究对象居民生活消费碳排放进行文献梳理，第三部分是用于测算居民消费碳排放区域差异所使用的泰尔指数法的文献回顾。

(一) 碳排放研究

随着全球气候变暖越发严重，极端天气频繁出现，人们开始关注低碳发展，针对碳排放的研究兴起。至今，已有大量文献研究和分析碳排放相关问题，主要体现在碳排放影响因素分析、碳排放区域差异研究及碳排放权分配及交易问题三个方面。

对于碳排放影响因素的研究主要集中在人口因素和经济因素对碳排放的影响上。国外，Dalton(2008)研究了未来美国老龄化是否对碳排放产生影响；Andrew·K·Jorgenson, Brett Clark(2013)选取 85 个样本国家数据在国家层面上研究二氧化碳排放与人口规模的关系；Steven Lugauer 等(2014)以 46 个国家为基础估计年龄分布对二氧化碳排放的影响；Valeria Andreoni1，Stefano Galmarini(2016)使用指数分析方法对全球33个国家能源相关的碳排放进行研究，得出结论是碳排放增长的主要驱动因素是经济增长，同时降低碳排放的主要途径是提高能源效率。国内，林伯强、刘希颖(2010)选用Kaya恒等式及协整方法研究主要变量与二氧化碳排放之间的长期关系，研究结果表明，经济发展速度对碳排放增速具有重要影响；朱勤、魏涛远(2013)将城乡居民消费、人口城乡结构等变量纳入考察范围，研究其与居民生活消费碳排放之间的关系；郭文、孙涛(2017)着重研究人口结构变化是否影响碳排放，将人口结构分为人口性别结构、年龄结构、职业结构、城乡结构、教育结构，结果表明，人口年龄、教育及职业结构变化能减缓碳排放的增加，而城乡结构影响相反。

由于各区域人口、经济等各方面情况存在的差异可能会带来碳排放的巨大差异，由此产生了对于碳排放区域差异的研究。Juan Antonio Duro，Emilio Padilla(2006)选用泰尔指数定量计算各国、各个国家集团和国家集团之间人均二氧化碳排放的不平等，结果表明，人均二氧化碳排放存在着国际不平等、群体间不平等及群体内部不平等。宋德永、徐安(2011)以年均碳排放总量为标准将全国划分为三个区域——低度、中度及高度排放区域，用图表绘制区域人均碳排放，比较分析区域之间的碳排放差异。

近几年，研究碳排放权分配及交易问题的文献开始出现。吴力波等(2014)针对中国多区域构建动态一般均衡模型，就各省市2007—2020年的边际减排成本曲线进行模拟分析，研究其对温室气体控制的碳排放权交易，结果表明，碳排放权总量控制与交易机制更适合现阶段的中国实际；宣晓伟、张浩(2013)对目前国际上碳排放权的不同配额分配方式(包括免费发放的祖父法、拍卖法、按固定价格购买法以及混合法)进行了研究评估，并在此基础上总结经验，分析其对国内碳交易试点地区开展碳排放权配额分配的启示。

(二) 居民生活消费碳排放研究

长期以来，人们几乎都把视线集中在工业、能源供应业等全球碳排放主要部门，针对碳排放的研究也多集中于总体碳排放或工业能源消耗碳排放；而近年来的一些研究、报告显示，与居民生活消费相关的能源消耗大幅度增长，甚至已经超过了产业部门所消耗的能源量，成为二氧化碳排放的又一主要增长点，居民生活消费碳排放开始受到越来越多学者的关注，居民生活消费碳排放的研究陆续出现。这方面的研究主要分为四个部分：① 居民生活消费碳排放测算与分析；

② 居民生活消费碳排放区域差异研究；③ 居民生活消费碳排放的影响因素研究；④ 未来居民生活消费碳排放预测方面的研究。

1. *居民生活消费碳排放测算与分析*

居民生活消费碳排放主要分为居民直接能源消费消耗碳排放及居民消费需求间接碳排放。因此，这方面的文献也就主要按上述分类划分为两个部分。目前，对于测算居民直接能源消费碳排放方面，已有不少学者进行了研究。中国统计年鉴中，居民生活中的能源消费是居民家庭在一段时间内消费的各种能源的总和，包括：天然气、原油、原煤、太阳能、风能、核能、水能、生物质能、地热能等一次能源，一次能源通过加工转换产生的热力、电力、煤气、焦炭、洗煤、成品油等二次能源和产出的其他产品、其他化石能源、可再生能源和新能源。实质上即为居民在取暖、照明、清洁、餐饮和娱乐等生活活动中需要并直接消耗的包括原煤、原油、煤气、电力等在内的能源总和。从目前的研究看来，学者在测算居民直接能源消费碳排放时，多采用碳排放系数法。Saidur R 等(2007)着眼于 1999—2015 年期间马来西亚使用家用电器的能源消耗及产生的温室气体，通过碳排放系数法计算发电使用能源所产生的碳排放，结果表明，包括二氧化碳在内的温室气体排放不断增加，且二氧化碳排放量高于其他气体；Chunsheng Yao 等(2012)使用碳排放系数法计算中国农村居民能源消费碳排放，计算结果发现，农村居民能源消费消耗产生的二氧化碳总排放量在 2001—2008 年间由 152.2 万吨大幅增加到 283.6 万吨，人均二氧化碳排放量的年增长率是城市地区近两倍。邢芳芳等(2007)使用该法测算了北京城镇居民生活消费碳排放，结果发现，1995—2005 年间居民生活消费能源碳排放量显著增加。

居民消费需求间接碳排放是指居民购买的商品和服务在各个环节所承载的碳排放，多产生于其原料、生产、运输、销售及终端使用等环节中的能源消耗。目前，测算居民消费需求间接碳排放的方法主要有两个：投入产出分析法及消费品生命周期分析法。Lenzen(1998)以澳大利亚的数据为基础，利用投入产出模型评估消费者行为对能源消费、温室气体排放量的影响；Bin S, Dowlatabadi H (2005)使用 CLA(Consumer Lifestyle Analysis)方法计算美国居民消费碳排放，研究结果显示，美国消费行为产生的二氧化碳占总体二氧化碳排放的 41%，居民消费间接碳排放是直接能源使用产生二氧化碳排放量的两倍。Wang Yan, Shi Minjun(2009)基于投入产出模型计算了中国不同收入分组及七个省份的二氧化碳排放强度，并且在家庭生活支出数据的基础上估计 1995—2004 年城市家庭消费产生的总的二氧化碳排放，结果显示，在 1995—2004 年间，家庭消费引起的人均二氧化碳排放从 1 583 千克增长至 2 498 千克，间接二氧化碳排放占消费碳排放的比重从 69%上升至 79%。杨选梅等(2010)选择“消费者生活方式方法”(CLA)，使用调查获取的南京 1 000 户家庭活动数据测算碳排放并进行深入分析，结果表明，家庭碳排放在总碳排放中所占的比例约为 29.27%，家庭总碳排放量中的一半是家庭用电导致的；朱勤等(2012)建立投入产出模型，基于可比价投入产出序列表，测算居民消费品载能碳排放，并对其排放规模及结构、人均消费品间接碳排放及城乡差异进行分析，得出 1992—2005 年间我国居民消费品间接碳排放的规模扩大，且城乡差距明显等结论。

在居民生活消费直接碳排放和间接碳排放的核算研究不断发展的基础上，必然会出现直接、间接碳排放结合的研究。Lancui Liu 等(2011)分别使用碳排放系数法和投入产出法计算中国家庭消费直接和间接二氧化碳排放，结果表明，1992—2007 年家庭消费的直接和间接二氧化碳排放量在全国总碳排放中所占比例超过 40%。顾鹏、马晓明(2013)使用 IPCC 提供的碳排放系数法和经济投入产出生命周期评价方法分别计算分析我国消费领域直接和间接碳排放，结果发现 1983—2009 年间我国人均碳排放增长迅猛，人均碳排放结构中，所占比重最大的是住宅能源消耗及制冷采暖产生碳排放。

2. 居民生活消费碳排放区域差异研究

居民生活消费碳排放研究的第三个主要研究内容是区域差异。由于各区域人口、经济等各方面情况存在的差异可能会带来生活消费碳排放的巨大差异，由此产生了对区域差异的研究。从现有的文献来看，研究居民生活消费碳排放区域差异的还很少，多通过简单图表，描述性分析区域差异，少数学者使用定量分析计算区域差异大小。Jackson Druckman(2009)根据英国家庭的社会经济特征，使用英国国家产出地区分类，将英国区域分为七个群组进行调查，发现碳排放差异明显，使用平均数计算得出具有最高碳足迹的超级组比具有最低碳足迹的超级组多排放 67%的碳；万文玉等(2016)将我国分为八大经济区域，在此基础上测算区域间居民人均生活能源碳排放差异，结论认为，区域间差异是构成总体差异的主要原因。刘莉娜等(2016)使用 Moran's I 指数测算我国 30 个省市 1997—2012 年的人均居民生活碳排放的区域差异，结果表明，这期间我国各省市人均居民生活碳排放具有相同的空间分布特征，2012 年呈现从东到西递减的趋势。

3. 居民生活消费碳排放的影响因素研究

为寻求低碳发展道路，制定减少碳排放的措施，需要掌握影响居民生活消费碳排放的因素。相比碳排放影响因素研究，居民生活消费碳排放影响因素的研究起步较晚，与后者类似，主要是从人口因素和经济因素两方面出发进行研究。

由于居民生活消费碳排放始终还是离不开人的活动，人口方面的因素必然会对碳排放产生影响。人口方面的因素主要分为客观因素影响及主观因素影响两个方面。目前存在的文献中，客观因素涉及人口规模、人口城市化结构、人口年龄结构、人口性别结构等。David(2009)分析了碳排放与城镇化、人口增长之间的关系，结果表明，人口城镇化显著影响碳排放；Brantley Liddle(2014)总结了人口统计因素及其过程对碳排放和能量消耗的影响，结论显示，城镇化正向影响碳排放，高层次的人口密度与低水平的碳排放相联系；马晓钰等(2013)将动态与静态面板数据模型相结合，全面客观地对我国各省区人口规模、家庭规模、城市化水平、年龄结构与碳排放进行了检验，研究结果表明，人口规模、城市化水平和年龄结构是主要的推动我国碳排放的人口方面因素，而大的家庭规模可以抑制我国的碳排放；计志英等(2016)在STIRPAT模型及Kaya模型基础上构建了面板数据模型，研究影响家庭部门直接能源消费碳排放的因素，研究显示，家庭部门能源消费碳排放具有显著的路径依赖性，人口规模、城镇化因素显著影响我国居民能源消费碳排放人均量及总量。主观因素涉及家庭户规模、可支配收入、受教育程度、消费水平、生活方式等。Druckman A, Jackson T(2009)提出了一个社会经济分解框架，基于众多区域投入产出模型对英国家庭消费碳排放的影响因素进行研究，认为碳排放很大程度上取决于但不仅仅取决于收入，居住类型和生活方式选择也很重要；AC Kerkhof等(2009)通过将过程分析和投入产出分析的混合方法与家庭支出数据相结合，研究收入对挪威、瑞典、英国和荷兰的家庭二氧化碳排放量的影响，结果表明，荷兰和英国的家庭消费二氧化碳排放强度随着收入的提升而降低，而在瑞典和挪威则增加；李科(2013)使用我国1995—2010年城乡居民生活能源消费碳排放的面板数据与单位根及协整检验，分析碳排放影响因素，研究结论显示，人口规模、人均收入、能源消费结构、生活方式等与居民生活消费碳排放存在长期稳定关系；佟金萍等(2017)利用Hansen提出的门槛模型理论构建单门槛及双门槛回归模型，研究居民消费水平对生活碳排放影响是否存在门槛效应，结果表明是存在的，且随着煤炭消费比例的提升，居民消费水平的影响作用增强。

另外，也有不少学者研究经济因素及技术因素对居民生活消费碳排放的影响，常见的经济及技术因素目前主要包括经济发展水平(经济增长、GDP)、产业结构、能源因素(能源结构、能源强度、能源价格)等。Ilyoung Oh等(2010)使用

LMDI 分析法对韩国五个能源部门和七个子部门进行碳排放影响因素的分析，结果表明，经济增长是所有部门碳排放的主要影响因素；Zha Donglan(2010)研究二氧化碳排放系数效应、能源结构效应、能源强度效应、收入效应和人口效应，发现对二氧化碳排放量的减少贡献最大的是能源强度效应。许士春等(2012)运用 LMDI 加和分解法探究我国碳排放的影响因素，得出结论：经济产出效应是主要驱动因素，能源强度效应、产业结构效应具有抑制作用；鲁万波等(2013)运用 LMDI 的"两层完全分解法"分析了总产值、产业结构、能源强度对碳排放的影响，结果表明，总产值和产业结构是碳排放的第一、第二助长因素；曲建升等(2014)采用 LMDI 分解法构建了多因素人均居民生活碳排放驱动因素模型，结果表明，消费结构、消费水平、经济水平对我国城乡人均居民生活碳排放的影响最为显著，且这些因素对于城镇的影响要大于农村；屈金凤等(2017)利用 LMDI 模型将影响因素进行分解，分别定义包括能源碳排放强度、能源消费结构、能源消费强度、经济发展等在内的几大效应，计算确定何种效应更加明显，结果表明，经济发展正向影响碳排放，能源碳排放强度、能源消费结构及消费强度为负向影响。

4. 未来居民生活消费碳排放预测方面的研究

随着影响因素研究的不断深入，预测未来居民生活消费碳排放方面的研究开始出现。Hancheng Dai，Toshihiko Masui 等(2012)探讨了 2005—2050 年中国家庭消费模式如何影响两个基准情景下的能源需求总量和二氧化碳排放量，结果显示，当家庭支出从物质产品和运输转向以服务为导向的商品时，在 2005 年至 2050 年的 45 年期间，将减少大约 2.1 万吨一次能源消耗和 450 亿吨二氧化碳排放量；Mona Chitnis，Lester · C · Hunt(2012)使用结构时间序列模型估计 1964—2009 年间英国的运输和住房能源消费方程，并将该方程用于未来预测。估计方程式表明，根据目前预期，与 1990 年相比，到 2020 年，运输和住房支出产生的碳排放不会下降 29%(40%)，与目前英国最新的碳减排目标不一致；田旭等(2016)采用 CGE(一般均衡模型)预测分析出上海 2020 年的居民消费支出情况，在此基础上分析与之相关的能源消耗与碳排放，得出结论为，在收入水平及支出模式发生变化的情况下，各部门产生碳排放均将增加；刘云鹏等(2017)在研究分析居民生活消费碳排放影响因素的基础上，使用蒙特卡洛方法动态预测中国 2030 年的居民生活消费碳排放情况，得出结果显示，其 2030 年的最大概率值为 64.27 亿吨；王会娟、夏炎(2017)在使用 IOA(投入产出技术)测算居民消费隐含碳排放并且分析其影响因素的基础上，预测居民消费碳排放的未来发展轨迹，结果显示，未来碳排放值仍会增大，但在 2020—2030 年间，居民消费碳排放增速有望降低。

（三）测算居民生活消费碳排放区域差异的泰尔指数法

目前，对于使用泰尔指数法研究居民生活消费碳排放区域差异的还在少数。泰尔指数（或泰尔熵标准）最初由荷兰经济学家泰尔提出，用于衡量个人或地区之间收入差距。泰尔指数最突出的优点即为其具有可分解性，能将总体差异分解为组内差异和组间差异。

泰尔提出该指数后，开始出现大量利用泰尔指数进行的收入分配、收入差异的研究。在对于收入差异的研究中，首先出现的是简单的区域收入差距测算的研究，冯星光（2004）测算了北京市 1981—2002 年间的城乡收入差距，发现其呈现扩大态势。随后，以使用该法计算收入差距为基础进行的更加深入的研究开始出现，王少平、欧阳志刚（2007）利用泰尔指数测度我国城乡之间的收入差距，并以此为基础揭示经济增长与收入差距存在长期的关系，研究发现，改革初期，城乡之间收入差距推动了经济增长，现阶段，城乡之间收入差距阻滞经济增长。

随着利用泰尔指数进行收入差距研究的不断发展，学者们开始使用该指数研究其他资源分配不均的问题，如教育资源、卫生资源等分配不均的问题。赵宏斌（2009）使用泰尔指数进行高等教育规模的省级区域分布差异性研究，研究发现，省级区域内的差异要远大于省级区域间的差异；温娇秀、蒋洪（2013）使用双变量泰尔指数从城乡和区域两个维度研究我国基础教育服务是否存在差异，研究发现，1997—2009 年我国基础教育不均等程度呈扩大态势；杨文兰（2011）对安徽省的卫生资源配置均衡性进行了研究，将安徽省分为皖南、皖中、皖北三个区域加以分析，结果表明，区域内差异对于不均衡的贡献度更大。

泰尔指数可分解性的优点逐渐被发掘，逐渐被更为广泛地应用于各个领域区域整体差异、区域间差异的实证研究中，不再局限于资源分配不均的范围内。胡志远、欧向军（2007）就江苏省 1978—2004 年多项指标（人均 GDP、人均农业总产值等）的区域差异进行测度；汪浩瀚、徐娟（2010）使用泰尔指数测算中国金融发展和对外贸易的地域性差异，并在此基础上研究二者之间的互动影响；杨骞、刘华军（2012）基于泰尔指数研究中国二氧化碳排放的区域差异，并以此为依据寻找造成二氧化碳排放差异的重要因素；李梦蕴等（2014）使用中国 1995—2011 年的省区面板数据对各区域的能源效率差异进行测算，研究发现，区域差异呈收敛性特征，以此为基础进一步深入研究造成收敛性特征的影响因素。

（四）现有文献总结与评述及本文创新点

从现有的相关文献看来，对于碳排放的研究主要包括碳排放影响因素、区域差异、碳排放权分配及交易问题的研究，影响因素的研究中主要包括人口因素及经济因素对于碳排放的影响，而区域差异的研究多采用绘制图表对比分析概括区域差异的方式，定量计算碳排放区域差异的研究还不是很多。

对于居民生活消费碳排放的研究，主要包括居民生活消费碳排放测算、居民生活消费碳排放影响因素研究、区域差异研究以及未来居民生活消费碳排放预测研究。居民生活消费碳排放测算主要使用碳排放系数法计算直接碳排放，使用投入产出分析法、消费品生命周期分析法计算间接碳排放，碳排放系数法计算居民生活消费碳排放时，仅包括居民终端能源使用产生的碳排放，存在内容不全面、低估居民生活消费碳排放的问题；而使用投入产出分析法及消费品生命周期分析法计算居民生活消费碳排放存在所需数据繁多、数据获取困难、测算过程烦琐等问题，且目前国内省际层面的投入产出表仅更新到 2012 年，以此为基础进行的居民生活消费碳排放不能反映各省份碳排放的现时状况。对于居民生活消费碳排放影响因素的研究也多集中于研究人口规模、人口年龄结构、GDP、可支配收入、能源强度等常见的因素对碳排放的影响；而对于居民生活消费碳排放差异的研究目前还很少，且多通过简单图表描述性分析区域差异，少数学者使用定量分析计算区域差异大小。

本文主要的创新点如下。

(1) 使用美国劳伦斯伯克利国家实验室中国能源组针对中国情况开发的 Urban - RAM 模型来测算 12 个省、直辖市在 2001—2015 年间的居民生活消费碳排放。常用的碳排放系数法只计算居民终端能源使用碳排放，与之相比，该模型将居住建筑、基础设施、交通出行、家庭消费等一切与居民生活消费相关的活动产生的直接和间接的碳排放均包括在内，更为全面具体，更能真实反映省、直辖市的居民生活消费碳排放情况；而与投入产出分析法及消费品生命周期分析法相比，该法易于理解，没有复杂烦琐的计算过程，且所需数据均已更新至最近年份。

(2) 通过 Urban - RAM 的测算结果对所选取的 12 个省、直辖市分领域(居住建筑、基础设施、家庭消费、交通工具)进行详细分析，以总结出目前我国各省份普遍的居民生活消费碳排放的总体及分领域特点。

(3) 引入泰尔指数计算确定我国各省、直辖市之间是否存在居民生活消费碳排放的差异，并分析这种差异的变化趋势；同时通过居住建筑、基础设施、家庭消费、交通工具这四个领域的碳排放区域差异情况，确定哪些领域更多地造就了居民生活消费碳排放区域差异。

(4) 研究前人较少研究的消费结构升级对居民生活消费碳排放是否存在影

响，判断确定是否确实产生显著影响，在此基础上提出恰当的、具有针对性的生活消费领域的政策措施建议，以有效控制并减少居民生活消费碳排放。

三、理论分析

（一）消费结构升级的理论基础

消费结构是指各类消费支出在总费用支出中所占的比例①。

本质意义上，消费是为了满足消费者不同层次需求的效用。从这个角度考虑，马克思提出将消费资料划分为满足人们生存需要、发展需要和享受需要的消费资料和劳务。1943 年，美国心理学家亚伯拉罕・马斯洛提出了广为人知的马斯洛需求层次理论，认为人类需求从低到高的五个层次分别为生理需求、安全需求、社会需求、尊重需求以及对自我实现的需求。人们的需求与经济发展水平、科技发展水平、文化水平、受教育程度等直接相关，当这些因素发生显著变化时，人们的需求就会发生变化，追求更高层次的效用满足。

从微观经济学的消费理论中，我们可以了解到消费者的最优选择是综合消费者预算曲线与无差异曲线得到，通过最优选择来实现效用最大化。无差异曲线体现了消费者偏好，而消费者预算曲线则与商品价格、消费者收入相关，因此，我们可以知晓的是，消费者偏好、收入水平及外部环境中的商品价格对消费者的选择存在影响。

而对于中长期的消费结构变化，收入水平产生的影响是很大的，因此构建这样的商品需求函数：

$$Q_i = f(Y_i, U_i) \tag{1-6}$$

其中，Q_i 表示商品需求，Y_i 表示收入水平，U_i 表示其他影响商品需求的因素。那么消费品的需求收入弹性公式为

$$e_i = \frac{\Delta Q_i / Q_i}{\Delta Y_i / Y_i} \tag{1-7}$$

当 ΔY_i 趋向于 0 时，有

$$e_i = \frac{\partial Q_i / Q_i}{\partial Y_i / Y_i} = \frac{\partial Q_i / \partial Y_i}{Y_i / Q_i} \tag{1-8}$$

---

① 消费结构的定义引自百度百科。

根据弹性的大小，可以将商品进行以下分类：$e_i > 1$ 时，商品为奢侈品，随着收入的增加，需求量的增长速度高于收入增长速度；$0 < e_i \leqslant 1$ 时，商品为需求品，随着收入水平提升，商品需求增长，但速度低于收入增长水平；$e_i < 0$ 时，商品为低档品，随着收入水平的上升，商品需求会下降。

事实上，商品的需求收入弹性还受到收入的影响，会随着收入的变化而变化，即同一商品在不同收入水平上的需求收入弹性是存在差异的。一般而言，需求收入弹性与收入之间呈现倒 U 形变化，表现为先上升、后下降的走势，首先，商品需求收入弹性是收入的增函数，当收入增长到一定的程度时，则变为收入的减函数。这就意味着，收入增长到一定程度，人们开始消费一种商品，但当收入继续增长时，人们对于该种商品的效用已经得到满足，就会转向消费其他商品，原商品的需求收入弹性就开始下降。

因此，从商品需求收入弹性看，当收入水平较低时，居民消费以满足衣食需求为主，收入提升时，居民这一部分的效用得到满足，需求收入弹性下降；家用电器及服务、居住、交通工具与通信等耐用消费品的消费需求开始增加；当收入再增加时，科教文卫等服务性、发展性需求开始增加。

（二）消费对于生态环境影响的理论支撑

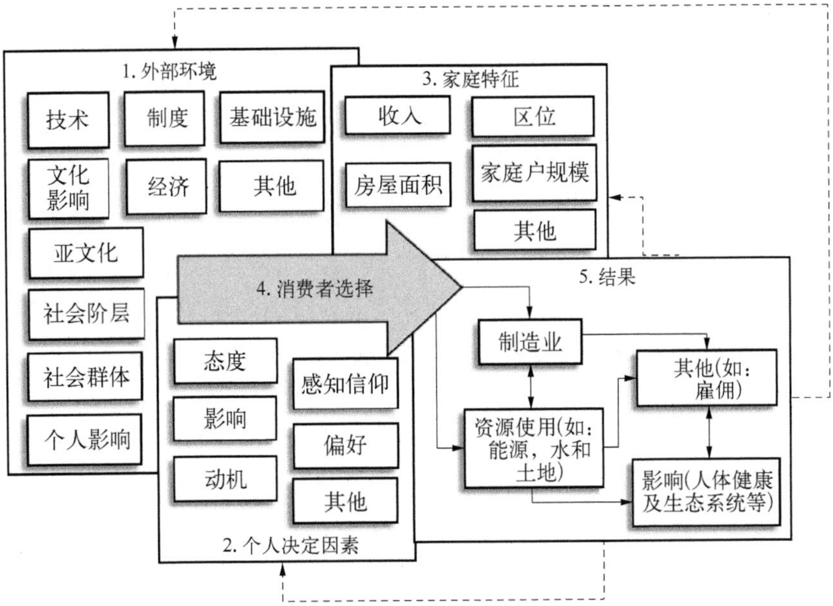

图 1-2　消费者生活方式分析模型

将“消费者生活方式分析模型”作为消费对于居民生活消费碳排放的理论依据。从中可以看到消费对环境产生影响的传导路径。首先，消费者选择会受到多因素的影响，例如：技术、制度、文化、经济等在内的外部环境因素，包括态度、感知信仰、个人偏好等在内的个人决定因素，以及收入、区位、家庭户规模等的家庭特征因素。这些因素影响消费者的消费选择，消费者消费商品和服务可通过直接和间接两个路径最终影响生态系统，首先是直接途径，消费者通过消费日常供暖、照明、交通工具行驶等需要使用的能源创造碳排放，对生态系统造成直接的影响；其次是间接途径，消费者消费商品和服务，而生产、提供和使用商品和服务的过程中也会产生碳排放，带来对生态环境的间接影响。因此，消费会影响居民生活消费碳排放。

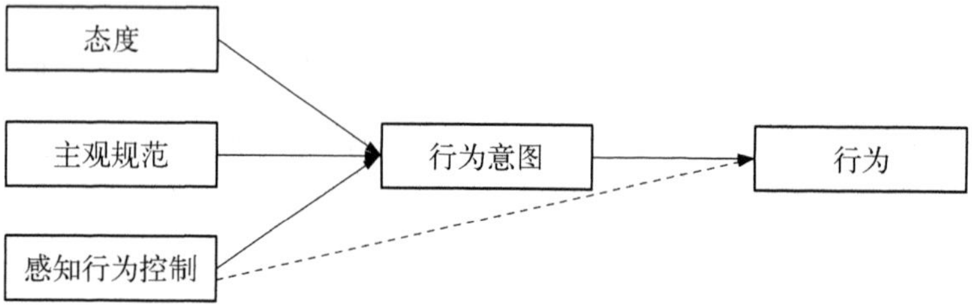

图 1-3　计划行为理论定义图

而这其中，计划行为理论较好地解释了个人决定因素对消费者选择的影响。计划行为理论认为人的行为会受到态度、主观规范、感知行为控制的影响。模型中，行为(B)是行为意图(BI)的直接函数，而行为意图则由态度(A)、主观规范(SN)和感知行为控制(PBC)构成。它们之间的关系可表述为

$$BI = w1A + w2SN + w3PBC \tag{1-9}$$

行为意图对行为有直接的影响。消费者消费行为同样会受到消费者态度、主观规范(表现为他人影响等)、感知行为控制及行为意图的影响。消费者通过消费使用商品等产生直接碳排放及间接碳排放，从而对环境造成影响。

(三) 消费结构升级对居民生活消费碳排放的影响

消费结构升级主要表现为由生存型消费向享受型、发展型消费升级，由物质型消费向服务型消费升级。生存型消费是为了满足人们的生理需求、解决温饱问题而存在的消费类型，是消费层次中最为基础的，需求弹性最小。人们只有在这部分消费得到满足之后，才会向更高的消费层次转移。根据前述理论，可知在

这一层次，通常属于收入水平较低时，因此收入用于食品、衣着方面的比重较高。享受型消费是人们为了得到享受而产生的消费类型，属于较高层次的消费，是人们在满足生理需要之后，为获得愉悦舒适感等满足享受进行的消费。通常把居住、家用设备与服务、交通工具与通信等支出列为享受型消费的范畴。发展型消费是为了实现更好更快的发展，得到自我提升等而产生的消费需求。通常将教育文化娱乐支出、医疗保健支出等定义为发展型消费的内容。根据普遍的消费规律，随着收入的不断提升，消费结构会从生存型消费向高层次的享受型消费及发展型消费转移。

消费结构升级意味着食品衣着的消费支出比例下降，而居住、家用设备与服务、交通工具与通信的消费支出比例上升，教育文化娱乐、医疗保健及其他的消费支出比例上升。

食品衣着的消费主要通过间接方式影响居民生活消费碳排放，商品在原料、生产、运输等过程中存在能源等的消耗，继而对碳排放产生影响。消费结构升级带来食品衣着消费支出比例下降，理论上认为会给居民生活消费碳排放强度带来负向的影响。

居住、家用设备与服务、交通工具与通信通过直接和间接两个途径影响居民生活消费碳排放。首先，直接的途径：居住、家用设备与服务、交通工具等的功能的实现都需要能源的直接使用，能源消耗会产生碳排放，增加居民生活消费碳排放强度；其次，居住建筑材料等生产、运输、安装施工等环节，电器在生产、运输等环节，交通工具所用能源等在生产、运输等环节都会产生间接消费碳排放，因此，总体而言，这部分消费比例的上升，会带来居民消费碳排放强度的上升。

教育文化娱乐支出及医疗保健支出均属于服务性支出，不涉及能源直接或者间接的消耗。但一般情况下，需求的上升会带来供给的增加，教育文化娱乐、医疗保健的需求不断上升，而这两部分供给的保障需要部分来自政府的支持，政府会增加预算支出，加大对基础设施的投资，而在基础设施的建造及使用过程中会产生直接或者间接的碳排放，因此，发展型消费支出比例的提升也会带来间接的、微弱的对居民消费碳排放强度的正向影响。

四、居民生活消费碳排放测算与分析

（一）居民生活消费碳排放测算方法

居民生活消费碳排放主要分为居民直接能源消费消耗碳排放及居民消费需

求间接碳排放。居民直接能源消耗碳排放涉及居民家庭在一定时间消费的各种能源，包括：天然气、原油、原煤等一次能源，一次能源加工转换产生的热力、电力、煤气、焦炭、洗煤等二次能源，其他化石能源、可再生能源及新能源等，在居民取暖、照明、清洁、餐饮等活动中，这些能源的消耗会带来直接碳排放。居民消费需求间接碳排放是指居民购买的商品和服务在各个环节所承载的碳排放，多产生于其原料、生产、运输、销售及终端使用等环节中的能源消耗。

目前，居民直接能源消耗碳排放多使用碳排放系数法，该法是基于碳排放系数及能源消耗量进行的一种简单实用的测算方法，主要计算公式为

$$CO_2\text{ 排放} = \sum(\text{化石燃料消费量}_i \times CO_2\text{ 排放因子}_i) \quad (1-10)$$

而间接碳排放的核算方法主要有两个：投入产出分析法和消费者生命周期分析法。投入产出分析法，从包括农林牧渔业、采掘业、食品制造及烟草加工业等各部门间复杂的投入产出关系，在投入产出表的基础上进行消费品间接载能的计算。而消费者生命周期分析法则计算产品从原料、生产、仓储、运输、使用、回收等各周期产生的耗能碳排放，从而获得总的消费品间接碳排放。

上述碳排放测算方法或多或少都存在一定的缺陷。首先，碳排放系数法在测算过程中仅使用居民生活中终端能源使用产生的碳排放，存在包含内容不全面、低估居民生活消费碳排放的问题。测算间接碳排放的投入产出分析法，需要基于投入产出表，而目前国内省际层面的投入产出表仅更新到 2012 年，以此为基础测算碳排放不能反映现时状况；消费者生命周期分析法需要产品生命周期中各环节的详细数据，数据获取困难。总结而言，间接碳排放的测算方法存在所需数据繁多、数据获取困难、数据更新不及时、测算过程烦琐等多方面的问题。

因此，本文创新性地引入美国劳伦斯伯克利国家实验室中国能源组针对中国情况开发的 Urban - RAM 模型，该模型主要用于城市能源和碳足迹计算，目前国内使用该模型进行的研究还在少数。模型主要通过搜集城市概况、家庭收入支出、居住建筑、基础建设和交通这四个方面的多样化的指标数据，通过模型本身存在的一系列的公式测算得出 12 个省、直辖市的居民生活消费碳排放。与传统的碳排放系数法、投入产出分析法及消费者生命周期分析法相比，该法具有以下特点。

(1) 所需的城市概况、家庭收入支出、居住建筑、基础建设和交通这四个方面的数据，涉及的指标数据均能从中国统计年鉴、各省份统计年鉴、各专项统计年鉴中找到，数据易获取，且目前的统计数据均已更新至 2015 年，较能反映现时

状况。

(2) 模型中已包含计算公式，搜集填入多样化的指标数据，可获得核算出的居民生活消费碳排放数据。

(3) 模型将居民生活消费直接与间接碳排放都包含其中，主要内容为居住建筑、基础设施、家庭消费及交通工具这四个部分的直接及间接碳排放，内容全面，涉及居民生活消费的各个方面(表 1－1)。

表 1－1　Urban－RAM 模型包含四部分具体内容

居民生活消费碳排放领域	碳排放方式	具　体　内　容
居住建筑	直接	居民住宅照明、烹调、采暖、制冷等直接能耗带来碳排放
	间接	建筑材料等生产、运输、安装施工及拆除等环节产生碳排放
基础设施	直接	市政供水能耗及填埋系统能源消耗产生碳排放
	间接	城市道路及轨道建设中使用原材料等的生产、运输、施工、维护等产生碳排放
家庭消费	间接	居民购买食品、衣物、家用电器及服务、医疗保健品等产品及服务在生产、运输、销售、使用等环节产生碳排放
交通工具	直接	私人及公共交通工具消耗能源产生碳排放
	间接	交通工具日常运行所用能源在生产、运输等环节及交通工具报废、维修等产生碳排放

(4) 模型所呈现的结果不仅有居民总体的生活消费碳排放，且能根据搜集的四个部分的数据将居民消费碳排放分别体现为居住建筑、基础设施、家庭消费、交通工具四个方面，展现各省在这四个方面碳排放情况。

(二) 碳排放测算所需数据及数据来源

本文从研究准确性及数据可获得性等考虑出发，选取了 12 个省、直辖市[①] 2001—2015 年的居民生活消费碳排放作为研究对象，而本文在后续分析及实证研究中多使用居民生活消费碳排放强度来体现目前我国的居民生活消费碳排放水平，居民生活消费碳排放强度为居民生活消费碳排放与实际消费支出的比值。通过使用 Urban－RAM 模型获得所需的碳排放测算结果，并在获取实际

① 12 个省份分别为华东区域：安徽、上海；东北区域：吉林、辽宁；华北区域：北京、山西；华中区域：河南；华南区域：广东、海南；西南区域：四川、重庆；西北区域：陕西。

消费支出[①]的基础上计算得出各省、直辖市 2001—2015 年间居民生活消费碳排放强度。

Urban - RAM 模型所需数据主要分为城市概况、家庭收入支出、住宅建筑、基础设施和交通四个部分内容。

城市概况部分所需要的数据包括 GDP、总人口、城市人口、乡村人口、住户数、城市住户数、乡村住户数。由于住户数这一指标数据统计年鉴并没有提供，因此通过“住户数＝人口/平均每户常住人口数”获得。

家庭收入支出部分需要五种收入等级下的家庭消费性支出及各项支出占比。

住宅建筑部分需要的数据为目前住宅建筑总面积，并且划分为 1—7 楼和 8 楼及以上。

基础设施及交通部分需要的数据包括铺路道路面积、地铁长度、轻轨电车长度、用水量、废弃物填埋总量、私人交通工具(电动自行车、摩托车、计程车、轿车)数量、公共汽车(分柴油、电动、天然气)数量、地铁及轻轨车辆数目。由于公开资料并未提供用水量这一数据，因此通过“用水量＝人口数×人均日用水量×一年的天数(按照 360 天计)”获得。

以上所需的所有指标数据均来源于 2001—2015 年《中国统计年鉴》、12 个省、直辖市统计年鉴及中国交通年鉴、中国环境统计年鉴等专项统计年鉴。

(三) 居民生活消费碳排放测算结果及分析

1. 居民生活消费碳排放量

通过搜集模型所需的多方面、多样化的数据，并通过 Urban - RAM 模型计算获得 12 个省、直辖市 2001—2015 年的居民生活消费碳排放，测算结果如表 1 - 2 所列。

表 1 - 2　12 个省、直辖市 2001—2015 年居民生活消费碳排放情况

(单位：万吨)

年 份	安 徽	上 海	吉 林	辽 宁	北 京	山 西
2001	6 505	2 903	3 589	5 441	2 773	4 037
2002	6 655	2 939	3 703	5 518	2 901	4 193
2003	6 833	3 092	3 817	5 631	3 010	4 209

① 实际消费支出＝最终消费支出/GDP 平减指数。

续　表

年份	安徽	上海	吉林	辽宁	北京	山西
2004	7 007	3 270	3 917	5 817	3 187	4 299
2005	7 207	3 349	4 026	5 990	3 372	4 616
2006	7 370	3 438	3 989	6 209	3 578	4 709
2007	7 632	3 544	4 180	6 440	3 829	4 904
2008	8 106	3 648	4 384	6 661	4 118	5 060
2009	8 388	3 773	4 508	6 921	4 396	5 230
2010	8 448	3 912	4 649	7 156	4 762	5 554
2011	8 911	4 028	4 808	7 446	4 963	5 984
2012	9 180	4 075	4 895	7 626	5 084	6 124
2013	9 051	4 180	5 009	8 039	5 331	6 190
2014	10 462	4 288	5 079	8 316	5 442	6 456
2015	10 863	4 421	5 310	8 483	5 412	6 746

年份	河南	广东	海南	四川	重庆	陕西
2001	9 288	8 937	1 604	8 994	3 813	4 262
2002	10 523	9 712	1 626	9 436	3 956	4 378
2003	10 850	10 083	1 644	9 695	4 032	4 485
2004	11 114	10 845	1 681	9 806	4 071	4 571
2005	11 597	12 156	1 763	10 414	4 100	4 608
2006	12 021	12 542	1 795	10 523	4 253	4 801
2007	12 428	13 625	1 835	11 005	4 378	4 931
2008	12 758	13 824	1 871	11 090	4 506	5 050
2009	13 260	14 379	1 926	11 568	4 673	5 245
2010	14 182	15 838	1 989	11 708	4 855	5 560
2011	14 717	16 475	2 058	12 132	5 009	5 910
2012	15 263	17 080	2 088	12 432	5 199	6 098
2013	15 308	18 735	2 140	13 743	5 406	6 572
2014	16 990	19 774	2 257	14 089	6 012	6 789
2015	17 446	20 460	2 256	14 632	6 100	7 065

将表 1-2 所列结果以折线图的形式呈现，得到图 1-4。从时间维度看，目前所选取的 12 个省、直辖市的居民生活消费碳排放总量呈现上升趋势，总量仍在不断增长。这其中比较特殊的是，北京和海南在 2015 年的居民生活消费碳排放总量相比 2014 年有些许下降，可能的原因之一是 2015 年北京的常住人口总量得到控制，相比 2014 年仅增加 19 万人，而海南在 2015 年的常住人口相比 2014 年减少了近 6 万人。

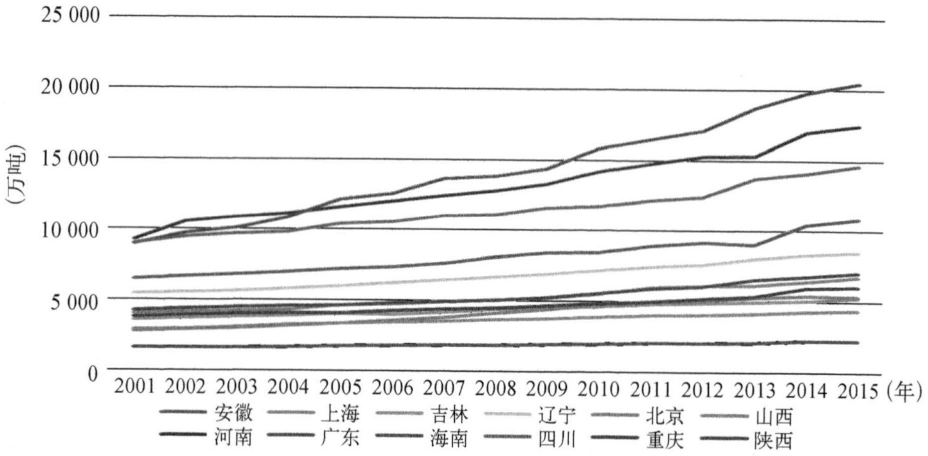

图 1-4　12 个省、直辖市 2001—2015 年居民生活消费碳排放情况

从省际对比的角度，这 12 个省、直辖市中，广东、河南、四川的居民生活消费排放总量位于前列，海南、上海、北京排在后三位。对于居民生活消费碳排放总量，有一个重要的影响因素即为人口规模，每个人都将通过自己的行为活动产生对环境的影响，因此，人口越多，居民生活消费碳排放越多。广东、河南、四川是人口大省，2015 年，三个省份的常住人口分别为 10 849 万、10 722 万、8 204 万；而目前海南的常住人口在 1 000 万人以下，上海和北京保持在 2 500 万人以下，常住人口规模较小，从而居民生活消费碳排放总量较小。

2. 居民生活消费碳排放强度

从表 1-3 可以看到，12 个省、直辖市中，海南较为特殊，碳排放强度在 2001—2014 年均处在 5.4 万吨/亿元水平以上，排在首位，2015 年显著下降，但依旧维持高位；包括安徽、吉林、山西、河南、四川、重庆、山西在内的 7 个省份的碳排放强度在 2.9 万～5.3 万吨/亿元之间，处于中等水平；辽宁、广东、北京、上海的碳排放强度在 3.2 万吨/亿元之下，处于较低水平，其中，上海的碳排放强度最低，几乎处在 1.3 万吨/亿元左右的水平，说明上海单位消费支出带来的碳排放最少。

在测算居民生活消费碳排放的过程中，可以发现海南居民生活消费碳排放中，居住建筑领域占比 2001 年为 71.8%，2015 年为 59.93%，是居民生活消费碳排放的主要构成部分。作为著名旅游观光地区，海南在居住建筑除满足常住居民日常居住，还需要满足往来游客的居住，而居住建筑中，照明、烹调、采暖、制冷等均涉及能源消耗从而产生碳排放，从而导致单位消费支出居民生活消费碳排放处于高位。

在 12 个省、直辖市中，上海碳排放强度最低，这可能与多重因素相关。首先，作为中国的经济金融中心，上海的人均消费水平显著高于其他省份，在假设每个人能够创造的居民生活消费碳排放相似的情况下，单位消费支出带来的居民生活消费碳排放也将显著低于其他省、直辖市；其次，上海作为国内国际化程度最高的省市之一，其在消费意识、环保意识上面也会有所体现，从而体现在碳排放强度上；在测算过程中，可以很明显地发现，上海在基础设施建设领域碳排放占比显著高于其他省份，而基础设施完善的情况下，居民自身所创造的碳排放将会相对减少，且上海公共交通发达，可以有效减少私家车等高耗能高排放的交通工具的使用。

表 1-3　12 个省、直辖市 2001—2015 年居民生活消费碳排放强度情况

（单位：万吨/亿元）

年份	安徽	上海	吉林	辽宁	北京	山西
2001	3.360 3	1.492 9	2.946 1	2.096 9	2.110 1	4.247 4
2002	3.510 1	1.471 9	3.067 3	2.186 3	2.125 2	4.401 7
2003	3.540 2	1.542 0	2.999 4	2.430 8	2.114 6	4.374 3
2004	3.656 1	1.581 5	3.102 0	2.673 4	2.220 2	4.472 2
2005	3.938 9	1.328 0	3.503 7	2.658 2	1.680 0	4.373 5
2006	4.058 3	1.328 3	3.560 4	2.904 9	1.680 4	4.331 1
2007	4.080 3	1.331 8	3.576 9	3.119 6	1.703 9	4.551 7
2008	4.024 8	1.291 7	3.694 3	3.032 9	1.683 9	4.389 2
2009	4.386 4	1.311 7	3.887 5	3.141 7	1.769 9	4.241 1
2010	4.220 4	1.228 7	4.112 4	3.113 7	1.806 1	4.309 1
2011	4.128 2	1.192 3	4.108 4	3.063 9	1.695 8	3.779 7
2012	4.296 1	1.216 8	4.193 3	3.024 7	1.666 0	4.326 8

续 表

年 份	安 徽	上 海	吉 林	辽 宁	北 京	山 西
2013	4.294 5	1.238 4	4.174 9	3.113 3	1.678 0	4.241 6
2014	4.914 0	1.227 8	4.585 6	3.134 1	1.647 5	4.507 1
2015	5.124 6	1.262 3	4.927 8	3.083 5	1.609 4	4.332 5
年 份	河 南	广 东	海 南	四 川	重 庆	陕 西
2001	3.250 9	1.690 5	5.835 6	3.642 4	3.855 4	4.658 4
2002	3.649 2	1.800 0	5.871 5	3.920 0	3.867 1	4.815 6
2003	3.606 0	1.900 2	6.121 7	4.110 8	3.816 0	5.147 0
2004	3.572 3	2.023 1	6.122 9	3.866 2	3.873 8	5.266 1
2005	3.716 1	1.963 4	6.069 4	4.058 2	3.809 4	4.744 0
2006	3.789 1	2.067 6	5.952 5	4.196 2	3.905 7	5.012 9
2007	4.081 1	2.193 9	5.899 1	4.274 6	3.876 6	4.514 7
2008	4.134 8	2.113 1	5.541 3	4.146 3	3.123 4	4.400 2
2009	4.229 8	2.288 4	6.165 7	4.490 5	4.206 2	4.026 6
2010	4.358 0	2.448 7	6.268 5	4.382 4	4.275 2	4.158 0
2011	4.384 8	2.310 5	5.868 8	4.313 1	4.216 1	4.141 5
2012	4.423 1	2.309 2	5.526 9	4.349 6	4.278 5	4.209 7
2013	4.218 8	2.498 0	5.426 7	4.770 7	4.489 9	4.561 0
2014	4.626 4	2.697 7	5.733 7	4.829 3	4.913 0	4.663 1
2015	4.630 4	2.748 1	4.746 5	4.984 3	4.988 4	4.991 2

将表 1－3 所列结果体现在折现图中，得到图 1－5。从折线图中可以清晰地看到 12 个省、直辖市的居民生活消费碳排放强度在 2001—2015 这 15 年间的变化趋势。观察各省、直辖市 15 年间变化趋势，可将 12 个省、直辖市分为三类：① 整体呈上升趋势；② 整体先下降后上升势；③ 整体呈下降趋势。首先，整体呈上升趋势的有安徽、吉林、辽宁、河南、广东和四川，这其中，安徽、吉林、广东类似，在 2010—2013 年存在一个相对平稳期，河南及四川的碳排放强度一直处在增长态势。其次，整体呈先下降后上升趋势的有上海、山西、重庆和陕西，由降势转升势的时间分别是 2012 年、2012 年、2009 年、2010 年。通过仔细观察可以发现，在这些年份 4 个省、直辖市均出现了实际消费支出相比以往下降或者增幅降低的

情况，使得居民生活消费碳排放大于消费支出的上升情况，从而带来强度的上升趋势；整体呈现下降趋势的省市是北京和海南，与其他所有省市相比，海南的居民生活消费碳排放增长幅度始终是最小的，在这样的情况下，海南的实际消费支出还是保持着一定的增幅，因此，出现强度下降的情况。根据上述居民生活消费碳排放强度的情况来看，2015 年出现强度下降的仅有山西、辽宁、北京及海南，从中也可以发现，我国进行的碳减排，其效果并未体现在居民生活消费领域，这也与我国目前碳减排措施仍集中于传统工业、能源供应业、交通运输业等传统碳排放部门有关。

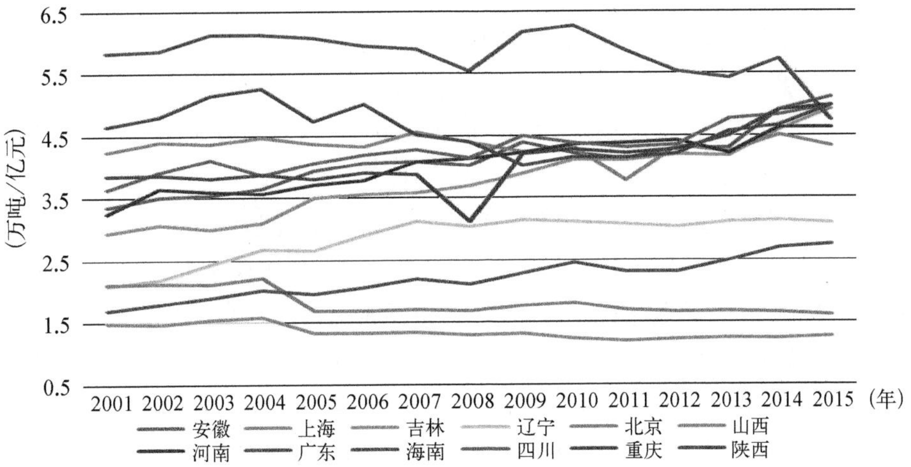

图 1－5 各省、直辖市 2001—2015 年居民生活消费碳排放强度情况

但值得注意的是，北京在 12 个省、直辖市中属于碳排放强度较小阵营中的一位，且碳排放强度展现出整体下降趋势。在上述总量分析中，也了解到 12 个省、直辖市仅有北京在 2015 年实现了居民生活消费碳排放总量的减少，同时在实际消费支出上升的作用下显示了居民生活消费碳排放强度的降低。由此也可以认为，作为国家政治文化中心，北京是制定国家政策方针、提出解决方案的大前方，确实能够最早对各项政策方针、方案举措等作出反应，向国家提出的碳减排目标靠近。

3. 12 个省、直辖市分领域碳排放情况

12 个省、直辖市各领域碳排放情况数据详见附表 1—附表 12，从这些数据中可以了解到居民生活消费碳排放各领域占比情况以及各领域碳排放强度情况。

1）居民生活消费碳排放各领域占比情况

（1）时间维度

首先观察各领域碳排放在总量中占比的变化趋势。居住建筑领域，大部分

省份碳排放占比呈小幅降低趋势，而安徽、上海、河南、四川居住建筑碳排放占比几乎保持稳定，其中尤为突出的是海南，居住建筑领域碳排放占比显著下降，从71.80%下降至59.93%。

基础设施领域，12个省、直辖市在2001—2015年碳排放占比均保持稳定，波动幅度不超过3%。在这较小的波幅下，北京呈现先上升后下降的趋势，2008年基础设施占比是15年间的最高水平，可能的原因是，2008年北京为举办奥运会，基础设施建设增加，带来基础设施领域碳排放总量的大幅增加，从而在2008年达到历史最高水平占比。

家庭消费领域，12个省、直辖市中大部分在2001—2015年均呈现下降趋势，且下降趋势明显，幅度通常大于居住建筑领域碳排放占比的下降幅度；这其中，比较特殊的是北京和海南，北京虽呈现下降趋势，但仅从30.81%下降至28.04%，波幅不超过3%，而海南则是先上升后下降，降幅不超过2%。

交通工具领域，12个省、直辖市均呈现显著上升趋势，占比上升均超过10%。其中，上海、辽宁、北京、广东2015年交通工具碳排放占比均已超过20%。随着我国经济越来越发达，人们的生活水平越来越高，摩托车、汽车等高耗能高排放的产品需求不断提升，带来交通工具领域碳排放的增加。同时，各个省份公共交通建设不断加强，公共汽车、地铁等也均会产生一定的碳排放。上海、辽宁、北京、广东均属生活节奏较快的城市和地区，带动了出租车数量的不断增加，是对碳排放产生影响的又一个增量因素。这些影响的加总，带来了交通工具领域碳排放占比的大幅度上升。这其中，北京尤为特殊，2010年及之后，北京交通工具领域的碳排放占比几乎均保持在27.5%左右的水平，增速得到控制，作为中国的政治文化中心，北京确实最先对国家提出的碳减排的目标做出了反应。

(2) 省际维度

观察12个省、直辖市之间各领域碳排放占比的对比情况，可以发现，四个领域占比上有一个共同的特点，即居住建筑占比排在首位(除辽宁是家庭消费占比最高)，其次是家庭消费、交通工具，基础设施占比最低。说明，目前我国各省份居民生活消费碳排放主要源于居住建筑以及家庭消费领域，但从上升趋势分析中，已经可以清晰地看到交通工具未来依旧具有上涨趋势，是生活消费碳排放的又一重要构成部分。

居住建筑领域，目前海南居住建筑碳排放占比遥遥领先，高出其他11个省、直辖市20%～30%。居住建筑领域碳排放占比排在第二位的是重庆。而居住建筑领域碳排放占比较低的省、直辖市分别为广东、辽宁、北京以及吉林。

基础设施领域，上海居首，且远高于其他 11 个省、直辖市，碳排放占比超过 11%。作为中国的经济、金融、贸易中心，上海更加注重城市建设，为适应快速的生活节奏，道路建设、公共设施完善必不可少，因此，基础设施部分碳排放占比远高于其他 11 个省、直辖市。排在第二位的是广东，处在 8%左右的水平，也与其他 11 个省、直辖市拉开了一定差距。广东目前常住人口较多，基础设施的配套需要惠及大众，同时，其经济发展水平较高，需要基础设施等的支撑完善。而目前，河南的基础设施领域碳排放占比是最低的，其他省、直辖市均处在 4%～7%之间的水平。

家庭消费领域碳排放占比最低的为海南、上海及北京，家庭消费与人口规模相关性较大，上海、海南及北京的人口规模处于 12 个省、直辖市的最低位，因此，家庭消费碳排放总量中的占比也相应较少。其余省、直辖市均处在类似的水平。

交通工具领域碳排放占比最高的是北京、广东和上海。作为中国经济发展水平较为发达的城市，人均可支配收入、消费水平也较高，私家车消费多；同时，为了满足居民快节奏的生活需求，公交车、出租车、地铁等交通工具也会相对更多，这些都会体现在交通工具领域碳排放上，使得其占比排在高位。其余省份交通工具领域碳排放占比类似。

2）居民生活消费碳排放各领域碳排放强度情况

（1）从时间维度观察各领域碳排放强度变化趋势

居住建筑领域，各省份碳排放强度变化趋势与总量碳排放强度变化趋势类似，仍出现三种变化趋势，这部分可能的原因之一在于从占比分析中可以了解到，居住建筑领域碳排放是总体碳排放的重要组成部分，占的比重较大，因此与总体变化趋势相仿。这其中较为特殊的是上海的居住建筑碳排放强度，2004—2011 年呈现下降趋势，2012—2015 年间居住建筑碳排放强度稳定在 0.54 万吨/亿元左右的水平，作为一个国际化大都市，上海是一个开放度、技术水平、消费水平、消费环保意识等均较高的城市，居住建筑碳排放控制良好；辽宁、北京和海南在 2009 年之后居住建筑领域碳排放强度平稳下降，尤其是海南，在这一领域的碳排放强度下降明显，实际消费支出增长速度明显超过居住建筑领域碳排放总量增长速度，同时，海南的居住建筑领域碳排放在总量中所占比例最大，海南愈发注重居住建筑在碳排放控制的同时能够带来对总体碳排放强度减小的最大作用。

基础设施领域，12 个省、直辖市在 2001—2015 年碳排放强度均保持稳定，基础设施领域碳排放强度最大与最小值之间仅相差 0.1 万吨/亿元左右。事实上，城市基础设施的建设往往与经济发展水平息息相关，经济发展水平越高，需要的基础设施支撑也越多，基础设施建设越完善，因此，基础设施领域的碳排放强度水平基本保持稳定。

家庭消费领域，12 个省、直辖市的碳排放强度变化趋势与居住建筑领域变化趋势类似，可能的原因之一是受实际消费支出变化的影响。其中，上海、辽宁、北京、山西、海南、河南等在近几年均实现家庭消费领域碳排放强度的下降，说明目前低碳环保意识已经在家庭消费中有所体现。这其中，上海 15 年来一直保持着家庭消费碳排放强度的下降，这与上海居民环保意识提升，服务性消费支出占比高等原因相关；2005—2010 年北京家庭消费碳排放强度保持稳定，2010 年之后出现小幅下降。

交通工具领域，12 个省、直辖市(除上海、北京)均呈现显著上升趋势。随着经济的发展，交通工具的需求愈发强烈，由此带来了交通工具碳排放增速超过实际 GDP 的增长速度，从而导致交通工具领域碳排放强度的增加。其中最特殊的是上海、北京，上海的交通工具碳排放强度几乎保持稳定，在 0.2 万吨/亿元左右的水平。一直以来，上海在交通方面采取了多方面的措施，控制私家车牌照发放数量，完善公共交通系统，使得交通工具领域碳排放得到了较好的控制；北京虽然也体现了增长态势，但增长幅度较小，且 2011 年之后，碳排放强度稳定在 0.45 万吨/亿元的水平，该领域的碳排放控制产生了一定效果，体现了北京对于政策目标的反应快于其他省份。

(2) 从省际维度观察 12 个省、直辖市之间各领域碳排放强度的对比情况

居住建筑领域，目前海南居住建筑碳排放强度遥遥领先，高出其他省份 1 万～2 万吨/亿元的水平。居住建筑领域碳排放强度较低的为上海、北京、广东和辽宁，碳排放强度低于 1.25 万吨/亿元。经济发达的省份由于发展水平、消费水平较高，对于居住建筑领域内的低碳设备使用相对较高，碳排放强度较低。其余省份均处于终端，在 1.2 万～2.5 万吨/亿元的水平。

基础设施领域，海南碳排放强度最高，作为旅游观光城市，海南的服务业发达，而服务业的发展需要基础设施的支撑；但从 2013 年开始，吉林超过海南，成为基础设施领域碳排放强度最高的省份。碳排放强度最低的为北京，作为国家政治中心，基础设施的建设必不可少，同样因为处于中心，更加注重使用低碳材料等进行基础设施的建设，从而实现碳排放强度处于低位。

家庭消费领域，目前处在最高水平的是四川以及安徽，作为经济发展较为滞后的两个省份，其消费水平相对较低，消费结构也以高能耗高排放的产品为主，因此碳排放强度较高。上海、北京和广东家庭消费碳排放强度最低，同样可以用

消费水平、环保消费意识等加以解释。

交通工具领域，12 个省、直辖市碳排放强度均处于相当的水平，其中比较特殊的是上海，交通工具领域碳排放强度最低。近年来，上海公共交通建设越发完善，公交、地铁系统完备，有效减少了私家车等高能耗交通工具的使用，使得碳排放强度保持在较低的水平；北京虽然在 2004 年之前排在首位，但 2010 年开始碳排放强度下降，2012 年仅高于上海，处在 12 个省、直辖市中的较低水平，随着公共交通建设的完善，以及对国家各项政策的快速反应，交通工具领域碳排放也得到了控制。

五、基于泰尔指数的居民生活消费碳排放区域差异研究

（一）区域差异测算方法

本文采用的区域差异测度方法为泰尔指数法，泰尔指数法由泰尔于 1967 年提出并运用，最初用于测算区域间收入差距，权数为收入份额，代数公式如下：

$$T=\sum\left\{I_i/I\times\ln\left(\frac{I_i/I}{P_i/P}\right)\right\} \tag{1-11}$$

即为各地区收入份额与人口份额之比的对数的加权和。其中，T 表示泰尔指数，I 表示总收入，I_i 是第 i 个地区的收入；P 是总人口，P_i 是地区 i 的人口。

泰尔指数在 0—$\ln N$ 之间变动（N 代表区域数量），指数越小，表示区域差异越小。$T=0$ 表示不存在区域差异，当 $T=\ln N$ 时，则存在完全的区域差异。如果收入与人口份额比大于 1，表明该区域发达，与之对应的对数值会大于 0，反之，表明该区域落后，对数值会小于 0。

泰尔指数被提出后，开始出现大量利用其进行的收入分配、收入差异研究；随着该指数在收入差距研究中的不断发展，学者们开始使用该指数研究其他资源分配不均的问题，如教育资源、卫生资源等分配不均问题。随后，泰尔指数的优点被发掘，其不仅能够测算整体差异水平，还具有分解性，能够区分并确定组内差距和组间差距，并分析二者对整体差异的贡献，更大程度地了解区域差异情况。同时，泰尔指数的数值在 0—$\ln N$ 的范围内波动，为判断区域差异提供了一个有数量界限的测度标准。

（二）泰尔指数模型构建

本文结合泰尔指数及碳排放的特点，选用泰尔指数法进行 2001—2015 年所

选取 12 个省、直辖市之间居民生活消费碳排放区域差异的测算，判断确定各省、直辖市的居民生活消费碳排放是否存在显著的区域差异，15 年间各省、直辖市间区域差异的变化呈现何种特征。

在了解泰尔指数的原理之后，构建计算居民生活消费碳排放区域差异的泰尔指数，由于本文选取碳排放强度(居民生活消费碳排放/实际消费支出)作为研究对象，因此构建的泰尔指数公式为

$$T = \sum \left\{ C_i/C \times \ln \left\{ \frac{C_i/C}{TCC_i/TCC} \right\} \right\} \qquad (1-12)$$

即为碳排放份额与实际消费支出份额之比的对数的加权和，其中，C/TCC 为居民生活消费碳排放强度；C_i 是第 i 个地区的居民生活消费碳排放；C 表示全部所选地区的居民生活消费碳排放水平加总；TCC_i 是地区 i 的实际消费支出，TCC 是全部所选地区实际消费支出的加总。

(三) 泰尔指数测算结果及分析

本文主要通过上述构建的泰尔指数模型进行两个阶段的指数测算，判断是否存在明显的区域差异，并了解区域差异的变化趋势。这两个阶段的研究分别为：① 各省、直辖市居民生活消费总体碳排放区域差异；② 各省、直辖市分领域(居住建筑、基础设施、生活消费、交通工具)碳排放区域差异。

1. 各省份居民生活消费总体碳排放区域差异

根据模型使用 EXCEL 进行测算后，得到 2001—2015 年代表居民生活消费碳排放区域差异的泰尔指数，结果如表 1-4 所列。

表 1-4 各省份居民生活消费碳排放总体区域差异的泰尔指数

年 份	泰尔指数	年 份	泰尔指数	年 份	泰尔指数
2001	0.067 8	2006	0.076 3	2011	0.078 8
2002	0.070 1	2007	0.073 1	2012	0.081 7
2003	0.065 1	2008	0.074 2	2013	0.078 3
2004	0.056 8	2009	0.074 2	2014	0.086 5
2005	0.076 6	2010	0.074 7	2015	0.087 8

从表 1-4 可以看出，15 年间呈现出的泰尔指数均在 0.09 以下，表明在居民生活消费碳排放方面总体呈现微小的区域差异，差异不明显。但从 2005 年开始，泰尔指数呈现不断上升趋势，说明各省份之间居民生活消费碳排放的区域差异在逐渐增大。

2. 各省份分领域碳排放区域差异

1) 居住建筑

2001—2015 年居住建筑碳排放显示的泰尔指数结果如表 1-5 所列。从中可以看到居住部分显示的泰尔指数显著大于总体碳排放显示的泰尔指数，各区域在居住建筑碳排放方面存在差异，居住建筑碳排放差异是带来总体碳排放微小区域差异的原因之一；从 2007 年起，居住建筑领域碳排放区域差异呈明显上升趋势，居住建筑碳排放区域差异拉大，这也是带来总体居民生活消费碳排放区域差异拉大的原因。

表 1-5　居住建筑碳排放区域差异的泰尔指数

年 份	泰尔指数	年 份	泰尔指数	年 份	泰尔指数
2001	0.100 3	2006	0.109 4	2011	0.108 0
2002	0.099 9	2007	0.099 5	2012	0.111 2
2003	0.095 8	2008	0.099 6	2013	0.115 4
2004	0.088 6	2009	0.102 2	2014	0.122 7
2005	0.112 6	2010	0.102 5	2015	0.121 0

2) 基础设施

2001—2015 年基础设施碳排放显示的泰尔指数结果如表 1-6 所列。从中可以看到基础设施泰尔指数处在 0.01～0.035 之间，几乎接近 0，各区域在基础设施碳排放部分几乎不存在差异，基础设施领域碳排放不是整体居民生活消费碳排放微小差异的主要原因。但与居住建筑领域一样，从 2007 年起，基础设施泰尔指数也在不断上升，因此，静态层面上，基础设施领域区域差异不是总体区域差异的主要原因，但在动态层面上，基础设施领域区域差异变化是总体区域差异变化的原因之一。

表 1－6 基础设施碳排放区域差异的泰尔指数

年 份	泰尔指数	年 份	泰尔指数	年 份	泰尔指数
2001	0.018 2	2006	0.016 1	2011	0.022 2
2002	0.021 7	2007	0.014 0	2012	0.024 1
2003	0.015 5	2008	0.014 6	2013	0.026 7
2004	0.013 1	2009	0.014 4	2014	0.032 0
2005	0.017 6	2010	0.019 5	2015	0.032 2

3）家庭消费

2001—2015 年家庭消费碳排放显示的泰尔指数结果如表 1－7 所列。从中可以看到家庭部分显示的泰尔指数大于总体碳排放显示的泰尔指数，各省份在家庭消费碳排放方面存在差异，家庭消费领域碳排放是总体区域差异的主要原因之一。但该差异在 2005—2012 年间保持稳定，泰尔指数维持在 0.11 的水平，2014 年开始又出现提升。

表 1－7 家庭消费碳排放区域差异的泰尔指数

年 份	泰尔指数	年 份	泰尔指数	年 份	泰尔指数
2001	0.092 8	2 006	0.110 5	2011	0.113 1
2002	0.095 3	2007	0.110 9	2012	0.115 8
2003	0.091 7	2008	0.112 4	2013	0.100 6
2004	0.084 4	2009	0.112 0	2014	0.112 0
2005	0.108 1	2010	0.110 6	2015	0.115 7

4）交通工具

2001—2015 年交通工具碳排放显示的泰尔指数结果如表 1－8 所列。2001—2015 年，显示交通工具领域碳排放差异的泰尔指数在 0.01～0.05 之间，小于总体居民生活消费碳排放区域差异所呈现的泰尔指数。而从变化趋势看，交通工具领域泰尔指数表现出 U 形变化，2007 年开始，泰尔指数在不断上升，呈现上升趋势，其变化也是总体区域差异拉大的原因之一。

表 1-8　交通工具碳排放区域差异的泰尔指数

年 份	泰尔指数	年 份	泰尔指数	年 份	泰尔指数
2001	0.043 7	2006	0.016 2	2011	0.025 1
2002	0.046 6	2007	0.014 6	2012	0.030 0
2003	0.047 2	2008	0.019 7	2013	0.034 1
2004	0.045 2	2009	0.018 2	2014	0.039 5
2005	0.019 7	2010	0.024 4	2015	0.044 0

从上述分部分碳排放区域差异的分析中，可以总结得出，目前居住建筑及家庭消费的碳排放区域差异是造成居民生活消费碳排放微小区域差异的主要原因。同时，居住建筑、基础设施、家庭消费、交通工具四个领域区域差异都在拉大，带来了总体居民生活消费碳排放区域差异的拉大，预计未来，居民生活消费碳排放区域差异仍将扩大。

六、居民生活消费碳排放的影响因素研究

（一）研究碳排放影响因素的 STIRPAT 模型

本文选取在碳排放影响因素的研究中受到很多学者认可的 STIRPAT 模型进行影响因素的研究。STIRPAT 模型的产生经历了 IPAT 模型—ImPACT 模型—STIRPAT 模型的过程，目前已被广泛用于研究对环境的影响问题。

美国斯坦福大学著名人口学家艾瑞克(Ehrlich)在研究人口增长对环境的冲击时，认为在农业或技术社会中，每个人都会对环境产生负面影响，这种影响可以用简单的公式表示，即

$$I = P \times F \tag{1-13}$$

其中，I 表示环境压力，P 表示人口，F 是衡量人均影响的函数。然而，这个简单的关系式中存在极大的复杂性。例如，如果技术保持不变，F(人均影响)会随着人均消费的增加而增加，但如果保持消费水平恒定时采用了更好的技术，F 可能会减少。

在此基础上，Ehrlich 和 Holden(1971)认为，人口增长对环境的冲击不仅与人口规模相关，而且与社会生产活动的技术水平及社会的富裕度相关，因此对式(1-13)进行了扩展，提出了环境影响的三因素模型——IPAT 模型，公式为

$$I = P \times \frac{GDP}{P} \times \frac{F}{GDP} = P \times A \times T \tag{1-14}$$

其中，I 表示环境影响，通常用排放的污染数量来表示，P 代表人口规模，A 为富裕度，T 表示广义的科技水平，对公式(1－14)两边取对数并对时间求导，得到以下公式：

$$\dot{I}/I = \dot{P}/P + \dot{A}/A + \dot{T}/T \tag{1-15}$$

可知人类对环境的影响变化受人口增长、经济增长和技术进步的综合作用。

之后，Waggoner 和 Ausubel(2002)认为，环境会受到人口、富裕度、技术水平及消费的影响，将 T 再一次进行分解，分解成单位消耗对环境的影响和单位 GDP 的消耗量的乘积，给出了 ImPACT 模型，公式为

$$I = P \times \frac{GDP}{P} \times \frac{C}{GDP} \times \frac{F}{C} = P \times A \times C \times T \tag{1-16}$$

其中，C 表示单位 GDP 的消耗量。

尽管上述的 IPAT 模型及 ImPACT 模型结构简单、易于操作，且已得到广泛的应用，但仍存在一些限制：① 两公式均只将环境影响与各因素之间的关系处理为简单的同比例线性关系；② 等式两边量纲统一，限制了其他可能影响环境的因素的加入，考察变量数目有限；③ 不能进行假设检验。

为了克服上述限制，Dietz 等(2003)在传统 IPAT 模型的基础上提出了 STIRPAT 模型(随机回归影响模型)，标准公式为

$$I = aP^{b}A^{c}T^{d}e \tag{1-17}$$

其中，a 为模型系数，b、c、d 分别为人口、财富和技术因素的系数，是需要估计的指数，e 是随机误差项。将公式(1－17)两边取对数，公式可变换为

$$\ln I = \ln a + b\ln P + c\ln A + d\ln T + \ln e \tag{1-18}$$

根据弹性系数理论，P、A、T 每发生 1%的变动，将带来 I 发生 $b\%$、$c\%$、$d\%$ 的变化。

(二) 变量选取及模型构建

本文确定的研究对象为居民生活消费碳排放，选择居民生活消费碳排放强度(CEI)作为被解释变量。由于我国目前所提出的减排目标都是以单位 GDP

的碳排放为标准，类比至居民生活消费产生的碳排放，选择单位消费支出产生的居民生活消费碳排放作为被解释变量，更有意义和针对性。

同时，本文根据已经确定的研究内容及前述理论分析，选取了以下解释变量。

生存性消费支出占比（LCE）：指在整体消费支出中食品、衣着支出所占的比例。根据理论分析的内容，认为消费性支出占比的下降会带来居民生活消费碳排放强度的降低，存在同向影响。

享受发展性消费支出占比（EDCE）：指居住、家用设备及服务、交通工具与通信等支出、教育文化娱乐、医疗保健及其他支出占消费支出的比例。居住、家用设备及服务、交通工具与通信等消费的增加会通过直接和间接的途径影响碳排放，其比例的上升可能会带来居民生活消费碳排放强度的上升；而另一方面，享受发展性支出中存在服务性消费支出，服务性消费支出占比的提升会带来碳排放强度的下降。

第三产业占比（PTI）：第三产业生产总值在地区生产总值中所占的比例。理论分析中提到，产业结构的变化部分反映了消费结构的变化，此处选用第三产生产总值占比的变化来体现一定消费结构的变化，第三产业占比的提升反映出目前我国消费结构正向服务性消费支出转移，而服务性消费支出多体现为享受发展性消费。

开放度（OPEN）：经济对外开放程度，用该地区进出口贸易总额与GDP的比值确定。开放度会在一定程度上影响消费结构的变化，市场开放程度的提高使得中国对引进外资的技术水平和投资质量有更高的要求，管理水平、管理效率等有了更好的提升，可以有效促进我国的产业优化升级及消费升级，由加工制造等更多转向高端服务业，在这样的环境下，服务性消费支出占比上升将会对生活消费碳排放产生负向影响。

技术水平（TEC）：衡量一个地区技术发展水平，用该地区的研究与开发支出表示。技术水平变化也是体现消费结构变化的因素之一，技术水平的提升会带来更多高效率、高质量的产品，由此带来消费水准的提升，促进消费结构升级。

人均可支配收入（PGDI）：居民可用于自由支配的收入。人均可支配收入的提升会促进居民消费水平的提升，由原来更多集中于食品衣着等温饱消费转移至享受发展等消费支出，是消费结构升级的一大助力。

由于居民生活消费碳排放是受多方因素影响的变量，在选择解释变量的同时，选择以下控制变量。

人口规模(P)：每个人都会产生碳排放，因此，人口规模的上升会带来碳排放的增加，从而对碳排放强度产生正向影响。

人均受教育程度(EDU)：从这个角度有两方面的考量，首先，受教育程度越高，绿色环保意识就会越强，相应会减少碳排放强度；其次，社会普遍规律受教育程度较高的人其可支配收入也会相应较高。这样，其消费水平就会有所提升，带来碳排放的增加。

城镇化率(UR)：目前大部分的研究认为，城镇化率对碳排放的影响呈现“倒U形”，最初城镇化率上升时，由于城市消费水平高于农村等原因导致生活消费产生的碳排放增加，当城镇化率达到一定程度、社会发展水平较高时，人们的消费意识、环保意识等会发生改变，此时会对生活消费碳排放产生负面影响。

在选择变量的基础上，构建本文的面板数据模型为

$$\begin{aligned}\ln(\mathrm{CEI}) = {} & \alpha_1 + \alpha_2 \times \mathrm{LCE} + \alpha_3 \times \mathrm{EDCE} + \alpha_4 \times \mathrm{PTI} \\ & + \alpha_5 \times \mathrm{OPEN} + \alpha_6 \times \ln(\mathrm{TEC}) + \alpha_7 \times \ln(\mathrm{PGDI}) \\ & + \alpha_8 \ln(\mathrm{P}) + \alpha_9 \times \ln(\mathrm{EDU}) + \alpha_{10} \times \mathrm{UR} + \varepsilon \end{aligned} \qquad (1-19)$$

其中，CEI代表居民生活消费碳排放强度；LCE代表生存性消费支出占比；EDCE表示享受发展性消费支出占比；PTI为第三产业占比；OPEN为开放度；TEC表示技术水平；PGDI为人均可支配收入；P表示人口规模；EDU为人均受教育程度；UR表示城镇化率；ε表示随机误差项。为消除量纲的影响，本文对居民生活消费碳排放强度(CEI)、技术水平(TEC)、人均可支配收入(PGDI)、人口规模(P)、人均受教育程度(EDU)进行了对数化处理。

(三) 数据来源及处理

通过上述分析可知，本文所需的数据包括12个省、直辖市2001—2015年居民生活消费碳排放强度，生产型、享受型、发展型消费支出占比，第三产业占比，开放度，研究与开发支出(技术水平)，人均可支配收入，人口规模，人均受教育程度及城镇化率的数据。这些数据均可以从《中国统计年鉴》及各省份的统计年鉴通过直接搜集或者间接计算方式获取。

这其中，居民生活消费碳排放强度的数据已经在本文第四部分通过测算获取。影响因素中生产型、享受型、发展型消费支出占比及城镇化率需要通过计算获取，生产型消费支出占比=(食品支出+衣着支出)/消费型支出总额；享受型消费支出=(居住支出+家用设备与服务支出+交通工具与通信支出)/消费型

支出总额；发展型消费支出＝(教育文化娱乐支出＋医疗保健支出＋其他支出)/消费型支出总额；城镇化率＝城镇人口/总人口；开放度同样需通过计算获取，公式为

$$开放度 = 进出口贸易总额 / 实际 GDP \tag{1-20}$$

（四）实证结果及分析

本文使用 STATA 13.1 软件对上述面板回归模型进行回归分析，所得结果如表 1－9 所列。从中可以得出获得固定效应模型和随机效应模型两种回归结果，而经过 Hausman 检验，P 值＝0，因此应该拒绝原假设，选择固定效应模型。

表 1－9　模型回归结果

变　　量	固定效应模型	随机效应模型
常数项 C	1.847 1 (0.207)	−0.778 7 (0.611)***
LCE(生存性消费支出占比)	0.024 1 (0.021)**	0.017 5 (0.220)
EDCE(享受发展性消费支出占比)	0.032 9 (0.002)***	0.022 1 (0.129)
PTI(第三产业占比)	−0.007 5 (0.004)***	−0.008 5 (0.000)***
OPEN(开放度)	−0.000 9 (0.085)*	−0.001 5 (0.001)***
Ln(TEC)(技术水平)	0.136 1 (0.000)***	−0.031 2 (0.216)
Ln(PGDI)(人均可支配收入)	−0.063 7 (0.346)	0.299 7 (0.000)***
Ln(P)(人口规模)	−0.555 4 (0.000)***	−0.158 6 (0.000)***
Ln(EDU)(人均受教育年限)	0.297 4 (0.27)	0.411 9 (0.166)**
UR(城镇化率)	−0.009 9 (0.004)***	−0.027 0 (0.000)***

注：表格中 * 表示 $P<0.1$，在 10%的水平上显著；** 表示 $P<0.05$，在 5%的水平上显著；*** 表示 $P<0.01$，在 1%的水平上显著；括号内表示 P 值。

从以上结果可以得出以下结论。

(1) 生存型消费支出占比对居民生活消费碳排放强度的影响显著,且是正向影响,即当生存型消费支出占比下降时,居民生活消费碳排放强度将会下降,这与在变量选择时所进行的预测结果一致。

(2) 享受发展型消费支出占比显著影响居民生活消费碳排放强度,且表现为正向影响,当享受型消费支出占比上升时,居民生活消费碳排放强度将上升。在变量选择预期中,享受发展型消费支出占比的提升会带来对碳排放强度正、负两方面的影响,所得结果表明,对碳排放强度的正向影响会强于负向影响,这说明,在增加享受型消费支出的同时,居住建筑、家庭设备、交通工具的购买及使用增加的碳排放覆盖了服务型消费支出占比对碳排放的负向影响。且从系数的对比中可以看到,解释变量变动 1 个单位引起的碳排放强度变化,享受发展型消费支出占比要大于生存型消费支出占比,总体带来的变化将使碳排放强度增大。

(3) 第三产业占比显著负向影响居民生活消费碳排放强度,第三产业生产总值的占比的变化可以在一定程度上反映消费结构的变化,第三产业占比提升即为服务型产业占比提升,促进消费结构升级,服务型消费支出占比上升,这会负向影响居民生活消费碳排放,符合预期。

(4) 开放度负向影响居民生活消费碳排放强度,显著程度一般,符合预期。开放度会在一定程度上影响消费结构的变化,市场开放程度的提高,使得中国对引进外资的技术水平和投资质量有更高的要求,管理水平、管理效率等有了更好的提升,可以有效促进我国的产业优化升级及消费升级,由加工制造等更多转向高端服务业,在这样的环境下,服务型消费支出占比上升将会对生活消费碳排放产生负向影响。

(5) 技术水平显著正向影响居民生活消费碳排放强度,与预期有一定出入。这里认为,技术水平提升会带来工作效率等的提升,由此带来的生产环节速度加快,产品等数量明显增加,随之而产生的间接碳排放增加,这可以适当解释技术水平对居民生活消费碳排放强度的正向影响。

(6) 人均可支配收入负向影响居民生活消费碳排放强度,但影响不显著。人均可支配收入的提升会促进居民消费水平的提升,由原来更多集中于食品衣着等温饱消费转移至享受发展等服务型消费支出,从而表现为负向影响。

(7) 人口规模负向显著影响居民生活消费碳排放强度;人均受教育年限对

居民生活消费碳排放强度影响不显著;城镇化率呈现负向影响,符合预期。

七、结论与展望

(一)主要结论与政策建议

1. 主要研究结论

本文主要研究居民生活消费碳排放,核心研究内容分为三个部分:① 居民生活消费碳排放的测算与分析;② 居民生活消费碳排放区域差异研究;③ 居民生活消费碳排放的影响因素研究。首先使用 Urban - RAM 模型对 12 个省份 2001—2015 年的居民生活消费碳排放进行测算,并对居民生活消费整体碳排放强度变化趋势、各省份对比进行分析,同时分析各省市居民生活消费碳排放的四个构成部分——居住建筑、基础设施、家庭消费、交通工具碳排放强度的特征及变化趋势。在测算出 12 个省、直辖市 2001—2015 年间居民生活消费碳排放的基础上,进行居民生活消费碳排放区域差异研究,判断整体是否存在区域差异及其变化趋势特点,同时通过四部分碳排放区域差异的分析确定哪些部分是区域差异的主要构成。随后,通过建立面板数据模型研究居民生活消费碳排放的影响因素,主要确定消费结构升级是否会影响居民生活消费碳排放,主要考察的影响因素有:生存型消费支出占比、享受发展型消费支出占比、第三产业占比、开放度、技术水平、人均可支配收入、人口规模、人均受教育程度、城镇化率等。

根据对 12 个省、直辖市居民生活消费碳排放的测算,得出以下结论。

(1) 12 个省、直辖市 2001—2015 年居民生活消费碳排放总量呈现上升趋势,广东、河南、四川总量前三位,海南、上海、北京总量是倒数三位。

(2) 大部分省、直辖市居民生活消费碳排放强度近年来仍旧呈现增长态势,可以知道目前碳减排措施效果并未体现在居民生活消费领域。北京是 12 个省、直辖市中的特例,不仅在 2015 年实现居民生活消费碳排放总量的降低,且其碳排放强度也呈现整体下降态势,体现其最先对我国碳减排的目标做出了反应。

(3) 分领域(部分)碳排放占比分析中,大部分省、直辖市(除辽宁)在居民生活消费总体碳排放中的占比从高到低依次为居住建筑、家庭消费、交通工具、基础设施。居住建筑、家庭消费部分是大部分省、直辖市居民生活消费碳排放的来源。而占比的变化趋势普遍特点为:基础设施保持稳定,居住建筑及家庭消费占比出现不同程度的下降,交通工具占比明显上升。

(4) 分领域(部分)碳排放强度方面,各省、直辖市普遍特点体现为以下几个方面。基础设施碳排放强度稳定;大部分省、直辖市在居住建筑及家庭消费碳排放强度方面仍呈现上升趋势;交通工具碳排放强度明显上升。最大的特例为上海和北京,在四个领域均体现了良好的碳减排效果。

通过居民生活消费碳排放区域差异研究,得出以下结论。

(1) 2001—2015 年间,居民生活消费总体碳排放区域差异较小,不显著;但从 2005 年开始,泰尔指数不断上升,各省、直辖市之间居民生活消费碳排放区域差异逐渐增大。

(2) 基础设施及交通工具碳排放几乎不存在区域差异,居住建筑及家庭消费碳排放部分泰尔指数大于总体,是造成总体区域差异的主要原因。四个领域所呈现的泰尔指数均在 2007 年之后出现显著上升,带来了总体居民生活消费碳排放区域差异的拉大,预计未来,区域差异仍将拉大。

通过影响因素研究,得出以下结论。

(1) 生存型消费支出占比、享受发展型消费支出占比均正向影响居民生活消费碳排放强度,二者显著程度均较高。消费结构升级确实会影响居民生活消费碳排放,生存型消费支出占比下降会使碳排放强度减少,享受型、发展型消费支出占比上升带来碳排放强度的增加,根据回归系数的大小,碳排放强度降低幅度将会小于上升幅度,因此,总体带来的变化仍会使居民生活消费碳排放强度加大。

(2) 产业结构中,第三产业生产总值占比显著负向影响居民生活消费碳排放强度,产业结构的变化在一定程度上反映了消费结构的变化,服务型消费支出占比的提升对居民生活消费碳排放产生负向影响。

(3) 开放度呈现负向影响。开放程度的提升使我国对引进外资的技术水平和投资质量有更高的要求,管理水平、效率等显著提升,产业更多由加工制造转向高端服务业,服务型消费支出占比会有效降低居民生活消费碳排放强度。

(4) 技术水平显著正向影响碳排放强度,技术水平的提升带来工作效率提升,从而生产更多的产品,产品及服务使用消费过程中所产生的直接和间接碳排放会有所增加。

(5) 人均可支配收入负向影响居民生活消费碳排放强度,但影响不显著。

(6) 人口规模负向显著影响居民生活消费碳排放强度。人均受教育年限正向影响居民生活消费碳排放强度,说明目前人均受教育年限的提升并没有很好地反映出环保消费意识的变化。通常,高受教育程度与高可支配收入相联系,消费水平提升,带来居民生活消费碳排放强度的增加。城镇化率显著负向影响居民生活消费碳排放强度，城镇化率提升显示城市化水平上升，能够在一定程度上带来消费升级，创造消费需求，且会对消费水平、消费意识产生正向作用，从而有效减少居民生活消费碳排放。

2. 政策建议

(1) 消费结构升级的同时，注重生产、运输、消费、使用等各环节低碳能源使用。消费结构升级带来生存型消费支出占比的下降，但同时享受型及发展型消费支出占比上升，尤其目前变化比较明显的是享受型消费支出占比，但这部分占比的提升涉及居住、家用设备、交通工具等的能源直接使用造成的直接碳排放，包括居住建筑材料等生产、运输、安装施工等环节，家用电器在生产、运输等环节，交通工具所用能源等在生产、运输等环节的间接碳排放，最终影响总体碳排放强度的上升，注重生产、运输、消费、使用等各环节的低碳能源使用，能够有效缓解消费结构升级带来的对居民生活消费碳排放强度的显著影响。

(2) 12 个省、直辖市中，除上海、北京、广东等开放度较高的省、直辖市外，其余省、直辖市也要注重适当提升市场开放度。从上述分析结果中可以看到，市场开放程度负向影响居民生活消费碳排放强度。市场开放程度的提高，使得中国对引进外资的技术水平和投资质量有更高的要求，管理水平、管理效率等有了更好的提升，可以有效促进我国的产业优化升级及消费升级，由加工制造等更多转向高端服务业，在这样的环境下，服务型消费支出占比上升将会对生活消费碳排放产生负向影响。而从碳排放强度分析的结果可以看到，开放度最高的上海、北京、广东的居民生活消费碳排放强度处在较低的水平，因此，其余省份也可在条件允许范围内适当提升市场开放度，促进产业结构及消费结构的有效升级，从而减少居民生活消费碳排放。

(3) 在加大研发投入提升技术水平、提升生产效率的同时，注重在产品与服务生产与提供过程中节能减排技术的运用。上述分析结果并没有达到预期中所述负向显著影响居民生活消费碳排放强度的效果，呈现的反而是正向影响。这说明目前我国研发投入可能更多的还是专注于效率提升，后期需要注重节能减排技术的研发投入，使得产品与服务带来的碳排放降低，如家庭生活中所使用的烹饪工具、空调、热水器等都可以加入节能减排技术，从而使直接和间接碳排放得以减少。

(4) 在宣传教育中，注重绿色消费意识、环保意识的培养。从上述分析结果汇总，可以看到人均受教育年限显著正向影响碳排放强度，没有体现出居民环保意识、绿色消费意识提升，应当在学生教育、日常宣传等日常活动中，加强绿色消费意识、环保意识的培养，使得人们更多地消费低碳绿色产品、实现环保出行等，从而有效降低碳排放强度。

（二）总结与展望

本文在已有研究的基础上，提出自己的创新点，得出了一些有价值的结论和建议，取得了初步成功。本文的创新点包括以下几个方面。

(1) 使用新的方法(Urban - RAM 模型法)测算居民生活消费碳排放。

(2) 将居民生活消费碳排放分居住建筑、基础设施、家庭消费、交通工具四个领域进行详细分析，更加清晰了解我国居民生活消费碳排放的特征及变化趋势等内容。

(3) 引入泰尔指数计算确定我国各省居民生活消费碳排放是否存在区域差异，了解其变化趋势；同时通过居住建筑、基础设施、家庭消费、交通工具这四个领域的碳排放区域差异情况，确定哪些领域更多地造就了居民生活消费碳排放区域差异。

(4) 研究居民生活消费碳排放的影响因素时，将前人较少研究消费结构升级作为主要研究内容，确定消费结构升级是否对其产生显著影响。

虽然本文研究得以顺利进行，且得出了一些有价值的结论和建议，但仍然存在一定的不足：首先，由于存在数据可获得性的问题，本文仅选取了 12 个省、直辖市的数据来进行研究分析，如果能够获得全国的数据，则区域差异研究结果、影响因素研究结果也会更加准确；其次，事实上，通过测算出的居民生活消费总体碳排放、碳排放强度，分领域(居住建筑、基础设施、家庭消费、交通工具)碳排放占比、碳排放强度数据，可以进行更多内容的研究。由于时间精力有限，本文仅选择部分内容进行研究。

正如不足中所提到的，使用本文测算出来的结果还可以进行多方面的研究，如：北京的家庭消费、居住建筑、交通工具碳排放强度为何会在 2010 年之后维持稳定甚至出现小幅下降，其主要影响因素、原因是什么；上海作为全国消费水平最高的城市之一，为何其居民生活消费碳排放强度处在较低的水平，等等。期待着未来可以有更多的发现和结论。

参考文献

[1] AC KERKHOF, RMJ BENDERS, HC MOLL. Determinants of Variation in Household

CO_2 Emissions between and Within Countries [J]. Energy Policy, 2009, 37 (4): 1509 - 1517.

[2] ANDREONI V, GALMATINI S. Drivers in CO_2 Emissions Variation: A Decomposition Analysis for 33 World Countries [J]. Energy, 2016, 103: 27 - 37.

[3] ANDREW K JORGENSON, BRETT CLARK. The Relationship between National-Level Carbon Dioxide Emissions and Population Size: An Assessment of Regional and Temporal Variation, 1960 - 2005 [J]. PLOS One, 2013, 2(8): 1 - 8.

[4] BRANTLEY LIDDLE. Impact of Population, Age Structure, and Urbanization on Carbon Emission/Energy Consumption: Evidence from Macro-level. Cross-country Analysis [J]. Population & Environment, 2014, 35(5): 286 - 304.

[5] CHUNSHENG YAO, CHONGYING CHEN, MING LI. Analysis of Rural Residential Energy Consumption and Corresponding Carbon Emissions in China [J]. Energy Policy, 2012, 41: 445 - 450.

[6] DAVID SATTERTHWAITE. The Implications of Population Growth and Urbanization for Climate Change [J]. Environment and Urbanization, 2009, 21(2): 545 - 567.

[7] DRUCKMAN A, JACKSON T. The Carbon Footprint of UK Households 1990 - 2004: A Social-economically Disaggregated, Quasi-multi-regional Input-output Model [J]. Econogical Economics, 2009, 68(7), 2066 - 2077.

[8] EHRLICH P R, HOLDEN J P. Impact of Population Growth [J]. Science, 1971, 171 (3977): 1212 - 1217.

[9] HANCHENG DAI, TOSHIHIKO MASUI, YUZURU MATSUOKA, et al. The Impacts of China's Household Consumption Expenditure Patterns on Energy Demand and Carbon Emissions Towards 2050 [J]. Energy Policy, 2012, 50: 736 - 750.

[10] ILYOUNG OH, WALTER WEHRMEYER, YACOB MULUGETTA. Decomposition Analysis and Mitigation Strategies of CO_2 Emissions from Energy Consumption in South Korea [J]. Energy Policy, 2010, 38: 364 - 377.

[11] JUAN ANTONIO DURO, EMILIO PADILLA. International Inequalities in Per Capita CO_2 Emissions: A Decomposition Methodology by Kaya Factors [J]. Energy Economics, 2006, 28(2): 170 - 187.

[12] LAN-CUI LIU, GANG WU, JIN-NAN WANG, et al. China's Carbon Emissions from Urban and Rural Households During 1992 - 2007 [J]. Journal of Cleaner Production, 2011, 19(15): 1754 - 1762.

[13] MANFRED LENZEN. Primary Energy and Greenhouse Gases Embodied in Australian Final Consumption: An Input-output Analysis [J]. Energy Policy, 1998, 26 (6): 595 - 606.

[14] MICHAEL DOLTON, BRAIN O'NEILL, ALEXIA PRSKAWETZ, et al. Population Aging and Future Carbon Emissions in the United States [J]. Energy Economics, 2008, 30: 642 - 675.

[15] MONA CHITNIS, LESTER C HUNT. What Drives the Change in UK Household

Energy Expenditure and Associated CO_2 Emissions? Implication and Forecast to 2020 [J]. Applied Energy，2012，94：202 - 2014.
[16] SAIDUR R，MASJUKI H H，JAMALUDDIN M Y，et al. Energy and Associated Greenhouse Gas Emissions from Household Appliances in Malaysia [J]. Energy Policy，2007，35 (3)：1648 - 1657.
[17] SHUI BIN，HADI DOWLATABADI. Consumer Lifestyle Approach to US Energy Use and the Related CO_2 Emissions [J]. Energy Policy，2005，33(2)：197 - 208.
[18] STEVEN LUGAUER，RICHARD JENSEN，CLAYTON SADLER. An Estimate of the Age Distribution's Effect on Carbon Dioxide Emission [J]. Economic Inquiry，2014，52(2)：914 - 929.
[19] WAGGONER P E，AUSUBEL J H. A Framework for Sustainability Science：A Renovated IPAT identity [J]. Proceedings of the National Academy of Sciences，2002，99(12)：7860 - 7885.
[20] WANG YAN，SHI MINJUN. CO_2 Emission Induced by Urban Household Consumption in China [J]. Chinese Journal of Population，Resources and Environment，2009，7(3)：11 - 19.
[21] YORK R，ROSA E A，DIETZ T. STIRPAT，IPAT and Impact：Analytic Tools for Unpacking the Driving Forces of Environmental Impacts [J]. Ecological Economics，2003，46(3)：351 - 365.
[22] ZHA DONGLAN，ZHOU DEQUN，ZHOU PENG. Driving forces of residential CO_2 emissions in urban and rural China：An index decomposition analysis [J]. Energy Policy，2010，38(7)：3377 - 3383.
[23] 冯星光.北京市城乡居民收入差距测度及其分解[J].统计与信息论坛，2004，19(5)：51 - 54.
[24] 顾鹏，马晓明.基于居民合理生活消费的人均碳排放计算[J].中国环境科学，2013，33(8).
[25] 郭文，孙涛.人口结构变化对中国能源消费碳排放的影响——基于城镇化和居民消费视角[J].数理统计与管理，2017，36(2)：295 - 312.
[26] 胡志远，欧向军.基于泰尔指数的江苏省区域差异多指标测度[J].经济地理，2007，27(5)：719 - 724.
[27] 计志英，赖小锋，贾利军.家庭部门生活能源消费碳排放：测度与驱动因素研究[J].中国人口・资源与环境，2016，26(5)：64 - 72.
[28] 李科.我国城乡居民生活能源消费碳排放的影响因素分析[J].消费经济，2013，29(2)：73 - 76.
[29] 李梦蕴，谢建国，张二震.中国区域能源效率差异的收敛性分析——基于中国省区面板数据研究[J].经济科学，2014，(1)：23 - 38.
[30] 林伯强，刘希颖.中国城市化阶段的碳排放：影响因素和减排政策[J].经济研究，2010，(8)：66 - 78.
[31] 刘莉娜，曲建升，黄雨生，等.中国居民生活碳排放的区域差异及影响因素分析[J].自然资源学报，2016，31(8)：1364 - 1377.

[32] 刘云鹏，王泳璇，王帆，等.居民生活消费碳排放影响分析与动态模拟预测[J].生态研究，2017,33(6)：14-22.
[33] 鲁万波、仇婷婷，杜磊.中国不同经济增长阶段碳排放影响因素研究[J].经济研究，2013,(4)：106-118.
[34] 马晓钰，李强谊，郭莹莹.我国人口因素对二氧化碳排放的影响——STIRPAT模型的分析[J].人口与经济，2013,(1)：44-51.
[35] 曲建升，刘莉娜，曾静静，等.中国城乡居民生活碳排放驱动因素分析[J].中国人口·资源与环境，2014,24(8)：33-41.
[36] 屈金凤，楚春礼，鞠美婷，等.居民生活能源消费碳排放驱动因素分解——以天津市为例[J].生态经济，2017,Vol.33(4)：38-42.
[37] 宋德永，徐安.中国城镇碳排放的区域差异和影响因素[J].中国人口·资源与环境，2011,21(11)：8-14.
[38] 田旭，戴瀚程，耿涌.居民家庭消费支出变化对上海市2020低碳发展的影响[J].中国人口·资源与环境，2016,26(5)：55-63.
[39] 佟金萍，陈国栋，杨足膺，等.居民消费水平对生活碳排放的门槛效应研究[J].干旱区资源与环境，2017,31(1)：38-43.
[40] 万文玉，赵雪雁，王伟军.中国城市居民生活能源碳排放的时空格局及影响因素[J].环境科学学报，2016,36(9)：3445-3455.
[41] 汪浩瀚，徐娟.中国金融发展与对外贸易的地域性差异研究——基于东中西面板数据的分析[J].国际贸易问题，2010,(10)：117-128.
[42] 王会娟，夏炎.中国居民消费碳排放的影响因素及发展路径分析[J].中国管理科学，2017,25(8)：1-10.
[43] 王少平，欧阳志刚.我国城乡收入差距的度量及其对经济增长的效应[J].经济研究，2007,(10)：44-55.
[44] 温娇秀，蒋洪.我国基础教育服务均等化水平的实证研究——基于双边量泰尔指数的分析[J].财政研究，2013,(6)：68-72.
[45] 吴力波，钱浩祺，汤维祺.基于动态边际减排成本模拟的碳排放权交易与碳税选择机制[J].经济研究，2014,(9)：48-61.
[46] 邢芳芳，欧阳志云，王效科，等.北京终端能源碳排放清单与结构分析[J].环境科学，2007,28(9)：1918-1923.
[47] 许士春，习蓉，何正霞.中国能源消耗碳排放的影响因素分析及政策启示[J].资源科学，2012,34(1)：2-12.
[48] 宣晓伟，张浩.碳排放权配额分配的国际经验及启示[J].中国人口·资源与环境，2013,23(12)：10-15.
[49] 杨骞，刘华军.中国二氧化碳排放的区域差异分解及影响因素——基于1995—2009年省级面板数据的研究[J].数量经济技术经济研究，2012,(5)：36-49.
[50] 杨文兰.基于泰尔指数的卫生资源配置均衡性研究[J].经济问题探索，2011,(5)：160-164.
[51] 杨选梅，葛幼松，曾红鹰.基于个体消费行为的家庭碳排放研究[J].中国人口·资源与环

境,2010,20(5):35-40.

[52] 赵宏斌.中国高等教育规模省级区域分布的差异性研究——基于泰尔指数的比较[J].中国高教研究,2009,(2):23-27.

[53] 朱勤,彭希哲,吴开亚.基于投入产出模型的居民消费品载能碳排放测算与分析[J].自然资源学报,2012,27(12):2018-2029.

[54] 朱勤,魏涛远.居民消费视角下人口城镇化对碳排放的影响[J].中国人口·资源与环境,2013,23(11):21-29.

附录　各省、直辖市分领域碳排放情况表

1. 安徽

附表 1　2001—2015 年安徽省分领域居民生活消费碳排放情况

年份	居住建筑（万吨）	基础设施（万吨）	家庭消费（万吨）	交通工具（万吨）	居住建筑占比	基础设施占比	家庭消费占比	交通工具占比	居住建筑碳排放强度（万吨/亿元）	基础设施碳排放强度（万吨/亿元）	家庭消费碳排放强度（万吨/亿元）	交通工具碳排放强度（万吨/亿元）
2001	2 928.31	311.73	3 110.13	154.80	45.02%	4.79%	47.81%	2.38%	1.512 7	0.161 0	1.606 6	0.080 0
2002	3 011.21	324.82	3 154.77	164.24	45.25%	4.88%	47.40%	2.47%	1.588 2	0.171 3	1.663 9	0.086 6
2003	3 093.49	344.97	3 217.48	177.33	45.27%	5.05%	47.09%	2.60%	1.602 7	0.178 7	1.666 9	0.091 9
2004	3 172.57	362.32	3 263.46	208.94	45.28%	5.17%	46.57%	2.98%	1.655 3	0.189 0	1.702 7	0.109 0
2005	3 272.24	368.20	3 247.11	319.08	45.41%	5.11%	45.06%	4.43%	1.788 5	0.201 2	1.774 8	0.174 4
2006	3 344.38	380.45	3 283.84	361.12	45.38%	5.16%	44.56%	4.90%	1.841 7	0.209 5	1.808 3	0.198 9
2007	3 423.88	356.59	3 343.37	507.92	44.86%	4.67%	43.81%	6.66%	1.830 6	0.190 6	1.787 5	0.271 6
2008	3 798.50	371.63	3 363.09	572.90	46.86%	4.58%	41.49%	7.07%	1.886 0	0.184 5	1.669 8	0.284 5
2009	3 899.20	379.71	3 402.21	706.40	46.49%	4.53%	40.56%	8.42%	2.039 1	0.198 6	1.779 2	0.369 4
2010	3 896.42	395.89	3 326.69	829.02	46.12%	4.69%	39.38%	9.81%	1.946 5	0.197 8	1.661 9	0.414 2
2011	4 077.67	428.61	3 437.60	966.88	45.76%	4.81%	38.58%	10.85%	1.889 1	0.198 6	1.592 6	0.447 9
2012	4 138.89	447.40	3 494.30	1 099.65	45.08%	4.87%	38.06%	11.98%	1.936 9	0.209 4	1.635 2	0.514 6
2013	4 089.74	474.90	3 321.89	1 164.74	45.18%	5.25%	36.70%	12.87%	1.940 4	0.225 3	1.576 1	0.552 6
2014	4 736.11	498.02	3 876.85	1 351.49	45.27%	4.76%	37.05%	12.92%	2.224 5	0.233 9	1.820 9	0.634 8
2015	4 841.14	525.56	3 923.30	1 572.93	44.57%	4.84%	36.12%	14.48%	2.283 8	0.247 9	1.850 8	0.742 0

2. 上海

附表 2　2001—2015 年上海市分领域居民生活消费碳排放情况

年份	居住建筑（万吨）	基础设施（万吨）	家庭消费（万吨）	交通工具（万吨）	居住建筑占比	基础设施占比	家庭消费占比	交通工具占比	居住建筑碳排放强度（万吨/亿元）	基础设施碳排放强度（万吨/亿元）	家庭消费碳排放强度（万吨/亿元）	交通工具碳排放强度（万吨/亿元）
2001	1 291.90	333.63	912.64	365.22	44.50%	11.49%	31.43%	12.58%	0.664 3	0.171 5	0.469 3	0.187 8
2002	1 345.68	307.47	918.07	367.66	45.79%	10.46%	31.24%	12.51%	0.674 0	0.154 0	0.459 8	0.184 1
2003	1 402.95	353.47	926.24	409.67	45.37%	11.43%	29.95%	13.25%	0.699 6	0.176 3	0.461 9	0.204 3
2004	1 475.86	408.48	934.85	451.04	45.13%	12.49%	28.59%	13.79%	0.713 7	0.197 5	0.452 1	0.218 1
2005	1 519.52	397.32	946.50	485.50	45.37%	11.86%	28.26%	14.50%	0.602 6	0.157 6	0.375 3	0.192 5
2006	1 564.35	402.78	951.93	518.83	45.50%	11.72%	27.69%	15.09%	0.604 4	0.155 6	0.367 8	0.200 5
2007	1 602.38	425.39	959.08	556.95	45.22%	12.00%	27.06%	15.72%	0.602 2	0.159 9	0.360 4	0.209 3
2008	1 663.71	426.44	965.46	592.14	45.61%	11.69%	26.47%	16.23%	0.589 1	0.151 0	0.341 9	0.209 7
2009	1 710.98	452.47	971.46	637.88	45.35%	11.99%	25.75%	16.91%	0.594 9	0.157 3	0.337 8	0.221 8
2010	1 749.03	463.86	989.53	709.53	44.71%	11.86%	25.29%	18.14%	0.549 3	0.145 7	0.310 8	0.222 9
2011	1 787.25	466.26	994.75	780.08	44.37%	11.57%	24.69%	19.36%	0.529 0	0.138 0	0.294 4	0.230 9
2012	1 805.84	476.81	999.13	792.76	44.32%	11.70%	24.52%	19.46%	0.539 3	0.142 4	0.298 4	0.236 8
2013	1 847.80	470.21	1 005.25	856.71	44.21%	11.25%	24.05%	20.50%	0.547 4	0.139 3	0.297 8	0.253 8
2014	1 881.56	477.64	1 014.83	914.43	43.87%	11.14%	23.66%	21.32%	0.538 7	0.136 7	0.290 6	0.261 8
2015	1 911.55	494.85	1 022.80	991.61	43.24%	11.19%	23.14%	22.43%	0.545 8	0.141 3	0.292 0	0.283 1

3. 吉林

附表 3　2001—2015 年吉林省分领域居民生活消费碳排放情况

年份	居住建筑（万吨）	基础设施（万吨）	家庭消费（万吨）	交通工具（万吨）	居住建筑占比	基础设施占比	家庭消费占比	交通工具占比	居住建筑碳排放强度（万吨/亿元）	基础设施碳排放强度（万吨/亿元）	家庭消费碳排放强度（万吨/亿元）	交通工具碳排放强度（万吨/亿元）
2001	1 567.66	239.36	1 492.31	289.19	43.69%	6.67%	41.59%	8.06%	1.287 0	0.196 5	1.225 2	0.237 4
2002	1 630.98	241.84	1 524.14	305.56	44.05%	6.53%	41.16%	8.25%	1.351 2	0.200 4	1.262 7	0.253 1
2003	1 684.58	245.05	1 552.34	335.46	44.13%	6.42%	40.66%	8.79%	1.323 6	0.192 5	1.219 7	0.263 6
2004	1 736.38	247.68	1 572.48	360.43	44.33%	6.32%	40.15%	9.20%	1.375 1	0.196 2	1.245 3	0.285 4
2005	1 765.55	256.37	1 592.35	411.71	43.85%	6.37%	39.55%	10.23%	1.536 5	0.223 1	1.385 8	0.358 3
2006	1 788.52	252.98	1 608.08	339.80	44.83%	6.34%	40.31%	8.52%	1.596 2	0.225 8	1.435 2	0.303 3
2007	1 829.67	258.29	1 652.12	440.11	43.77%	6.18%	39.52%	10.53%	1.565 6	0.221 0	1.413 7	0.376 6
2008	1 984.65	268.08	1 654.19	477.54	45.27%	6.11%	37.73%	10.89%	1.672 2	0.225 9	1.393 8	0.402 4
2009	2 023.24	265.20	1 676.40	542.91	44.88%	5.88%	37.19%	12.04%	1.744 9	0.228 7	1.445 7	0.468 2
2010	2 050.25	280.60	1 695.89	621.94	44.10%	6.04%	36.48%	13.38%	1.813 8	0.248 2	1.500 3	0.550 2
2011	2 088.48	277.38	1 745.96	696.48	43.43%	5.77%	36.31%	14.48%	1.784 5	0.237 0	1.491 8	0.595 1
2012	2 090.63	291.49	1 740.18	773.00	42.71%	5.95%	35.55%	15.79%	1.790 8	0.249 7	1.490 6	0.662 2
2013	2 048.29	298.10	1 803.53	858.86	40.89%	5.95%	36.01%	17.15%	1.707 3	0.248 5	1.503 3	0.715 9
2014	2 100.39	317.64	1 819.70	841.25	41.35%	6.25%	35.83%	16.56%	1.896 4	0.286 8	1.643 0	0.759 5
2015	2 126.41	316.45	1 830.64	1 036.80	40.04%	5.96%	34.47%	19.52%	1.973 2	0.293 7	1.698 8	0.962 1

4. 辽宁

附表 4　2001—2015 年辽宁省分领域居民生活消费碳排放情况

年份	居住建筑（万吨）	基础设施（万吨）	家庭消费（万吨）	交通工具（万吨）	居住建筑占比	基础设施占比	家庭消费占比	交通工具占比	居住建筑碳排放强度（万吨/亿元）	基础设施碳排放强度（万吨/亿元）	家庭消费碳排放强度（万吨/亿元）	交通工具碳排放强度（万吨/亿元）
2001	2 286.92	379.82	2 444.59	329.32	42.03%	6.98%	44.93%	6.05%	0.881 4	0.146 4	0.942 2	0.126 9
2002	2 308.75	378.46	2 485.47	344.99	41.84%	6.86%	45.05%	6.25%	0.914 8	0.150 0	0.984 8	0.136 7
2003	2 340.09	381.23	2 538.01	371.69	41.56%	6.77%	45.07%	6.60%	1.010 2	0.164 6	1.095 6	0.160 5
2004	2 392.68	396.82	2 575.01	452.55	41.13%	6.82%	44.27%	7.78%	1.099 6	0.182 4	1.183 4	0.208 0
2005	2 464.23	402.27	2 642.45	480.80	41.14%	6.72%	44.12%	8.03%	1.093 6	0.178 5	1.172 7	0.213 4
2006	2 524.11	412.57	2 714.01	558.03	40.65%	6.64%	43.71%	8.99%	1.181 0	0.193 0	1.269 8	0.261 1
2007	2 575.58	427.90	2 759.82	676.21	40.00%	6.64%	42.86%	10.50%	1.247 7	0.207 3	1.337 0	0.327 6
2008	2 681.11	440.74	2 803.20	735.58	40.25%	6.62%	42.09%	11.04%	1.220 9	0.200 7	1.276 5	0.334 9
2009	2 744.74	456.70	2 853.00	867.05	39.66%	6.60%	41.22%	12.53%	1.245 8	0.207 3	1.295 0	0.393 6
2010	2 779.52	478.99	2 896.35	1 001.21	38.84%	6.69%	40.47%	13.99%	1.209 4	0.208 4	1.260 3	0.435 6
2011	2 841.50	500.42	2 964.71	1 139.32	38.16%	6.72%	39.82%	15.30%	1.169 2	0.205 9	1.220 0	0.468 8
2012	2 853.99	529.11	2 968.76	1 274.05	37.42%	6.94%	38.93%	16.71%	1.132 0	0.209 9	1.177 5	0.505 3
2013	2 951.14	547.24	3 141.17	1 399.95	36.71%	6.81%	39.07%	17.41%	1.142 8	0.211 9	1.216 4	0.542 1
2014	2 987.97	555.25	3 211.04	1 562.05	35.93%	6.68%	38.61%	18.78%	1.126 0	0.209 3	1.210 1	0.588 7
2015	2 996.58	578.17	3 179.20	1 728.66	35.33%	6.82%	37.48%	20.38%	1.089 3	0.210 2	1.155 7	0.628 4

5. 北京

附表 5　2001—2015 年北京市分领域居民生活消费碳排放情况

年份	居住建筑（万吨）	基础设施（万吨）	家庭消费（万吨）	交通工具（万吨）	居住建筑占比	基础设施占比	家庭消费占比	交通工具占比	居住建筑碳排放强度（万吨/亿元）	基础设施碳排放强度（万吨/亿元）	家庭消费碳排放强度（万吨/亿元）	交通工具碳排放强度（万吨/亿元）
2001	1 396.19	143.68	854.16	378.65	50.36%	5.18%	30.81%	13.66%	1.062 6	0.109 3	0.650 1	0.288 2
2002	1 416.61	162.89	878.25	442.81	48.84%	5.62%	30.28%	15.27%	1.038 0	0.119 3	0.643 5	0.324 5
2003	1 441.84	150.97	899.83	517.36	47.90%	5.02%	29.89%	17.19%	1.012 9	0.106 1	0.632 1	0.363 5
2004	1 487.66	176.38	950.34	572.96	46.67%	5.53%	29.82%	17.98%	1.036 2	0.122 9	0.662 0	0.399 1
2005	1 513.90	202.00	988.40	667.60	44.90%	5.99%	29.31%	19.80%	0.754 3	0.100 6	0.492 5	0.332 6
2006	1 578.17	220.23	1 031.18	748.00	44.11%	6.16%	28.82%	20.91%	0.741 3	0.103 4	0.484 3	0.351 3
2007	1 634.81	241.86	1 112.95	839.88	42.69%	6.32%	29.06%	21.93%	0.727 4	0.107 6	0.495 2	0.373 7
2008	1 723.07	273.81	1 178.20	943.01	41.84%	6.65%	28.61%	22.90%	0.704 6	0.112 0	0.481 8	0.385 6
2009	1 782.51	279.42	1 238.09	1 096.12	40.55%	6.36%	28.16%	24.93%	0.717 6	0.112 5	0.498 4	0.441 3
2010	1 864.34	277.35	1 308.76	1 311.38	39.15%	5.82%	27.48%	27.54%	0.707 1	0.105 2	0.496 4	0.497 4
2011	1 937.40	276.99	1 394.56	1 353.99	39.04%	5.58%	28.10%	27.28%	0.662 0	0.094 6	0.476 5	0.462 6
2012	1 961.73	283.24	1 430.59	1 408.59	38.59%	5.57%	28.14%	27.71%	0.642 8	0.092 8	0.468 8	0.461 6
2013	2 052.83	299.16	1 518.67	1 459.94	38.51%	5.61%	28.49%	27.39%	0.646 2	0.094 2	0.478 1	0.459 6
2014	2 083.41	316.81	1 548.99	1 493.04	38.28%	5.82%	28.46%	27.43%	0.630 7	0.095 9	0.468 9	0.452 0
2015	2 054.14	330.63	1 517.65	1 509.23	37.96%	6.11%	28.04%	27.89%	0.610 9	0.098 3	0.451 4	0.448 8

6. 山西

附表 6　2001—2015 年山西省分领域居民生活消费碳排放情况

年份	居住建筑（万吨）	基础设施（万吨）	家庭消费（万吨）	交通工具（万吨）	居住建筑占比	基础设施占比	家庭消费占比	交通工具占比	居住建筑碳排放强度（万吨/亿元）	基础设施碳排放强度（万吨/亿元）	家庭消费碳排放强度（万吨/亿元）	交通工具碳排放强度（万吨/亿元）
2001	1 910.14	252.64	1 681.68	192.46	47.32%	6.26%	41.66%	4.77%	2.009 7	0.265 8	1.769 4	0.202 5
2002	1 988.13	298.79	1 716.65	189.12	47.42%	7.13%	40.94%	4.51%	2.087 2	0.313 7	1.802 2	0.198 5
2003	2 012.45	241.12	1 753.85	201.30	47.82%	5.73%	41.67%	4.78%	2.091 6	0.250 6	1.822 9	0.209 2
2004	2 038.16	239.04	1 784.55	237.19	47.41%	5.56%	41.51%	5.52%	2.120 3	0.248 7	1.856 5	0.246 8
2005	2 225.48	253.41	1 815.94	320.80	48.22%	5.49%	39.34%	6.95%	2.108 8	0.240 1	1.720 7	0.304 0
2006	2 277.18	233.07	1 858.83	339.71	48.36%	4.95%	39.48%	7.21%	2.094 5	0.214 4	1.709 7	0.312 5
2007	2 330.10	207.89	1 889.63	476.74	47.51%	4.24%	38.53%	9.72%	2.162 6	0.192 9	1.753 8	0.442 5
2008	2 366.07	213.66	1 927.02	553.24	46.76%	4.22%	38.08%	10.93%	2.052 4	0.185 3	1.671 6	0.479 9
2009	2 414.95	225.60	1 947.24	642.05	46.18%	4.31%	37.23%	12.28%	1.958 4	0.182 9	1.579 1	0.520 7
2010	2 513.20	215.57	2 076.17	748.70	45.25%	3.88%	37.38%	13.48%	1.950 0	0.167 3	1.610 9	0.580 9
2011	2 669.98	250.82	2 199.41	863.66	44.62%	4.19%	36.76%	14.43%	1.686 5	0.158 4	1.389 3	0.545 5
2012	2 706.39	253.21	2 229.72	934.71	44.19%	4.13%	36.41%	15.26%	1.912 2	0.178 9	1.575 4	0.660 4
2013	2 617.23	267.58	2 229.82	1 075.62	42.28%	4.32%	36.02%	17.38%	1.793 3	0.183 3	1.527 9	0.737 0
2014	2 695.99	289.91	2 277.76	1 192.29	41.76%	4.49%	35.28%	18.47%	1.882 2	0.202 4	1.590 2	0.832 4
2015	2 799.56	295.30	2 324.82	1 326.74	41.50%	4.38%	34.46%	19.67%	1.797 9	0.189 6	1.493 0	0.852 0

7. 河南

附表 7　2001—2015 年河南省分领域居民生活消费碳排放情况

年份	居住建筑（万吨）	基础设施（万吨）	家庭消费（万吨）	交通工具（万吨）	居住建筑占比	基础设施占比	家庭消费占比	交通工具占比	居住建筑碳排放强度（万吨/亿元）	基础设施碳排放强度（万吨/亿元）	家庭消费碳排放强度（万吨/亿元）	交通工具碳排放强度（万吨/亿元）
2001	3 827.05	375.77	4 730.47	354.68	41.20%	4.05%	50.93%	3.82%	1.339 5	0.131 5	1.655 7	0.124 1
2002	4 885.90	426.41	4 822.65	387.71	46.43%	4.05%	45.83%	3.68%	1.694 4	0.147 9	1.672 4	0.134 5
2003	5 045.17	436.17	4 916.77	451.95	46.50%	4.02%	45.32%	4.17%	1.676 8	0.145 0	1.634 1	0.150 2
2004	5 193.22	444.39	4 987.20	488.78	46.73%	4.00%	44.87%	4.40%	1.669 3	0.142 8	1.603 1	0.157 1
2005	5 377.14	479.53	5 001.83	738.07	46.37%	4.14%	43.13%	6.36%	1.723 1	0.153 7	1.602 8	0.236 5
2006	5 564.84	474.04	5 134.02	847.60	46.29%	3.94%	42.71%	7.05%	1.754 2	0.149 4	1.618 3	0.267 2
2007	5 760.53	484.31	5 209.63	973.44	46.35%	3.90%	41.92%	7.83%	1.891 7	0.159 0	1.710 8	0.319 7
2008	5 868.20	487.38	5 306.02	1 096.53	46.00%	3.82%	41.59%	8.59%	1.901 8	0.158 0	1.719 6	0.355 4
2009	6 101.14	481.57	5 412.72	1 264.58	46.01%	3.63%	40.82%	9.54%	1.946 2	0.153 6	1.726 6	0.403 4
2010	6 482.11	492.64	5 723.13	1 483.80	45.71%	3.47%	40.36%	10.46%	1.991 9	0.151 4	1.758 7	0.456 0
2011	6 721.20	516.52	5 729.76	1 749.14	45.67%	3.51%	38.93%	11.89%	2.002 6	0.153 9	1.707 2	0.521 2
2012	6 961.42	546.98	5 825.87	1 928.65	45.61%	3.58%	38.17%	12.64%	2.017 4	0.158 5	1.688 3	0.558 9
2013	6 670.57	565.13	5 862.86	2 208.94	43.58%	3.69%	38.30%	14.43%	1.838 4	0.155 8	1.615 8	0.608 8
2014	7 688.16	585.97	6 069.11	2 647.03	45.25%	3.45%	35.72%	15.58%	2.093 5	0.159 6	1.652 6	0.720 8
2015	7 794.66	622.35	6 136.39	2 893.04	44.68%	3.57%	35.17%	16.58%	2.068 7	0.165 2	1.628 6	0.767 8

8. 广东

附表 8　2001—2015 年广东省分领域居民生活消费碳排放情况

年份	居住建筑（万吨）	基础设施（万吨）	家庭消费（万吨）	交通工具（万吨）	居住建筑占比	基础设施占比	家庭消费占比	交通工具占比	居住建筑碳排放强度（万吨/亿元）	基础设施碳排放强度（万吨/亿元）	家庭消费碳排放强度（万吨/亿元）	交通工具碳排放强度（万吨/亿元）
2001	3 553.06	775.28	3 645.17	963.16	39.76%	8.68%	40.79%	10.78%	0.672 1	0.146 7	0.689 6	0.182 2
2002	3 942.66	835.83	3 791.76	1 141.44	40.60%	8.61%	39.04%	11.75%	0.730 7	0.154 9	0.702 8	0.211 6
2003	4 003.10	870.50	3 926.24	1 283.28	39.70%	8.63%	38.94%	12.73%	0.754 4	0.164 0	0.739 9	0.241 8
2004	4 212.45	1 002.95	4 151.28	1 478.80	38.84%	9.25%	38.28%	13.64%	0.785 8	0.187 1	0.774 4	0.275 9
2005	4 629.09	1 127.28	4 629.31	1 770.81	38.08%	9.27%	38.08%	14.57%	0.747 6	0.182 1	0.747 7	0.286 0
2006	4 802.30	1 091.41	4 712.35	1 936.34	38.29%	8.70%	37.57%	15.44%	0.791 7	0.179 9	0.776 8	0.319 2
2007	5 572.49	1 125.65	4 803.43	2 123.70	40.90%	8.26%	35.25%	15.59%	0.897 3	0.181 2	0.773 4	0.341 9
2008	5 576.19	1 172.57	4 857.50	2 217.94	40.34%	8.48%	35.14%	16.04%	0.852 4	0.179 2	0.742 5	0.339 0
2009	5 753.96	1 234.28	4 929.94	2 460.75	40.02%	8.58%	34.29%	17.11%	0.915 7	0.196 4	0.784 6	0.391 6
2010	6 238.57	1 261.17	5 461.82	2 876.15	39.39%	7.96%	34.49%	18.16%	0.964 6	0.195 0	0.844 5	0.444 7
2011	6 385.90	1 297.24	5 545.66	3 246.53	38.76%	7.87%	33.66%	19.71%	0.895 6	0.181 9	0.777 7	0.455 3
2012	6 488.55	1 375.19	5 630.85	3 584.97	37.99%	8.05%	32.97%	20.99%	0.877 3	0.185 9	0.761 3	0.484 7
2013	6 224.05	1 382.52	7 070.13	4 057.96	33.22%	7.38%	37.74%	21.66%	0.829 9	0.184 3	0.942 7	0.541 1
2014	6 683.04	1 443.79	7 013.22	4 633.49	33.80%	7.30%	35.47%	23.43%	0.911 8	0.197 0	0.956 8	0.632 1
2015	6 934.47	1 499.17	6 925.11	5 101.28	33.89%	7.33%	33.85%	24.93%	0.931 4	0.201 4	0.930 1	0.685 2

9. 海南

附表 9　2001—2015 年海南省分领域居民生活消费碳排放情况

年份	居住建筑（万吨）	基础设施（万吨）	家庭消费（万吨）	交通工具（万吨）	居住建筑占比	基础设施占比	家庭消费占比	交通工具占比	居住建筑碳排放强度（万吨/亿元）	基础设施碳排放强度（万吨/亿元）	家庭消费碳排放强度（万吨/亿元）	交通工具碳排放强度（万吨/亿元）
2001	1 151.57	61.55	330.17	60.62	71.80%	3.84%	20.59%	3.78%	4.189 8	0.224 0	1.201 3	0.220 5
2002	1 150.79	63.93	339.60	72.08	70.76%	3.93%	20.88%	4.43%	4.154 5	0.230 8	1.226 0	0.260 2
2003	1 156.75	59.31	348.74	79.49	70.35%	3.61%	21.21%	4.83%	4.306 6	0.220 8	1.298 4	0.295 9
2004	1 164.77	68.14	356.26	91.49	69.30%	4.05%	21.20%	5.44%	4.243 4	0.248 2	1.297 9	0.333 3
2005	1 234.29	71.10	364.99	92.93	70.00%	4.03%	20.70%	5.27%	4.248 5	0.244 7	1.256 3	0.319 9
2006	1 248.49	64.44	378.44	103.67	69.55%	3.59%	21.08%	5.78%	4.140 1	0.213 7	1.254 9	0.343 8
2007	1 257.42	72.15	391.93	113.26	68.53%	3.93%	21.36%	6.17%	4.042 9	0.232 0	1.260 1	0.364 1
2008	1 270.79	69.34	408.60	122.34	67.92%	3.71%	21.84%	6.54%	3.763 5	0.205 3	1.210 1	0.362 3
2009	1 287.38	72.74	422.46	142.99	66.86%	3.78%	21.94%	7.43%	4.122 2	0.232 9	1.352 7	0.457 8
2010	1 300.39	78.79	436.67	173.35	65.37%	3.96%	21.95%	8.71%	4.097 9	0.248 3	1.376 1	0.546 3
2011	1 313.07	90.60	460.69	194.11	63.79%	4.40%	22.38%	9.43%	3.743 6	0.258 3	1.313 4	0.553 4
2012	1 316.69	92.08	459.98	218.75	63.07%	4.41%	22.03%	10.48%	3.486 1	0.243 8	1.217 8	0.579 2
2013	1 335.77	95.21	469.41	239.22	62.43%	4.45%	21.94%	11.18%	3.387 9	0.241 5	1.190 6	0.606 7
2014	1 347.31	102.97	484.21	322.39	59.70%	4.56%	21.45%	14.28%	3.422 9	0.261 6	1.230 1	0.819 1
2015	1 352.19	111.91	481.12	311.01	59.93%	4.96%	21.32%	13.78%	2.844 6	0.235 4	1.012 1	0.654 3

10. 四川

附表 10　2001—2015 年四川省分领域居民生活消费碳排放情况

年份	居住建筑（万吨）	基础设施（万吨）	家庭消费（万吨）	交通工具（万吨）	居住建筑占比	基础设施占比	家庭消费占比	交通工具占比	居住建筑碳排放强度（万吨/亿元）	基础设施碳排放强度（万吨/亿元）	家庭消费碳排放强度（万吨/亿元）	交通工具碳排放强度（万吨/亿元）
2001	3 864.23	377.26	4 329.92	422.51	42.96%	4.19%	48.14%	4.70%	1.564 9	0.152 8	1.753 5	0.171 1
2002	4 206.33	398.06	4 355.26	476.51	44.58%	4.22%	46.15%	5.05%	1.747 4	0.165 4	1.809 3	0.198 0
2003	4 265.31	448.47	4 445.88	535.43	43.99%	4.63%	45.86%	5.52%	1.808 5	0.190 2	1.885 1	0.227 0
2004	4 310.05	462.95	4 434.73	598.12	43.95%	4.72%	45.23%	6.10%	1.699 4	0.182 5	1.748 5	0.235 8
2005	4 850.97	462.95	4 502.34	598.12	46.58%	4.45%	43.23%	5.74%	1.890 3	0.180 4	1.754 5	0.233 1
2006	4 823.98	437.69	4 483.51	778.26	45.84%	4.16%	42.60%	7.40%	1.923 6	0.174 5	1.787 8	0.310 3
2007	5 166.66	445.53	4 518.33	874.87	46.95%	4.05%	41.06%	7.95%	2.006 8	0.173 0	1.755 0	0.339 8
2008	5 138.56	452.40	4 508.49	990.57	46.33%	4.08%	40.65%	8.93%	1.921 2	0.169 1	1.685 6	0.370 4
2009	5 309.52	475.14	4 587.56	1 195.81	45.90%	4.11%	39.66%	10.34%	2.061 1	0.184 4	1.780 8	0.464 2
2010	5 268.69	503.06	4 527.96	1 408.55	45.00%	4.30%	38.67%	12.03%	1.972 1	0.188 3	1.694 8	0.527 2
2011	5 463.76	516.35	4 512.53	1 639.74	45.03%	4.26%	37.19%	13.52%	1.942 4	0.183 6	1.604 2	0.582 9
2012	5 504.80	551.12	4 512.53	1 863.46	44.28%	4.43%	36.30%	14.99%	1.926 0	0.192 8	1.578 8	0.652 0
2013	6 039.68	580.71	4 945.87	2 176.90	43.95%	4.23%	35.99%	15.84%	2.096 6	0.201 6	1.716 9	0.755 7
2014	5 973.97	623.05	5 175.55	2 316.60	42.40%	4.42%	36.73%	16.44%	2.047 7	0.213 6	1.774 0	0.794 0
2015	6 187.39	640.40	5 217.81	2 586.03	42.29%	4.38%	35.66%	17.67%	2.107 7	0.218 2	1.777 5	0.880 9

11. 重庆

附表 11　2001—2015 年重庆市分领域居民生活消费碳排放情况

年份	居住建筑（万吨）	基础设施（万吨）	家庭消费（万吨）	交通工具（万吨）	居住建筑占比	基础设施占比	家庭消费占比	交通工具占比	居住建筑碳排放强度（万吨/亿元）	基础设施碳排放强度（万吨/亿元）	家庭消费碳排放强度（万吨/亿元）	交通工具碳排放强度（万吨/亿元）
2001	1 974.77	127.74	1 583.24	127.45	51.79%	3.35%	41.52%	3.34%	1.996 6	0.129 2	1.600 8	0.128 9
2002	2 090.84	137.35	1 584.93	143.14	52.85%	3.47%	40.06%	3.62%	2.043 7	0.134 3	1.549 2	0.139 9
2003	2 118.77	141.81	1 603.90	168.01	52.54%	3.52%	39.77%	4.17%	2.005 0	0.134 2	1.517 8	0.159 0
2004	2 161.12	150.77	1 586.24	172.85	53.09%	3.70%	38.96%	4.25%	2.056 4	0.143 5	1.509 4	0.164 5
2005	2 154.18	157.75	1 557.66	230.62	52.54%	3.85%	37.99%	5.62%	2.001 4	0.146 6	1.447 2	0.214 3
2006	2 232.62	174.16	1 581.11	264.85	52.50%	4.10%	37.18%	6.23%	2.050 4	0.159 9	1.452 1	0.243 2
2007	2 294.71	164.17	1 628.78	289.99	52.42%	3.75%	37.21%	6.62%	2.032 0	0.145 4	1.442 3	0.256 8
2008	2 363.78	176.23	1 654.24	311.34	52.46%	3.91%	36.72%	6.91%	1.638 6	0.122 2	1.146 8	0.215 8
2009	2 425.50	181.50	1 693.16	372.38	51.91%	3.88%	36.24%	7.97%	2.183 4	0.163 4	1.524 2	0.335 2
2010	2 481.50	197.20	1 712.98	463.27	51.11%	4.06%	35.28%	9.54%	2.185 2	0.173 6	1.508 4	0.407 9
2011	2 550.65	215.28	1 717.63	524.99	50.93%	4.30%	34.29%	10.48%	2.147 1	0.181 2	1.445 9	0.441 9
2012	2 584.12	240.48	1 751.22	622.88	49.71%	4.63%	33.69%	11.98%	2.126 7	0.197 9	1.441 3	0.512 6
2013	2 642.05	254.23	1 787.33	722.51	48.87%	4.70%	33.06%	13.36%	2.194 3	0.211 1	1.484 4	0.600 1
2014	2 945.02	281.00	1 934.22	852.10	48.98%	4.67%	32.17%	14.17%	2.406 5	0.229 6	1.580 6	0.696 3
2015	2 900.55	307.94	1 923.68	967.90	47.55%	5.05%	31.54%	15.87%	2.372 0	0.251 8	1.573 1	0.791 5

12. 陕西

附表 12　2001—2015 年陕西省分领域居民生活消费碳排放情况

年份	居住建筑（万吨）	基础设施（万吨）	家庭消费（万吨）	交通工具（万吨）	居住建筑占比	基础设施占比	家庭消费占比	交通工具占比	居住建筑碳排放强度（万吨/亿元）	基础设施碳排放强度（万吨/亿元）	家庭消费碳排放强度（万吨/亿元）	交通工具碳排放强度（万吨/亿元）
2001	2 143.33	168.63	1 807.56	142.23	50.29%	3.96%	42.41%	3.34%	2.342 8	0.184 3	1.975 8	0.155 5
2002	2 201.25	185.55	1 836.40	155.08	50.28%	4.24%	41.94%	3.54%	2.421 1	0.204 1	2.019 8	0.170 6
2003	2 249.82	192.26	1 857.34	185.54	50.16%	4.29%	41.41%	4.14%	2.581 9	0.220 6	2.131 5	0.212 9
2004	2 284.81	194.64	1 887.84	203.29	49.99%	4.26%	41.30%	4.45%	2.632 5	0.224 3	2.175 1	0.234 2
2005	2 267.45	207.30	1 896.81	236.58	49.21%	4.50%	41.16%	5.13%	2.334 3	0.213 4	1.952 7	0.243 6
2006	2 313.08	193.80	1 935.91	358.59	48.18%	4.04%	40.32%	7.47%	2.415 0	0.202 3	2.021 2	0.374 4
2007	2 342.90	227.31	1 955.32	405.09	47.52%	4.61%	39.66%	8.22%	2.145 2	0.208 1	1.790 4	0.370 9
2008	2 397.75	234.88	1 982.51	434.75	47.48%	4.65%	39.26%	8.61%	2.089 3	0.204 7	1.727 5	0.378 8
2009	2 459.11	246.70	2 032.34	506.78	46.89%	4.70%	38.75%	9.66%	1.887 9	0.189 4	1.560 3	0.389 1
2010	2 493.52	260.49	2 087.96	717.56	44.85%	4.69%	37.56%	12.91%	1.864 9	0.194 8	1.561 6	0.536 7
2011	2 684.76	273.15	2 111.10	841.24	45.43%	4.62%	35.72%	14.23%	1.881 3	0.191 4	1.479 3	0.589 5
2012	2 700.39	290.32	2 144.37	963.05	44.28%	4.76%	35.16%	15.79%	1.864 1	0.200 4	1.480 3	0.664 8
2013	2 966.72	299.83	2 224.57	1 080.69	45.14%	4.56%	33.85%	16.44%	2.059 0	0.208 1	1.543 9	0.750 0
2014	3 026.40	316.15	2 264.13	1 181.93	44.58%	4.66%	33.35%	17.41%	2.078 8	0.217 2	1.555 2	0.811 9
2015	3 094.47	327.91	2 323.49	1 319.13	43.80%	4.64%	32.89%	18.67%	2.186 1	0.231 7	1.641 5	0.931 9

第二篇

地理空间效应与碳排放强度收敛性研究

谷子豪

一、引言

（一）研究背景及意义

1. 研究背景

自进入 21 世纪后，人类文明由于信息技术的发展又跨上了一个新的台阶，环境治理成为各国关注的新课题，人们意识到，不能再以牺牲生态环境为手段促进经济发展，其中，全球变暖问题所得到的关注尤为明显。政府间气候变化专门委员会（IPCC，2007）所发布的第四次评估报告中表明，20 世纪全球平均温度的增长中，90％是由人类活动所造成的，有效控制和缓解全球气候变暖趋势将成为各国减排工作的目标。2007 年，政府间气候变化专门委员会发布了第四次《全球气候评估报告》，指出：人类活动是导致 20 世纪全球平均气温增长的主要原因。各国高度重视如何有效地减缓全球气温的进一步升高。

步入后京都时代后，对于应对全球温室效应与气候变化，中国一方面承受着国际舆论所带来的减排压力（指责中国是排放主要责任国），使得我国在国际气候谈判中处于劣势；另一方面，我国国内也面临着生态环境承载力不足的问题，这将导致可持续发展的动力不足。基于国内外两方面的压力，我国制定了明确的目标——2020 年相比于 2005 年，中国将实现碳排放总量（以碳排放强度为指标进行计量）将减少 40％～45％。针对当下，一方面，每个省市都应该依照自身初始排放水平，合理地承担减排责任，有区别地履行减排义务。另一方面，政府应当有区别的在各区域间开展各类减排活动及制定各项政策措施，这将依赖对碳排放现状及趋势进行评估，只有把握了排放现状，才能合理设定目标，只有把握排放趋势，才能更加有针对性地明确各自减排任务。

目前，我国整体仍处于工业化和城市化的重要阶段，经济发展，尤其是在基础设施建设及中西部地区开发建设的过程中需要消耗大量的能源，且我国能源利用技术及效率相对于发达国家仍有差距，能源结构有待优化，清洁能源的使用比例也相对较低，种种原因致使我国某些省市的碳排放强度水平仍处于较高水平。以我国 2016 年能源消耗总量为例，其合计为 43.6 亿吨标准煤，达到了世界能源总消耗量的五分之一，而这大部分都为化石能源的消耗，正是碳排放的主要来源。目前我国减排方针仍然面临困难，其大体表现为以下几个方面：第一，我国能源总消耗中煤炭所占比例居高不下。由于我国能源储藏种类表现为“煤多、油少、气不足”的特点，这导致我国固化的能源消费结构将以煤炭消耗为主，其他能源为辅。并且相比其他能源种类，释放相同热量的情况下，煤炭产生的二氧化碳相对较高，这也导致其成为我国碳排放的主要来源。因此，在提高清洁能源的开发与利用的同时，提升煤炭能源的使用效率将是我国节能减排的重要突破口；第二，对煤炭能源使用进行替代无疑是要加快开发和推广新能源的使用。新能源技术的研究在我国起步较晚，相比发达国家，稍显落后，且早期国家对环保未予以足够的重视，不过，随着近些年我国对低碳技术研究的深入，国家已组织一大批学者从事相关研究，制定了“973 计划”等科技支撑计划，国家在政策制定过程中也给予相应的倾斜以扶持相关企业，这无疑体现了国家对于减排工作的支持和决心。此外，引进吸收国外发达国家已有的相关技术，并将其在开发过程中的经验运用到我国研发过程中也是快速成长的捷径之一；第三，“世界工厂”仍然是我国在国际贸易中的标签，这也导致我国出口的商品多集中于劳动密集型或资源密集型商品，产生了较高的碳排放。因此，调整产业贸易结构势在必行。

但不可否认，我国的减排工作相比世纪初已经取了较大的进步，在发展经济的同时，关注环境的理念已经根植于政府、企业和人民的理念中。2016 年 11 月发布的《中国应对气候变化的政策与行动 2016 年度报告》表明，“十二五”期间，全国碳排放强度实现累计下降 20%，超额完成了“十二五”规划中所确定的 17%的目标。

2. 研究意义

目前，与碳排放及碳排放强度的相关理论层出不穷，且在相应的领域取得了一定进展。但很少有研究将空间效应这一因素纳入省市间碳排放强度收敛性研究中，空间效应在碳排放强度的研究中还未得到足够的重视。本文旨在运用实证分析手段，首先检验我国区域碳排放强度存在空间相关性，其次研究我国碳排放强度的区域差异及其演化趋势，从而有针对性地探寻各省市的减排方向，提出相应的政策建议。

1）理论意义

传统计量的研究仅仅考虑变量之间的关系，而没有将相互间区域位置的影响考虑在内，这样的假设并不符合实际情况，尤其是对于碳排放问题的研究，若不能充分考虑我国区域间排放的相互影响，则可能造成结论不准确。本文基于传统的计量经济模型，引入空间效应，从区域尺度和省域尺度两个角度，建立碳排放强度时空格局体系；构建全新的空间权重矩阵，借鉴经济增长理论中的收敛模型，分析省市间碳排放强度的分布特点及演化趋势。最终结合上述实证研究结论，有针对性地提出减排方向，为我国进一步减排提供参考。

2）现实意义

碳排放强度过高仍是我国面临的主要问题，影响着我国可持续发展和低碳经济发展的改革进程。自"十五"规划以来，中国能源消费量仍处于不断增长的状态，从而引发碳排放日益增加，不仅对我国环境也对我国经济发展带来巨大压力。国家提出要持续增加非化石能源在一次能源消费中的比例，加速开发清洁能源的使用与普及，但根据目前相关数据显示，我国化石能源消费比例仍然居高不下，反之非化石能源消费比重仅为10%左右，说明能耗导致的碳排放问题依然严峻[①]。掌握各省市碳排放强度的空间演化趋势不仅可以帮助公平有效地制定减排目标，规划减排任务，更是对我国长期可持续发展、平衡发展有着重要作用。

（二）国内外相关研究及评述

1. 碳排放收敛性文献综述

目前，有关碳排放的研究较多，且已取得一些成果。有些研究成果主要集中于碳排放的绩效评估，由于范围、角度及经济体的不同，已经形成了若干评估指标。碳排放总量是最早提出应用于减排任务的规定指标之一，《京都议定书》规定以国别为单位进行统计，落实排放责任，这曾流行于20世纪90年代。但是很快人们发现，经济发展程度、文化地区差异及能源禀赋不同导致以总量进行评估并没有意义，此后相继有学者提出其他评价指标。例如，Mielnik等(1999)将所研究经济体碳排放总量除以能源消耗总量作为衡量指标，对发展中国家的碳排放绩效进行评估，与此同时，Ang(1999)将单位GDP的碳排放量作为绩效指标，从此碳排放强度指标走入了人们的视野。后续有学者，如Sun(2005)通过其自身的研究认为，碳排放强度是衡量一国碳排放绩效的理想指标，除此之外，Zhang等(2008)认为人均碳排放也有自身的优点及影响力，主要原因在于Bodansky(2004)通过调查40多个国家的衡量标准，就有约25%的国家采用人均排放衡量本国的排放情况。

关于国内的研究，孙耀华(2014)指出，关于文献对于所应用的减排指标的选取，越来越多的学者选择从人均碳排放转向碳排放强度。一方面，从国际公认性的角度出发，发展中国家如巴西、印度等也纷纷将碳排放强度作为本国减排的约

① 资料来源：中国低碳经济网 www.lowcn.com.

束指标,从而赋予了我国的减排目标一定的政治含义,另一方面,也使得衡量我国减排效率具有了可比性,存在一定的经济意义。除此之外,部分研究针对不同行业开展,行业碳排放强度指标能体现一个行业的清洁程度,也具有一定的可比价值。因此,这也是本文选取碳排放强度指标作为研究对象,分析全国各省及区域间演化趋势的原因。

既已选定了研究对象,那为何要从收敛的角度进行研究呢?收敛性分析源于经济增长理论,起初学者们利用收敛分析方法研究我国经济增长问题,以期为区域经济发展不平衡现状提供政策方向。近几年,收敛理论的应用逐步转向其他领域,例如能源环境、贸易、农村农业等领域,通过研究它们的分布特点及趋势变化,为国家政策的制定提出相应的建议。

目前针对该领域的研究,国外学者的研究范围主要集中在国与国之间某经济变量的收敛性研究或是国家内部各区域间某经济变量的收敛性研究。Strazicich 和 List(2003)率先应用 Barro 和 Sala-i-Martin(1992)用以估计美国48个州的人均收入的收敛性模型,分析了1960—1997年期间的21个工业化国家的化石燃料燃烧和制造水泥所产生的碳排放的时间序列数据趋同性。随后,学者们纷纷从国家间层面应用不同的研究方法,开展了一系列对于人均碳排放量或碳排放强度收敛性检验;Aldy(2006),Phillips 和 Sul · D (2007),Panopoulou 和 Pantelidis(2009),Camarero 等(2013a)都对各自样本的人均碳排放进行了 β 与 σ 收敛检验,研究在某些方面达成了共识:在全球范围(以及低收入国家作为一个整体)人均碳排放并不收敛。这使人们对在许多全球气候变化情景中所假定的人均排放量收敛假设提出质疑(McKibbin 等,2007)。但以上部分研究也同时表明某些高收入国家间(如:OECD)人均碳排放表现出趋同现象。

以上研究所得结论多以收入作为标准进行分类,Van(2005)则以碳排放本身划定标准,他认为,低排放国家不存在收敛,而高排放国家表现出了收敛特性。但综上所述,国外学者的研究并没有达成一致的共识。

国内对碳排放收敛性的研究起步较晚,多数集中于影响碳排放总量或一些碳排放指标的因素上。但随后,学者们慢慢注意到把握碳排放及其指标的演化趋势的重要性。由于选用的研究指标、研究区间及范围的不同,研究所得的结论也不同。许广月(2010)首先对我国1995—2007年区间内各省市碳排放强度进行了收敛性分析。随后,杨骞、刘华军(2013)、王娟(2014)、王艺明等(2014)、胡宗义等(2015)、吴建新(2016)等学者都对省际间人均碳排放量或碳排放强度应用不同的方法做了趋同分析,但都未考虑地理空间效应。

2. 基于空间视角的碳排放文献综述

随着学者们意识到研究对象的地域相关特征，空间计量经济学方法逐渐走进人们的视野，相关的研究也逐渐增多，同样也被纳入碳排放研究领域。根据前文的介绍，我国借用空间计量方法对碳排放问题的研究不仅包含碳排放总量，还包括诸如人均碳排放量、碳排放强度等绩效指标，其中以碳排放总量和人均碳排放作为研究对象所开展的研究最为常见。较为典型的研究有：林伯强和黄光晓(2011)的研究表明中国目前碳排放总量表现为梯度分布状态，即呈现出东—中—西依次升高的态势，京津沪地区排放最小，而西南地区为重排放地区，这种阶梯状的分布特征导致我国特有的“俱乐部收敛”。李丹丹和刘锐(2013)借助地理加权回归模型(GWR 模型)考察我国 2003—2010 年期间影响碳排放的主要因素，揭示了我国碳排放总量存在着区域差异，且人均收入、能源强度及人口因素是影响碳排放的主要因素。肖宏伟(2013)同样研究了我国碳排放总量和碳排放强度的影响因素，他采用空间杜宾模型，所考察的变量主要包括能源结构、城镇化、能源强度、产业结构、人口规模、能源价格等，实证结论表明，能源价格对碳排放总量和碳排放强度没有显著的影响作用，其他因素均显著。

空间相关性是利用空间经济学分析的首要前提，但以上的研究仅仅引入了空间效应碳排放相关问题进行分析，未对变量间是否存在空间相关性进行验证。因此，部分学者在开展碳排放相关研究时，研究了碳排放强度可能存在的空间相关性。冯宗宪和王凯莹(2014)通过使用全局 Moran'I 指数和局域 Moran'I 指数描绘出碳排放强度在中国呈现的空间地理分布特征，结果表明，中国省市间碳排放强度存在着显著的空间相关性，且为空间正相关，并有针对性地为我国节能减排提出有效建议，即优化产业结构，改变能源结构，促进能源使用效率。程叶青(2013)测算得出中国省域碳排放强度的 Moran'I 指数在 1997—2010 年之间呈现出波动中增长的变化趋势，说明我国各省市的碳排放强度并不是随机分布，而是表现出显著的空间相关性，而且空间相关性随着时间的演变表现出不断增强的态势，另外，碳排放强度较高的地区和碳排放强度较低的地区均有一定程度的空间依赖或空间锁定状态。马大来(2011)通过 DEA 方法测算出我国省域的碳排放效率，认为经济的发展需要通过经济规模效应、工业结构效应、产业结构效应和能源消费结构效应同时发力来实现，之后，运用空间计量模型研究显示所有权制度和政府干预对碳排放效率的提高有积极的影响作用，能源消费结构、经济规模、工业结构对碳排放效率则有消极的影响，而产业结构中的第三产业对碳排放效率的影响并不显著。

林伯强(2011)在分析对比前人的研究结果后指出很多学者都忽视了区域社会经济发展与碳排放的关系。一个国家或地区的环境质量(例如污染物排放等)随着社会经济发展到不同阶段而呈现出不同的状态,碳排放量具有很显著的空间属性,区域内人口情况、产业发展状况、能源消耗情况、技术发展水平、城市化水平,区域间相互的贸易结构、经济或技术的溢出效应,这些因素都会影响污染物排放的总量和构成情况。此外,在使用空间计量方法前,首先应该检验研究变量是否存在空间相关性。如果不存在,则使用传统计量经济学方法即可;如果存在空间相关特性,则应考虑研究对象的空间效应,采用空间计量经济学方法进行分析。陈青青(2011)、郑长德(2011)、魏下海(2011)、许海平(2012)对 MORAN 指数均进行了相关的测算,研究发现各类碳排放指标均存在一定的空间相关性。对于空间地理权重矩阵的选择来说,传统的地理加权回归模型是基于距离原则建立出来的,但我们需要注意的是二氧化碳的排放在很大程度上由能源禀赋特征决定,孙耀华等(2014)少数学者将各省能源禀赋差异及其他要素作为权重考虑进地理加权回归模型中研究碳排放强度是否收敛,林光平(2005)在测算省际间人均 GDP 的趋同性时对空间权重矩阵进行修正,选择地区间人均实际 GDP 的差额作为测度不同地区间的"经济距离"指标。

3. 研究创新点

根据文献综述顺序,对已有文献做以下评述,说明本文的研究创新点。

(1) 本文将 2003—2015 年期间各省市碳排放强度作为研究对象,分析全国各省及区域间演化趋势。

(2) 对于探究各省碳排放强度及其演化规律,已有文献均采用收敛模型来探寻其变化趋势,检验方法从最初的收入 β 与 σ 收敛模型到一些非参数方法,预测了不同的碳排放指标的变化规律,但鲜有学者系统地引入空间计量模型来分析碳排放指标的趋势,有些缺少对于数据的随机收敛检验(检测数据是否平稳),有些在权重矩阵的选择上太过简单。

林伯强(2011)、陈青青(2011)、孙耀华等(2014)均给出了相对系统的研究,但其研究均基于行政规划按照既定划分好的东—中—西三大区域展开分析,范围相对宽泛,而并没有考虑碳排放强度自身的分布特征、区域间与区域内差异的平衡(杨骞,2012)来划分,不能提供更为精确的结论和建议。

(3) 已有文献对碳排放指标演化趋势与其影响因素均分别有所研究,但由演化趋势分析其相关影响因素的文献还较少。关于影响因素的分析所采用的方法多基于指数分解分析与投入产出分析,近期不少文献也采用了计量经济分析,但没有考虑省际间的空间相关性，而本文引入空间地理因素，并进一步考虑碳排放的收敛特征，从而更能有针对性地制定区域减排政策，提高减排效率，具有一定的参考价值。

（三）研究问题的提出

1. 研究内容

本文基于已有的研究，创新性地引入空间效应、构建全新的空间权重矩阵对碳排放问题进行分析，并在模型中分别纳入了城镇化水平、能源结构、能源强度、产业结构等解释变量，分别从全国、区域、省域三大视角考察了我国省域碳排放强度的空间分布特征及其相关性，随后对碳排放强度进行收敛性分析，并针对性地提出了减排路径以及政策建议。本文的研究内容安排如下。

第一部分为引言，从国内外社会对全球气温上升引发节能减排的大背景出发，指出研究意义及所处背景，梳理了国内外已有的研究进度，并进行了相应的评述。最后，总结概括了本文的主要研究内容、所采用的的研究方法及文章的结构安排、主要贡献及创新点。

第二部分简述与本文研究内容相关的主要理论，并对本文将使用的空间计量经济学方法进行阐述。

第三部分首先确定碳排放量的核算边界与标准，明确计算方法与公式；然后以此为基础核算 2003—2015 年的各省市碳排放总量以及碳排放强度的数据；最后对我国整体碳排放强度分布特征进行描述。

第四部分首先简述构建空间权重矩阵的基本原则，并基于此构建了一般空间权重矩阵和综合空间权重矩阵；其次，在所构建的两种空间权重矩阵基础上，不仅借用目前研究最为流行的 Moran's I 指数对我国碳排放强度的空间相关性进行检验，后又引入 Moran's I 散点图对各省空间相关性分别进行统计，为后文的引入空间效应的收敛分析提供前提假设。

第五部分基于空间计量模型和第四部分所构建的两种空间权重矩阵，引入空间绝对收敛模型、空间俱乐部收敛模型以及空间条件收敛模型进行分析，并与一般计量模型分析结果相对比，分析我国各省市碳排放强度演化趋势。

第六部分总结前文的实证结果，对碳减排路径与政策制定提出建议，并对今后的研究提出展望。

2. 研究方法及研究框架

本文采用“文献综述—理论基础—实证分析—结论及政策建议”的研究方法，并在研究中辅以相关的计量分析及软件的应用。如图 2 - 1 所示。

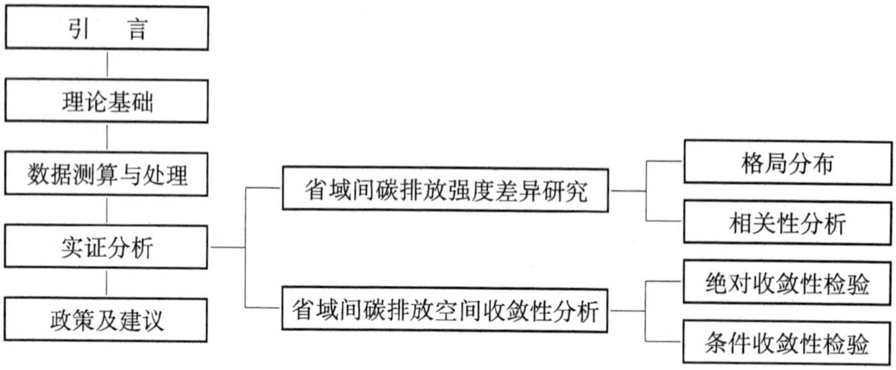

图 2-1 文章结构

(四) 主要贡献及创新

相比已有的研究,本文在以下三个方面存在创新之处。

(1) 收敛分析的视角。我国碳排放强度分布并不均衡,存在明显的区域差异性导致减排政策的制定需要更具有针对性。本文从收敛角度并借助引入空间效应的计量经济模型对我国区域碳排放的空间相关性及收敛性进行探讨。有别于传统计量模型对有经济增长收敛性的分析,建立空间计量模型基于各省的碳排放强度存在空间依赖性(相关性)的假设。

(2) 更精准的数据。本文基于各年《中国统计年鉴》中各省市能源平衡表列示的化石能源消耗数据,按种类核算并汇总,更加精确地衡量出各省市行政区域内化石燃料燃烧所直接产生的碳排放。

(3) 全新的空间权重设置。本文充分考虑了各地区资源禀赋及地理距离的原因,构建了综合空间权重矩阵,旨在寻求更加精准、更加贴合中国实际的分析结论,从而把握中国各省市碳排放强度的分布及发展趋势。

二、相关理论研究

(一) 概念界定

1. 碳排放

温室气体已为人所熟知,以其具有吸收红外线致使全球气温上升的特点而得名。根据《京都议定书》,界定了六种温室气体,其中包含二氧化碳(CO_2)、甲烷(CH_4)、氧化亚氮(N_2O)、氢氟碳化物(HFCs)、全氟化碳(PFCs)、六氟化硫

(SF_6),其中二氧化碳排放量远远超过其他各类气体,因而多数研究也围绕其展开。碳元素是地球生命的重要构成元素之一,其存在形态本应多种多样,但其与氧元素相结合以二氧化碳形式存在,将会致使全球气温不断攀升,从未引发生态失衡等结果。但是,二氧化碳化学性质较为稳定,表现为"惰性"使得难以通过化学反应进行中合,所以在采取必要的固碳手段的同时,减少二氧化碳排放也应同时进行。

基于以上原因,我们便将温室气体排放简化成"碳排放"(carbon emission)。碳排放的产生途径多种多样,动植物及人类新陈代谢会产生二氧化碳,但植物光合作用会吸收二氧化碳,生态本处于一个平衡的循环中,但人类活动需要消耗化石能源,其中给予碳元素与氧元素结合的契机是碳排放的主要来源。因此,为研究便利及数据可获得性,本文也将基于化石燃料燃烧所排放的二氧化碳作为碳排放量的替代变量进行统计研究,暂且忽略其他温室气体种类及排放途径。

2. 碳排放强度

每单位国民生产总值所带来的的二氧化碳排放量被称为碳排放强度,其用于衡量一国经济同碳排放量之间的关系。如果一国的碳排放强度降低,就说明该国相比相同经济规模的国家实现了一个低碳的发展模式。

以碳排放强度来衡量一国的低碳发展水平的意义是什么呢?曾经人们设法以碳排放总量或人均碳排放量作为计量变量,但很快发现,大多数国家在发展过程中,碳排放量与经济体量呈现正相关,若一味地"一刀切"并不公平。因此,碳排放强度逐渐走入人们的视野,且被多个国家采纳,不仅使得我国的减排成果在气候大会上具有了可比性,还进一步解释了碳排放总量增长的问题。分省市的衡量碳排放强度的数据,更能进一步明确减排目标,有针对性地制定政策。

(二)空间计量经济学理论

1. 地理学第一定律

经济体由于地理空间的邻近从而表现出相似特征,例如各省人均 GDP、研发收支等数据,逐渐被学者们关注其空间相关特性。随着经济社会的不断发展,区域间的互动也变得频繁,将空间因素纳入研究中,则将反映出更加真实的情况,正如 Tobler(1970)所指出,"事物之间都存在相互关联关系,但距离较近的事物相比较远的事物具有更强的关联性",此即为"地理学第一定律"。

表达空间信息的方法有很多种,比如是否相邻,抑或是两个区域间质心的距离都可以做为考察距离远近的方法。将经济变量的"空间特性"加入到传统的计量经济学分析中，即所谓的空间计量经济学。因此，空间计量经济学可以看成传统计量经济学的衍生学科，加入了变量的地理信息。其诞生于20世纪70年代，近年来的蓬勃发展主要由于两方面的原因：首先，由于GIS(地理信息系统)的飞速发展，使得数据间的交互受空间或地理信息的影响日益增多。其次，在经济理论方面，当下不仅仅停留于企业间的贸易往来的互动，个人信息交流，商品流转变得十分便利，相邻区域的技术也会相互流转，继而对区域经济量产生影响。

2. 空间相关性

空间相关性是空间计量分析的前提假设。如果所研究的变量之间不存在空间相关性，则可以直接借用传统计量经济学进行分析；若变量间显著存在空间相关性，则须引入空间效应进行分析，才能使实证结果更加准确。

空间相关与传统的相关概念类似，同样可以分为空间正相关关系和空间负相关关系。空间正相关关系是指所研究变量在区域分布上出现相同的演化或分布趋势，即高值与高值相邻或低值与低值相邻。同理，空间负相关关系指所研究变量在区域分布上出现高值与低值相邻的情况。若分布呈现随机分布，则可视为不具有空间相关的特征。

目前衡量空间相关性的方法较多，被学者们普遍采用的是"莫兰指数I"(Moran's I)和"吉尔里指数C"(Geary's C)。本文将选用莫兰指数为考察空间相关性的指标，具体含义及计算方法将在"碳排放强度的空间相关性"部分做详细介绍。

（三）收敛性的概念及检验方程

"收敛性"(Convergence)源于经济增长理论，它最初的含义在于，若以相对落后地区经济发展速度在发达地区之上为前提，随着时间的推移，人均收入及其增长率差异将会逐渐缩小，即称为国与国间经济存在收敛趋势；反之，若发达地区或国家的经济发展速度高于落后地区，随着时间的推移，人均收入及其增长率的地区差异将会不断扩大，此时，称为经济体间不存在收敛趋势，表现为发散的特性。经济若出现收敛特征，将会使得经济增长逐渐走向长期稳定并趋于均衡状态，它既可考察国与国之间人均产出水平的演化方向，同时也可以应用于人均产出水平在某个国家内部地区之间的演化方向。

目前，收敛问题的研究方向主要有两个，一是研究对象是否存在收敛特征，二便是影响收敛的具体因素。Solow在1956年提出了新古典增长模型，标志了经济增长收敛假说的正式形成，在随后的研究中，收敛假说引起了学者的关注，并一度成为学者们研究的热点，而直到今日，收敛假说在经济理论研究中依然可以被应用到各个领域。目前对收敛假说的研究，主要分为以下三种类型。

(1) σ 收敛

σ 收敛(σ-convergence)所表示的经济意义为，随着时间的推移，不同经济体的被研究变量之间的离散程度逐渐缩小。起初，学者借助标准差公式来验证 σ 收敛的存在性，随着研究的不断深入，其选用的指标也增多，包括变异系数、基尼系数等。σ 收敛分析的优点在于便于计算，且其概念与我们对收敛的直观理解颇为相似。此处若以人均 GDP 的标准差公式为例作为 σ 收敛的检验公式，具体方程如下：

$$D_t = \sqrt{\frac{1}{n} \sum_{i=1}^{n} (y_{i,t} - \overline{y_{i,t}})^2} \tag{2-1}$$

其中，D_t 是数量为 n 的经济体在时间 t 时的人均 GDP 标准差，$y_{i,t}$ 是第 i 个经济体 t 时的人均 GDP，$\overline{y_{i,t}}$ 是它的平均值。如果 $D_T < D_t (T < t)$，则表示在 $t-T$ 研究区间内，所研究的 n 个经济体的研究变量间存在 σ 收敛。如果选取研究区间内任意时间点上均 $D_{t+1} < D_t$，则表示在该区间内各经济体变量具有 σ 收敛的特性。

(2) β 收敛

在现有的实证研究中，β 收敛(β-convergence)分析应用最为广泛，它又可分为绝对 β 收敛和条件 β 收敛两种形式。其中，若以人均产出作为研究变量，绝对 β 收敛的经济含义是各经济体之间的人均产出随着时间的推移，将会趋于同一稳定状态，而不受其他外在因素如社会因素、国家政策等条件的影响。简而言之，存在绝对 β 收敛的各经济体只会受自身初始水平的影响。沿用上文人均产出的例子，若经济体存在绝对 β 收敛现象，初始条件不高的经济体其人均产出的增长速度往往要快于相对富裕经济体的人均产出增长速度，即落后国家或地区将会存在追赶发达国家或地区的现象，直至趋于同一稳态水平。绝对 β 收敛的检验方程如下：

$$\frac{1}{t}\ln\left(\frac{y_{i,t}}{y_{i,0}}\right) = \alpha + \beta \ln y_{i,0} + \varepsilon_{i,t} \tag{2-2}$$

其中，$y_{i,0}$ 表示经济体 i 首年的人均产出水平，$y_{i,t}$ 表示经济体 i 第 t 年的人均产出水平，α 为检验方程的常数项，β 为待估参数，$\varepsilon_{i,t}$为方程的随机误差项，若实证结果显示 β 小于零，则表示该经济体存在绝对 β 收敛；反之，则不存在。

对比绝对 β 收敛，条件 β 收敛的特殊之处在于检验方程中加入的控制变量，变量的选取并不固定，根据实际情况而定，因此其也更具实践意义。其经济含义与绝对 β 收敛的不同之处在于，各经济体之间的人均产出不仅受初始水平的影响，也受外在因素如区域社会因素、国家政策等条件的影响，因此，在各种影响因素的综合作用下，不同经济体的发展路径出现差异，最终会趋于各自的稳态水平而非同一稳态水品。由于最终稳态水平不同，导致不同经济体的人均产出水平各异，且相互间存在的差距不会随时间的推移而逐渐缩小，最终表现为发达地区(国家)的发展仍然较快，保持先进水平，而落后地区(国家)的则增长率较低，随着时间推进，没有机会超越发达地区(国家)，发展水平依然表现落后。条件 β 收敛的检验方程如下：

$$\frac{1}{t}\ln\left(\frac{y_{i,t}}{y_{i,0}}\right)=\alpha+\beta\ln y_{i,0}+\gamma X_{i,t}+\varepsilon_{i,t} \quad (2-3)$$

其中，$X_{i,t}$表示条件 β 收敛分析引入的解释变量，γ 为其待估参数，其余解释变量与上文介绍的绝对 β 收敛检验方程中一致。若实证结果显示 β 小于零，则表示该经济体存在相对 β 收敛；反之，则不存在。

(3) 俱乐部收敛

俱乐部收敛(Club Convergence)的概念由 Galor 于 1996 年提出，具体是指将各初始经济水平较为相近的经济体，即具备类似的市场制度、经济基础、政策条件等结构特征，划分为一个“俱乐部”，俱乐部内部的各经济体的人均收入最终将会达到同一稳态水平。由于俱乐部的划分不止一个，因此，在整个经济体的发展中，经济增长的稳态路径也不止一条，且只有原始条件和经济特征等条件都较为类似的经济体之间才会最终收敛于同一稳态，表现为俱乐部收敛。其检验方程为

$$\frac{1}{t}\ln\left(\frac{y_{i,t}}{y_{i,0}}\right)=\alpha+\beta\ln y_{i,0}+\lambda D_j+\varepsilon_{i,t} \quad (2-4)$$

其中，D_j 为虚拟变量，表示各经济体从属于哪个俱乐部，λ 为检验方程的待估参数，其余变量与 β 收敛解释与一致，若 β 小于零，且 λ 显著不为 0，则表示存在俱乐部收敛；若有条件不满足，则表示不存在俱乐部收敛。

三、碳排放强度的核算

核算以省市为单位碳排放强度水平，不仅可以把握各省市碳排放强度排放分部情况和演化趋势，还可明确各省市的排放源头，为管理层制定针对性的减排政策及低碳发展规划提供有效的参考信息。此外，省市碳排放的核算结果不仅可以为制定区域低碳规划提供基础，也是评价低碳政策实施情况的的衡量标尺，是低碳经济发展不可或缺的重要要素。本文借助中国内陆 30 个省市[①]的能源活动中的化石燃料活动水平数据，首先对各省市碳排放总量进行核算，并以此为基础进一步分析。

（一）碳排放量核算边界及方法的设定

以省市为单位对碳排放量进行核算主要分为以下三个步骤：首先确定需要核算的碳排放边界，可以区分为"直接排放"和"间接排放"两种；其次需要确定各省市具体碳排放源种类及消耗数量，明确计算公式；最后依据计算公式代入相关数据进行计算，并加总各类排放源所对应的碳排放量得到该省的排放总量。

1. 核算边界的确定

直接排放是指排放源位于省市行政边界以内；而间接排放则是指虽然排放源位于省市地理边界外，但排放由省域地理边界内的活动引起。为了便于理解直接排放和间接排放的区别，本文引入《温室气体核算体系：企业核算和报告标准》中所介绍的解释，将排放划分成为三个不同的"范围"，分别解释如下。

位于"范围一"内的排放是指对应排放源位于该省市行政边界之内，其指该省自身在排放活动过程中(譬如包括省内消耗化石能源、火力发电、交通尾气排放)所产生的温室气体等。

位于"范围二"内的排放是指某省在其行政边界内所发生的排放活动，但需要从边界外其他省市的电力或热力调入，这些调入的热力和电力的产生所需要燃烧化石能源而产生的温室气体即属于该范畴。一般情况下，一省对于

---

① 由于西藏的能源消耗数据较难获取，因此不包含在内。本文研究对象为中国内陆 30 个省市，也不包含香港、澳门特别行政区，以及中国台湾地区。

热力或电力的需求均能够自身解决，一次电、热输送的调入情况并不多见，但也不排除存在相邻省市地理位置较近且有完善的输送系统相互或单向输送热力的情况。

位于“范围三”与位于“范围二”相比，多了一些其他类别的排放，比如从生产生活的上游角度来看，包含购买异地生产的原材料、产品或服务所引起的碳排放，跨省市交通所产生的碳排放等均属于此范畴；从下游角度来看，包含跨省处理废弃物等所产生的碳排放等也属于此范畴的统计。

依据上文介绍，对省市范围的温室气体核算前提是需要确定核算边界，本文考虑到统计数据的易获得性，选取各省市的行政区范围作为核算的地理边界，即可归类为“直接排放”。主要选定的原因基于以下两方面的考虑：一方面，由于能源消耗所释放的碳排放是各省市温室气体的主要来源且出于对统计数据的可获得性考虑；另一方面，无论最终消耗方是否归属于本地区，所排放的二氧化碳均被本地区接纳，最终切实影响本地区的生态环境。

2. 温室气体种类、排放源及其计算方法

《京都议定书》中对温室种类有所划定，其主要分为六种，即二氧化碳(CO_2)、甲烷(CH_4)、氧化亚氮(N_2O)、氢氟碳化物(HFCs)、全氟化碳(PFCs)、六氟化硫(SF_6)。其中，HFCs 具体包括 HFC－23、HFC－32、HFC－125、HFC－134a、HFC－143a、HFC－152a、HFC－227ea、HFC－236fa 和 HFC－245fa，PFCs 具体包括四氟化碳(CF4)和六氟乙烷(C_2F_6)。

但由于温室气体种类不同，对于大气的影响又该如何量化比较呢？温室气体具有吸收红外线的特性，进而对全球气温产生影响。“全球增温潜势(GWP)”作为衡量各种温室气体对大气影响指标应运而生，其原理是将各类不同温室气体在单位时间内的吸热能力全部统一为等量单位 CO_2 的吸热能力，即将其他温室气体换算成二氧化碳当量(CO_{2e})，从而使得不同温室气体增温影响具有可比性。

《IPCC 国家温室气体清单指南(1996 年修订版)》中指出，能源活动、农业活动、土地利用变化、工业生产过程和林业与废弃物处理五大部门是温室气体的主要排放源，但出于对数据获取难易程度的考虑，本文仅从能源活动方面对碳排放进行考量。通过对全国 30 个省市的化石燃料燃烧所产生的碳排放量初步核算，除二氧化碳以外，其他温室气体排放量均较少，以 2012 年北京为例：CH_4 与 N_2O 的排放量若以二氧化碳当量计算，二者之和为 85.47 万吨(CO_{2e})，不足当年北京碳排放总量 10 488.36 万吨(CO_{2e})的 1%。综上，本文以能源活动中的化石燃料燃烧所释放的二氧化碳量为主要核算对象，而不再考虑其他温室气体。依据以上原理，计算各省各年碳排放量公式如下：

$$CO_2\ 排放 = \sum 化石燃料消费量_{i,j} \times CO_2\ 排放因子_{i,j} \qquad (2-5)$$

其中，i 表示行业，j 表示能源品种，"CO_2 排放因子$_{i,j}$"表示 i 行业燃烧一个单位 j 能源所排放的二氧化碳折算系数。

3. 数据收集与计算分析

数据收集及获取是碳排放核算的基础，随后再代入公式进行计算。需求数据包含两个重要部分，分别为各类化石燃料的消耗量和其对应的排放因子。对于核算以省市为单位的碳排放总量，本文输入各地能源平衡表并采用 IPCC 官网所推荐的城市温室气体核算工具（测试版 1.0）对我国 30 个省市在 2003—2015 年区间的二氧化碳排放进行了计算。

核算结果是进一步实证分析的基础，主要用于各省市碳排放总量的区域分布特征分析、各省市之间碳排放强度的相关性分析以及对各省市碳排放强度的收敛性分析。

（二）数据来源

1. 核算碳排放总量数据来源

各省市化石燃料消费量数据的来源主要集中在中国统计年鉴、中国能源统计年鉴、中国城市统计年鉴。其优点在于官方数据普遍得到认可，且收集所需时间相对较少，成本较低，能够满足本文对于省域范围内碳排放量的简单核算的要求。

对于各化石能源的碳排放因子数据，主要以《能源消耗引起的温室气体排放计算工具指南（2.1 版）》为标准进行计算。

2. 实际总产值的核算

本文以 2003—2015 年中国内陆地区 30 个省市的实际总产值进行实证分析。其中，各省份的实际总产值以 2000 年为基期进行平减得到。

（三）区域碳排放强度的基本空间特征

为了对我国各省市碳排放强度分布情况有一个直观的把握，我们借用上文的计算数据结果，利用 Stata 绘制在地图中。由于篇幅原因，此处不做展示。研究结果显示，研究期间，整体排放强度都有所减少，但一直维持着西高东低、北高南低的特征。造成该分布情况的原因可能是多方面的，一方面是各省市的能源储存量不同；另一方面在于经济发展程度不一，从而使得能源使用效率、能源结构不同。这些原因将会在下文的收敛性分析中予以考虑。

在研究年份的区间中常处于最高排放强度区间的省、自治区，直辖市有：新疆、内蒙古、山西、宁夏；常处于最低排放强度区间的省市有：福建、广东。随着时间的变化，其他各省市的碳排放强度也发生了一定的变化，全国范围内呈现出下降趋势。

为了更好地观察各省市在2003—2015年期间碳排放强度的演化趋势，本文将全国30个省、自治区、直辖市按地理区位的不同，分为东、中、西部区域。按照国家统计局对三大地区的区域划分方法，西部地区除去西藏以外，包括内蒙古、广西、重庆、四川、贵州、云南、陕西、甘肃、青海、宁夏、新疆11个省、自治区、直辖市；中部地区包括山西、吉林、黑龙江、安徽、江西、河南、湖北、湖南8个省；东部地区包括北京、天津、河北、辽宁、上海、江苏、浙江、福建、山东、广东、海南11个省、自治区、直辖市。

对于东部地区，如图2-2所示，碳排放强度随着时间的推移，区域内各省、自治区、直辖市的碳排放强度均表现为下降趋势，其中河北省较为明显高于区域内其他省、自治区、直辖市，其他省、自治区、直辖市表现相似。

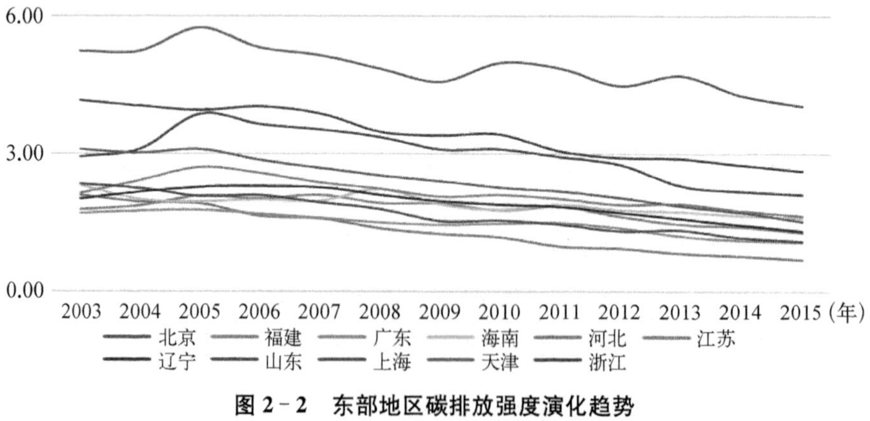

图2-2 东部地区碳排放强度演化趋势

对于中部地区，如图2-3所示，碳排放强度随着时间的推移，区域内各省、自治区、直辖市的碳排放强度均表现为下降趋势，其中山西省较为明显高于区域内其他省市，其他省市表现相似。

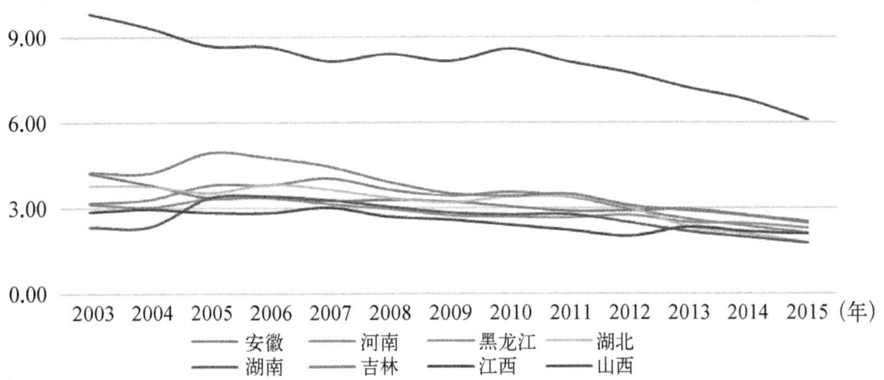

图 2-3　中部地区碳排放强度演化趋势

对于西部地区，如图 2-4 所示，碳排放强度随着时间的推移，区域内大多数省市的碳排放强度均表现为下降趋势，但宁夏碳排放强度仍表现为在较高水平震荡，最近几年出现了略微下降的趋势，新疆碳排放强度表现出轻微的上升趋势，其他省、自治区、直辖市表现相似。

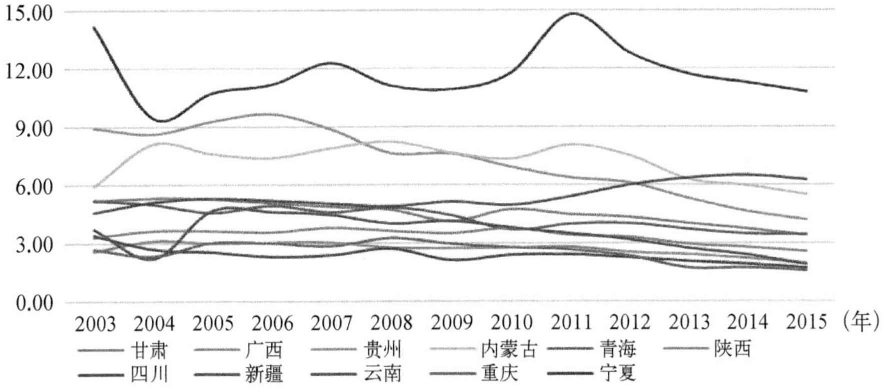

图 2-4　西部地区碳排放强度演化趋势

四、碳排放强度的空间相关性

大多数的经济数据或指标都会具有空间地理的属性。比如，研究全国各省、自治区、直辖市的 GDP、消费、进出口、财政收支等数据都会因区域的不同而各异。在碳排放强度的研究领域，较少研究关注到各省、自治区、直辖市指标间之间的相互影响，而是通常假设各省、自治区、直辖市变量之间是相互独立的，但现实中却存在着广泛的联系，且随着时代进步及科技的发展，社会交通、物流变得更加便捷、运输成本大大降低，省、自治区、直辖市间的联系也会凸显越发密切。

本部分数据处理基于 Microsoft Excel 完成，数据分析及作图分别采用 Stata、GeoDa 软件①。

（一）空间权重矩阵的构建

空间权重矩阵的确定不仅是运用空间计量模型的关键，也是模型建立的首要任务，同时这也是空间计量分析有别于传统计量分析所在。如何选择合适的空间权重矩阵一直是学者们在探讨空间计量分析时的常规话题，模型的最终估计结果也会因矩阵的不同选择而各异。本节将对已有研究中空间权重矩阵的设定方法做出简要介绍，并提出本文的设定方法与合理性。

1. 构建的基本原则

首先，考察经济指标间的地域位置关系的基本原则分为距离原则和邻近原则。邻近原则以相邻与否作为考察属性。若两省接壤，则将权重值设定为 1；若不接壤，则将权重值设定为 0。依据对相邻关系的定义不同，邻近原则又可分为车相邻（Rook Contiguity）、象相邻（Bishop Contiguity）及后相邻（Queen Contiguity）。车相邻原则将相邻定义为拥有共同边界，象相邻原则仅将相邻定义为拥有共同顶点，而后相邻原则则是将拥有共同边界或共同顶点的区域定义为相邻。虽然，在一般情况下，采用后相邻原则设立的空间权重矩阵相对于采用其他原则设立的空间权重矩阵存在更多的区域被定义为相邻，且更能体现现实中的空间关系，但仍需根据实际分析的需要选择对应的相邻原则。此外，相同区域无法与自身相邻，因此也不存在空间相关的概念，致使空间权重矩阵中主对角线上的元素全为 0，而非主对角线上的元素则依据上文所订立的原则：在两区域相邻的情况下，所对应的权重值取 1，否则取 0。为便于分析与最终结果的解释，人们会将空间权重矩阵进行标准化处理，即将权重矩阵中的各元素除以其所在行元素之和，从而使得行元素之和为 1：

$$w_{i,j}=\frac{w_{i,j}}{\sum_j w_{i,j}} \tag{2-6}$$

① 由于西藏和香港、澳门、中国台湾地区不在本文的研究范围之内，在利用 GeoDa 绘图时，默认其碳排放强度为 0。

空间权重矩阵中的各元素实质表示区域间相互作用强度。基于距离原则，各元素值则来源于各省市板块的质心距离，选取不同的函数形式意在表达地理概念对经济指标的影响形式，例如距离的倒数 $w_{ij}=\dfrac{1}{d_{ij}}$，距离指数形式的倒数 $w_{ij}=\dfrac{1}{d_{ij}^{n}}$，或是采用欧氏距离。

其次，选取空间权重矩阵除了以地理空间因素为指标外，经济、人文等因素也常被作为权重，从而形成一个较为综合的空间权重矩阵。例如，林光平等(2005)的研究中，其首先基于相邻原则构建空间权重矩阵，并以此来测度分析1978—2002 年期间我国各省市实际人均 GDP 的收敛趋势。但又由于不同省市的经济特征不同。因此，其将各省市间人均 GDP 的之差引入到权重中，并定义其为“经济距离”的指标，界定最终的综合空间权重矩阵为

$$W^{*}=W\times E$$

其中，矩阵 E 的主对角线元素均为 0，非主对角线的$(i,\ j)$元素为

$$E_{ij}=\frac{1}{|\bar{Y}_i-\bar{Y}_j|}\quad(i\neq j)$$

其中，$\bar{Y}_i$ 代表 i 地区研究区间的人均实际 GDP 平均值。

最后，随着空间计量经济学被越来越多的学者接纳，成为目前计量经济学研究的热点领域之一，对空间权重矩阵的设置的合理性要求也逐渐提高。任英华(2012)等学者也对空间权重的矩阵的选择方法开展了研究，在空间滞后模型框架下，把空间权重矩阵选择问题转化为变量选择问题，其引入了 CWB 方法进行变量选取，不同的权重矩阵设置使得研究的问题也变得更有针对性，但目前研究所提出的选取方法还未得到一致认可。

2. 本文空间权重矩阵的构建

基于本文主要的研究对象为碳排放强度的空间演化趋势，本文将分别选择两种空间权重矩阵的设置方法。

(1) 邻近空间权重矩阵 W

本文首先选取其中一种基本的表达空间关系的方法，即相邻省、自治区、直辖市给予的权重为 1，而非相邻的省、自治区、直辖市给予权重为 0。

邻近空间权重矩阵有其自身的优点。首先，权重设置非常简便，根据中国各

省市的地理位置便可轻松设置，而不用考虑过多的其他因素，即本文以中国内陆30个省、自治区、直辖市为研究主体，共计65对相邻省市①，被给予权重1，其余均为0。且已有的能源行业的空间计量研究大多采用的邻近空间权重矩阵进行分析，已得到了广泛的认可；其次，由于我国某些省、自治区、直辖市面积较大，中心坐标所处地理位置不能完全代表该省实际碳排放产生的源头；最后，由于我国国情实行区域化管理，如行政区域划分为东、中、西部地区，政策的实施也参考行政区域的划分，因此采用临近原则更容易从行政区域分析碳排放强度分布特点。

但其也有明显的缺点，首先，设置过于简单，对于任何研究对象均设置一样的地理权重矩阵缺乏针对性；其次，即使相邻的省，相互的作用机理及相关性也并不相同，若均给予相同的权重不利于探究出最为真实的研究结论；最后，邻近空间权重矩阵没有考虑省、自治区、直辖市本身的禀赋特点以及外部因素所产生的影响，如政策影响，若对此加以考虑，则更加贴合区域发展不平衡、政策导向显著的中国国情，因此进一步引入综合空间权重矩阵。

(2) 综合空间权重矩阵 W^*

综合空间权重相比邻近空间权重矩阵，其设置的不同点在于又充分了考虑以下两方面的因素。一方面，相邻省市联系的强度着实受到空间距离远近的制约，即使某些省际间处于相邻位置，但相距甚远超过其他不相邻的省市，因此不能因为中心坐标所处地理位置不能完全代表该省实际碳排放产生的源头的原因而放弃“地理距离”这一因素。另一方面，在中国的工业制造、生产生活等过程中，化石能源的燃烧是二氧化碳的主要来源。而化石能源禀赋的区域异质性也会通过当地的消费结构、产业分布等方面影响本地区的碳排放强度。此外，对碳排放强度的影响也会通过省市之间能源交换转移等贸易方式形成。若将H—O理论应用于能源领域，省与省之间能源禀赋差异越明显，发生交换转移的概率也越大，省之间的相关性也越高，因此本文在空间权重的设置时引入“能源禀赋距离”因素。

基于距离原则，假定省际间所赋予的权重值取决于省市版图质心或中心之间的距离，距离越近，权重越大。本文距离矩阵 W^S 的元素的值采用各省、自治区、直辖市中心间距离的倒数的形式，即

$$w_{ij}=\frac{1}{d_{ij}}$$

① 由于海南省为独立岛屿，不与任何其他省份接壤，为便于分析，在设置空间权重矩阵时将其设置为与广东省相邻。

中国具有“多煤、贫油、少气”这一特殊的能源禀赋特征，且在一次性能源消费中煤炭消费占比远远高于其他能源消费，达 70%左右。本文将 2003—2015 区间内相邻省市的平均煤炭储存量间的差距占两省市平均煤炭储存量总数的比例作为能源禀赋矩阵 W^{EGY} 的元素值①。

综上，构建综合空间权重矩阵如下，其具体可分拆为距离矩阵 W^S 与能源禀赋矩阵 W^{EGY} 的乘积，公式如下：

$$W^S = \{w_{i,j}\} = \frac{1}{d_{i,j}} \tag{2-7}$$

其中，$d_{i,j}$ 表示省市 i 与省市 j 之间的距离。

$$W^{EGY} = \begin{cases} |\overline{EP_i} - \overline{EP_j}|, & i \neq j \\ 0, & i = j \end{cases} \tag{2-8}$$

其中，$\overline{EP_i}$ 表示省市 i 在 2003—2015 区间内的平均煤炭储存量，其公式如下：

$$\overline{EP_i} = \frac{1}{13}\sum_{t=2\,013}^{2\,015} EP_{i,t} \tag{2-9}$$

因此，定义综合矩阵权重为

$$W^* = W^S \times W^{EGY}$$

（二）省际间碳排放强度相关性检验

经济指标间存在空间相关性是使用空间计量方法的前提。如果不存在，则使用标准的计量方法即可；如果存在，则可使用空间计量方法。

自相关是传统计量经济模型分析中常存在的现象，尤其是一阶自相关。对于空间序列，自相关的情形则更为复杂；因为时间序列只可能在一个方向上相关（过去影响现在，但现在无法影响过去），而空间序列则可以在多个方向上相关，而且可以互相影响（x_i 影响 x_j，而 x_j 也影响 x_i）。“空间自相关”（spatial autocorrelation）可以简单理解为空间相近区域的研究指标间存在相互影响、相互作用。如果出现研究指标高值与高值空间聚集，低值与低值空间聚集，则称存在“正空间自相关”

① 本文计算了 65 对相邻省际间 2003—2015 的碳排放强度的相关系数与其平均煤炭储存量间的差距占两省市平均煤炭储存量总数的比例之间的相关系数，结果为 0.113 797 874。因此以两省间禀赋差距为权重，而非差距的倒数。

(positive spatial autocorrelation)现象。反之,如果出现以高值与低值聚集为主,则称存在"负空间自相关"(negative spatial autocorrelation),此较为少见。

"莫兰指数 I"(Moran's I)作为目前衡量空间自相关程度的指标之一,目前被学者们广泛应用,其计算公式如下:

$$I=\frac{\sum_{i=1}^{n}\sum_{j=1}^{n}w_{ij}(CI_i-\overline{CI})(CI_j-\overline{CI})}{S^2\sum_{i=1}^{n}\sum_{j=1}^{n}w_{ij}} \tag{2-10}$$

其中,n 为省市个数(本文 n 取 30),$\overline{CI}$代表该年各省市碳排放强度均值和方差,S^2 则为该年各省市碳排放强度的方差,CI_i 代表省市 i 的碳排放强度值,w_{ij} 则为依据上文介绍所构建的空间权重矩阵中的对应元素。

莫兰指数上限为 1,当其为 1 时,表示变量之间变现为完全正相关,若其大于 0 小于 1 且显著,表示变量间表现为一般正相关,即总体表现为高值与高值相邻或低值与低值相邻的情况;若指数小于零且显著,则原理相似;若指数接近于 0 且显著,则表明不存在空间相关性,则不能使用空间计量的方法对变量进行分析;若指数并不显著,则表明该衡量方法失效,不能对研究变量空间相关性进行判断。

基于前文所获得的数据和计算方法,分别在 W、W^* 权重下借助 Stata 计量软件得到 2003—2015 各年碳排放强度的全局莫兰指数,并得到其伴随概率 p 值,如表 2-1 所列。

表 2-1　2003—2015 年我国各省市间碳排放强度莫兰指数 *I*

年　份	W	W^*
	Moran's I	Moran's I
2003	0.151*	0.253**
2004	0.247**	0.338**
2005	0.255**	0.357***
2006	0.229**	0.326**
2007	0.252**	0.325**
2008	0.297***	0.374***
2009	0.264***	0.336***
2010	0.295***	0.376***
2011	0.250***	0.294**

续　表

年　份	W	W*
	Moran's I	Moran's I
2012	0.277***	0.334***
2013	0.252***	0.320***
2014	0.258***	0.317***
2015	0.249***	0.298**

注：***，**，* 表示所对应的数据分别在 1%，5%及 10%的显著水平上显著，以下实证结果含义相同；本检验为双尾检验。

由表 2-1 的计算结果可得，首先，基于邻近空间权重矩阵与综合空间权重矩阵下，莫兰指数均大于零且均通过 10%的显著水平，说明各省市碳排放强度整体上存在空间正相关，即某一省市的碳排放强度对其邻近各省市存在正向影响。引入综合空间权重矩阵后所得莫兰指数与引入邻近空间权重矩阵相对比，即在增加考虑各省际间的地理距离和能源禀赋因素后，莫兰指数增大，碳排放强度的正相关性更强。

此外，依照莫兰指数的几何意义，其表示所研究变量与其滞后变量间的相关系数，即将二者绘制成散点图，莫兰指数为散点图所拟合直线的斜率，而该散点图被称为"莫兰散点图"(Moran scatterplot)。由于莫兰指数 I 旨在从研究对象整体描述碳排放强度的空间相关性，而没有体现某个具体省与周边相邻各省的相关性，因此，我们引入莫兰散点图对各省所呈现的特征进行描述，其作用在于更能直观地观察所研究经济变量的空间相关属性。

莫兰散点图纵坐标为所研究经济变量的滞后项，而横坐标为所研究经济标量本身，二者将平面分为四个部分，分别对应了四个象限。其中在本文的研究中，位于第一象限中的省、自治区、直辖市表示其碳排放强度高且邻近省市也高，我们定义为 H—H 类型；位于第二象限中的省、自治区、直辖市表示其碳排放强度低但邻近省市高，我们定义为 L—H 类型；位于第三象限中的省、自治区、直辖市表示其碳排放强度低且邻近省市也低，我们定义为 L—L 类型；位于第四象限中的省、自治区、直辖市表示其碳排放强度高但邻近省市低，我们定义为 H—L 类型。因此，位于第一、三象限的省、自治区、直辖市碳排放强度与周围地区表现为空间正相关，位于第二、四象限的省、自治区、直辖市碳排放强度与周围地区表现为空间负相关。

本文运用 Stata 空间计量模块绘制各年度省际碳排放强度的莫兰散点图。

因本文篇幅限制，本文仅截取了 2003 年、2009 年及 2015 年三年基于临近空间权重矩阵的莫兰散点图，如图 2 - 5～图 2 - 7 所示①。

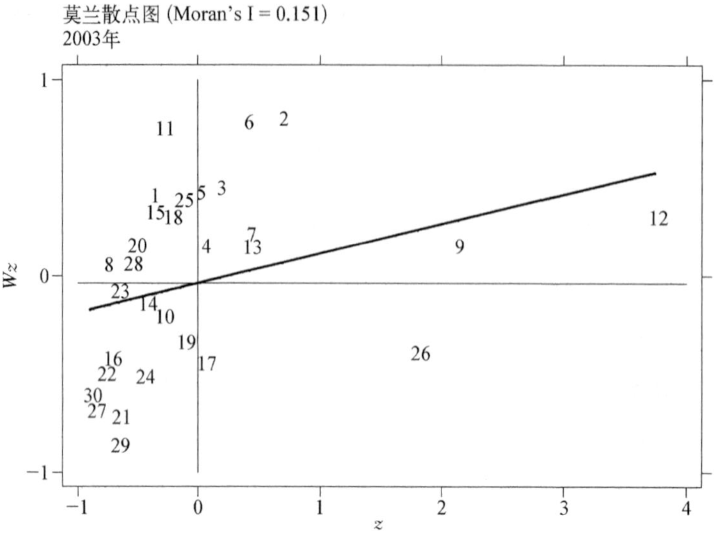

图 2 - 5　2003 年全国各省、自治区、直辖市莫尔散点图

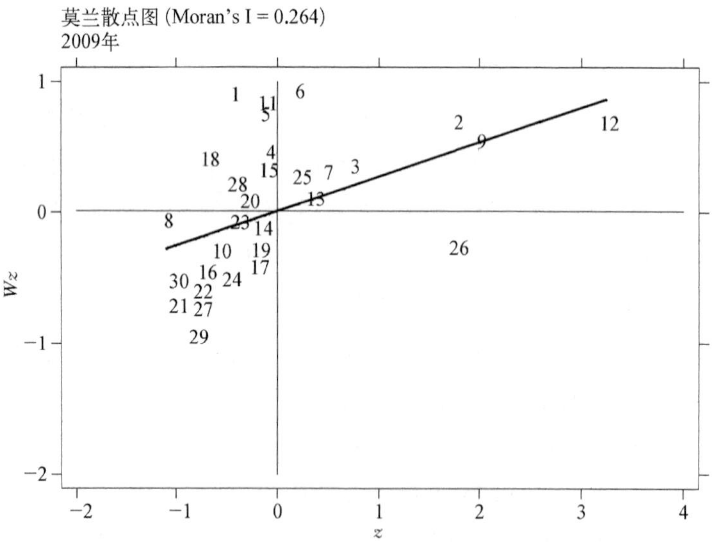

图 2 - 6　2009 年全国各省、自治区、直辖市莫尔散点图

---

① 散点图中的数字分别对应省、自治区、直辖市如下：1—黑龙江；2—内蒙古；3—新疆；4—吉林；5—辽宁；6—甘肃；7—河北；8—北京；9—山西；10—天津；11—陕西；12—宁夏；13—青海；14—山东；15—河南；16—江苏；17—安徽；18—四川；19—湖北；20—重庆；21—上海；22—浙江；23—湖南；24—江西；25—云南；26—贵州；27—福建；28—广西；29—海南；30—广东。

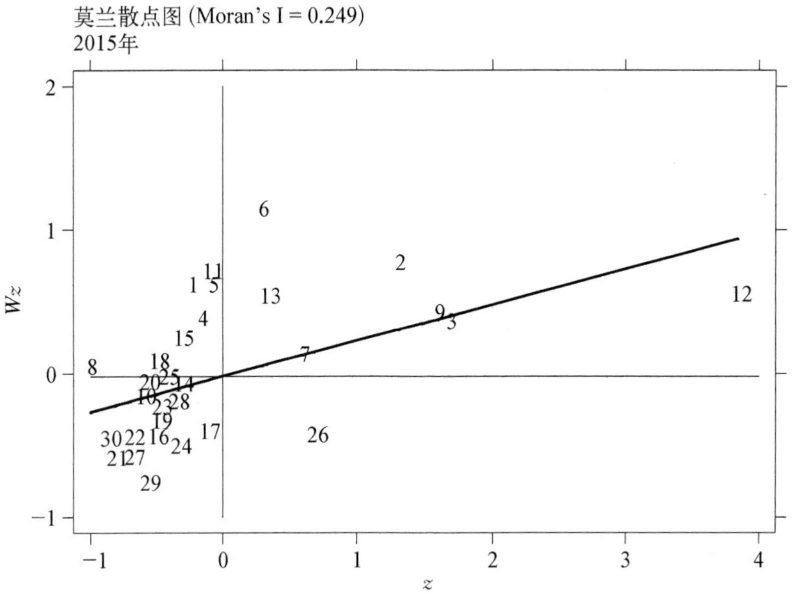

图 2-7 2015 年全国各省、自治区、直辖市莫尔散点图

由图 2-5～图 2-7 可以看到，落在第一、三象限内的地区较多，表明多数省份与其邻近省份的碳排放强度存在空间正相关关系。随着时间的推进，2015 年相比 2003 年，落入第一、三象限的省份增加，尤其落入第三象限增加明显。这表明各省市碳排放强度空间正相关趋势不断扩大，节能减排措施初见成效并形成良性循环，为下一步区域减排政策的实施提供了基础。对应的省份所处象限详细信息如表 2-2 所列。

表 2-2 2003 年、2009 年及 2015 年各省、自治区、直辖市在莫兰散点图中象限分布情况

年份	H-H 类型（第一象限）	L-H 类型（第二象限）	L-L 类型（第三象限）	H-L 类型（第四象限）
2003	内蒙古、新疆、吉林、辽宁、甘肃、河北、山西、宁夏、青海	黑龙江、北京、陕西、河南、四川、重庆、云南、广西	天津、山东、江苏、湖北、上海、浙江、湖南、江西、福建、海南、广东	安徽、贵州
2009	内蒙古、新疆、甘肃、河北、山西、宁夏、青海、云南	黑龙江、吉林、辽宁、陕西、河南、四川、重庆、广西	北京、天津、山东、江苏、安徽、湖北、上海、浙江、湖南、江西、福建、海南、广东	贵州

续 表

年份	H-H类型 (第一象限)	L-H类型 (第二象限)	L-L类型 (第三象限)	H-L类型 (第四象限)
2015	内蒙古、新疆、甘肃、河北、山西、宁夏、青海	黑龙江、吉林、辽宁、北京、陕西、河南、四川	天津、山东、江苏、安徽、湖北、重庆、上海、浙江、湖南、江西、云南、福建、广西、海南、广东	贵州

以上分析表明，各省、自治区、直辖市碳排放强度是存在空间相关性的，且总体表现为正向相关，若借用传统计量经济模型，则不能体现出变量间的空间效应，因此，有必要将空间效应引入对碳排放强度收敛性影响的分析中。

五、空间效应对碳排放强度收敛性影响

中国各省市的碳排放强度水平差距明显，且演化趋势并不相同，从整体角度来看具有何种规律呢？未来的发展趋势又是如何？回顾党的十八大以来的生态文明建设，从理念创新、顶层设计到落实都取得了重大进展与辉煌成就；党的十九大的召开进一步明确绿色发展的重要性。因此，把握区域碳排放强度的演化趋势更有助于掌握我国减排所取得的成果以及反映做出的努力。鉴于此，本部分将基于上一部分所介绍的两种空间权重矩阵，引入空间计量模型，分别对各省市碳排放强的收敛特征进行分析，检验省市碳排放强度的绝对 β 收敛、条件 β 收敛以及俱乐部收敛特征，并与无空间效应模型进行对比分析，描述我国整体碳排放趋势，并有针对性地提出政策建议。

（一）研究基础

对于人均 GDP 的研究中最先引入收敛理论，其主要源于新古典经济学的分析。而近些年学者们关注到不仅在人均收入方面存在收敛，而将其推广到更宽泛的领域中，例如贸易、环境等，以便对该领域的发展趋势有更深入的把握。常见的 β 收敛可以分为 β 绝对与 β 相对收敛。本文所借鉴的基础收敛性检验方程已做介绍，此处不再赘述。

（二）模型构建及变量选取说明

1. 模型构建

已知本文的研究对象为国内 30 个省市 2003—2015 年的碳排放强度数据，

且为面板数据。由于面板数据模型分为固定效应模型和随机效应模型，因此还需进一步通过 Hausman 检验来确定所适用的模型。经过检验，Hausman 统计量为$-5.67<0$，因此可以接受随机效应的原假设。具体结果如图 2－8 所示。

```
                 —— Coefficients ——
             |      (b)          (B)            (b-B)     sqrt(diag(V_b-V_B))
             |      re           fe           Difference        S.E.
-------------+----------------------------------------------------------------
       lncei |  -.3876875    -.5665869        .1788993        .0500639
          ur |   .0013267     .0034503       -.0021236            .
          is |   .1091347     .3880536       -.2789189            .
        lnei |   .3911386     .4254732       -.0343347            .
          tp |  -.0230088    -.0505778         .027569            .
        open |  -.0005642    -.0012736        .0007094            .
       lngdp |   .0124669    -.3639013        .3763682            .
------------------------------------------------------------------------------
                        b = consistent under Ho and Ha; obtained from xsmle
         B = inconsistent under Ha, efficient under Ho; obtained from xsmle

    Test:  Ho:  difference in coefficients not systematic

                  chi2(7) = (b-B)'[(V_b-V_B)^(-1)](b-B)
                          =     -5.67    chi2<0 ==> model fitted on these
                                         data fails to meet the asymptotic
                                         assumptions of the Hausman test;
                                         see suest for a generalized test
```

图 2－8　Hausman 检验结果

因此，基于以上分析，本文将应用随机效应的空间面板模型，并结合前文理论部分所介绍的收敛模型，具体构建如下模型思路。

在第二部分，已经介绍了收敛性模型的检验方程，此处为对应本文分析，将式(2－2)、式(2－3)和式(2－4)中的时间间隔变量 t 为 1 年，分别构建出不含空间效应、中国地区碳排放强度的绝对收敛模型、俱乐部收敛模型和条件收敛模型，具体模型为

$$deltacei_{i,t}=\alpha+\beta lncei_{i,t}+\varepsilon_{i,t} \tag{2-11}$$

$$deltacei^{j}_{i,t}=\alpha+\beta^{j} lncei^{j}_{i,t}+\varepsilon_{i,t} \tag{2-12}$$

$$deltacei_{i,t}=\alpha+\beta_1 lncei_{i,t}+\beta_2 X_{i,t}+\varepsilon_{i,t} \tag{2-13}$$

其中，$deltacei_{i,t}$为第 i 省第 t 年与后一年相比碳排放强度增长速度的对数值，其具体公式为：$deltacei_{i,t}=lncei_{i,t+1}-lncei_{i,t}$。另外，值得指出的是由于碳排放强度总体是下降的，所以数据的符号多为负值，结果也通过下降趋势而不是增长趋势来识别。此外，由于我国大多数省、自治区、直辖市碳排放强度呈现下降趋势，因此上式结果小于零。$X_{i,t}$为所选控制变量的总集合，具体变量见“变量的选取和说明”，$\varepsilon_{i,t}$为随机误差项。

以上模型基于不含空间效应下所构建出的收敛模型，但中国省市间碳排放强度存在空间正相关关系，而忽略空间效应将导致模型结果产生偏误。因此，本文将引入空间效应到收敛模型中进行分析。一般采用的空间计量模型分为两种：空间滞后模型(SAR)与空间误差模型(SEM)。SAR 模型是将空间效应作为一个新的变量，直接纳入到收敛回归模型中予以体现，具体对应的方程为式(2-14)、式(2-15)、式(2-18)；而 SEM 模型则是将空间效应通过误差项来体现，具体对应的方程为式(2-15)、式(2-17)、式(2-19)。

(1) 空间绝对 β 收敛

$$deltacei_{i,t}=\alpha+\beta lncei_{i,t}+\rho Wdeltacei_{i,t}+\varepsilon_{i,t} \tag{2-14}$$

$$deltacei_{i,t}=\alpha+\beta lncei_{i,t}+\varepsilon_{i,t}$$

其中，

$$\varepsilon_{i,t}=\lambda W+u_{i,t},\ u\sim N(0,\ \sigma^2) \tag{2-15}$$

(2) 空间俱乐部收敛

$$deltacei^{j}_{i,t}=\alpha+\beta^{j} lncei_{i,t}+\rho Wdeltacei^{j}_{i,t}+\varepsilon_{i,t} \tag{2-16}$$

$$deltacei^{j}_{i,t}=\alpha+\beta^{j} lncei^{j}_{i,t}+\varepsilon_{i,t}$$

其中，

$$\varepsilon_{i,t}=\lambda W+u_{i,t},\ u\sim N(0,\ \sigma^2) \tag{2-17}$$

(3) 空间条件 β 收敛

$$deltacei_{i,t}=\alpha+\beta_1 lncei_{i,t}+\beta_2 X_{i,t}+\rho Wdeltacei_{i,t}+\varepsilon_{i,t} \tag{2-18}$$

$$deltacei_{i,t}=\alpha+\beta_1 lncei_{i,t}+\beta_2 X_{i,t}+\varepsilon_{i,t}$$

其中，

$$\varepsilon_{i,t}=\lambda W+u_{i,t},\ u\sim N(0,\ \sigma^2) \tag{2-19}$$

其中，W 为空间权重矩阵，下文将分别引入空间邻近权重矩阵与综合空间权重矩阵进行分析。ρ 为空间自回归系数，用以衡量在空间滞后模型中研究对象的空间相关程度。λ 为误差项的空间自相关系数，用以衡量在空间误差模型中研究对象的空间相关程度。$\varepsilon_{i,t}$ 为随机误差项。式(2-16)与式(2-17)中，存在上标 j，其表示第 j 省市。式(2-14)～式(2-19)中 β、β_1 和 β_1^j 分别对应绝对 β 收敛系数、条件 β 收敛系数和俱乐部收敛系数。

如何衡量检验结果是否收敛呢？这便需要依据收敛系数 β 的正负性来判断，具体标准为：若收敛系数小于零，则表示中国碳排放强度增长速度与其期初量成反比，若系数显著，则称各省市碳排放强度存在收敛性。反之，则不存在收敛。对于绝对 β 收敛、相对 β 收敛及俱乐部收敛，该判断标准一致，均可适用。

2. 变量的选取和说明

基于前人研究及上小节对于模型的构建，条件 β 收敛与俱乐部收敛分析中将引入控制变量对各省、自治区、直辖市碳排放强度收敛性的影响，其中包含产业结构、城镇化率、技术进步、外商直接投资、能源结构和能源禀赋六大控制变量，下文将分别对其进行解释。

(1) 产业结构(is)：随着社会经济的不断发展，产业结构也会发生改变。人类文明的进步使得小农经济转变为工业时代，而当前社会正朝着现代化迈进，服务业占比也逐渐上升，这种产业结构的转变无疑将对碳排放水平有着重要影响。目前，我国总体上还是第二产业为主，而大部分能源消耗高的行业则集中在第二产业，因此，当前的产业结构对我国造成了较大的减排压力。吴振信(2012)、李健(2014)等诸多学者也指出，进一步实现产业结构优化升级不仅是国民经济增长的需求，也是进一步从根本减排的需要。本文采用第二产业占 GDP 的比值来表示产业结构。

(2) 城镇化率(ur)：一方面，随着人类文明的不断进步，全球城镇化率稳步提升，但随之而来的便是城市交通、建设带来的碳排放的增加。但另一方面，易艳春(2013)、周葵(2013)等学者指出，城镇相比农村地区，规模经济和产业集聚更多的在城市得以实现，使得资源得到更有效的利用与分配。究竟何种作用发挥着主导作用还有待进一步分析。本文采用各省、自治区、直辖市城镇人口总数占总人口数的比重表示城市化水平。

(3) 技术进步(tp)：技术进步是节能减排的驱动因素。其不仅可以提高当前能源的使用效率，还可以促进更加高效清洁能源的开发与利用，是能够对节能减排起到关键性突破的重要因素。但李凯杰(2012)、申萌(2012)等学者研究发现，目前我国科学技术水平还比较薄弱，缺乏自主创新能力，对于减排工作并没有发挥出应有的作用，在今后的减排工作中，应更加注重技术的开发与利用，切实为能源高效利用做出贡献。本文用 R&D 经费支出与 GDP 比值表示技术进步。

(4) 开放程度(open)：对外开放程度对我国碳排放存在正反两方面的影响。一方面，开放度的提升标志着中国有更多的机会接触国外产业，优化自身技术，从而提高排放效率；另一方面，过度的出口贸易使得国外隐含碳转移至国内情况加剧，使得我国减排压力增大。因此，究竟何种作用发挥着主导作用还有待进一步分析。本文用进出口贸易总额与 GDP 的比重表示对外开放程度。

(5) 能源强度(ei)：能源强度指每单位 GDP 所消耗的能源数量(以标准煤为单位计量)，因此，本文采用能源消耗量与 GDP 比值来表示。能源强度作为影响碳排放强度的关键因素，已经被很多学者研究，并提出提高能源利用率从而降低能源强度将有利于降低碳排放强度。

(6) 能源结构(es)：能源结构表示各类能源占能源总消耗的比例。目前，我国能源消费主要以煤炭为主，相关数据显示，煤炭作为一次能源消费在中国能源总消费的比重达到 60%以上，且释放相同热量煤炭燃烧释放出二氧化碳相比其他能源都要高。因此，优化能源结构，增加可再生能源及清洁能源的使用，是当前节能减排工作的迫切任务。本文用原煤消费占总能源消费的比重表示能源结构。

(7) 碳排放强度(cei)：该变量为本文的主要研究研究对象，代表各省、自治区、直辖市的碳排放强度，以各省市能源消耗所产生的碳排放总量除以该省、自治区、直辖市当年的 GDP 来表示。

(8) 碳排放强度的变化率(deltacei)：该变量为被解释变量，主要描述碳排放的变化率，以 cei_{t+1}/cei_t 来表示。

以上变量所涉及的数据均来源于对应年份的《中国能源统计年鉴》《中国统计年鉴》《中国科技统计年鉴》以及国家统计局网站等。

(三) 省域间碳排放强度收敛性分析

1. 省域间碳排放强度绝对 β 收敛分析

首先，在不考虑空间效应的情况下，本文通过 Stata 对我国 30 个省市 2003—2015 年的碳排放强度进行了绝对 β 收敛检验，即对面板数据进行回归分析，应变量为碳排放强度变化率 deltacei 的自然对数值，而自变量为各省对应各年的碳排放强度值，回归系数记为 β。依据上文所介绍的判定依据，若 $\beta<0$，则表明各省市的碳排放强度增长率与初始排放强度成反比，从而表现出收敛的趋势；反之，碳排放强度为发散。具体回归结果如表 2-3 所列。

表 2-3 不含空间效应的绝对 β 收敛分析

Variables	deltacei	
	Coef.	Std. Err.
lncei	0.010 6	−0.009 48
Constant	−0.048 9***	−0.012 2

续　表

Variables	deltacei	
	Coef.	Std. Err.
Observations	360	
R-squared	0.003	

注：***，**，* 分别表示在 1%，5%和 10%水平上显著，以下实证结果含义相同。

从表 2-3 所示结果可以看出，在不考虑空间效应的情况下，$\beta=0.0106>0$ 且未通过 10%水平的显著性检验，因此不存在绝对 β 收敛。由于省市间碳排放强度整体呈现正相关关系，因此需考虑研究变量间的空间效应，即引入空间计量模型。此处分别选取邻近空间权重矩阵与综合空间权重矩阵进行分析，在随机效应下空间滞后模型(SAR)及空间误差模型(SEM)的估计结果如表 2-4 所列。

表 2-4　引入空间效应的绝对 β 收敛分析

Variables	*W*		*W**	
	SAR	SEM	SAR	SEM
lncei	0.006 62 −0.008 38	0.004 26 −0.009 27	0.006 41 −0.008 81	0.004 62 −0.009 25
rho	0.214*** −0.059 8		0.500*** −0.073 7	
lambda		0.214*** −0.062 2		0.503*** −0.074 2
sigma2_e	0.008 82*** −0.002 57	0.008 83*** −0.002 57	0.008 39*** −0.002 47	0.008 39*** −0.002 47
Constant	−0.036 9*** −0.010 7	−0.042 0*** −0.011 3	−0.024 4** −0.012 1	−0.039 4*** −0.011

一方面，分别引入两种不同的空间权重矩阵，无论是采用空间滞后模型(SAR)还是空间误差模型(SEM)，SAR 模型的空间相关系数 rho 及 SEM 模型空间相关系数 lambda 均大于零且通过 1%水平的显著性检验，意味着观察期内的碳排放强度演变过程中，一个地区的碳排放强度与相邻地区之间以及整个系统内的碳排放强度变化情况存在正相关关系。另一方面，虽然引入了空间效应，但在三种模型下 lncei 均为通过 10%水平的显著性检验，意味着碳排放强度的

变化率与其初始值没有明显的负相关关系，我国省际间的碳排放强度不存在绝对 β 收敛。

但是，由于我国仍处于改革的攻坚期，区域发展仍不平衡，沿海地区相较内陆不仅有着得天独厚的地理优势，国家政策导向在近 30 年以来也具有一定优势。这些潜在的因素使得区域间形成明显的差异，若我们将全国相似经济发展水平的省市放在一起加以考虑是否会得出不同的结果呢？因此，进一步将本文所研究的 30 个省、自治区、直辖市划分成东、中、西三部分，并分别考察其是否具有俱乐部收敛特性，即考察划分区域后，区域内部各省、自治区、直辖市的收敛性。由于综合权重矩阵更贴合中国实际情况，仅引入 W^* 进行分析（表 2－5）。

表 2－5　引入空间效应的俱乐部收敛分析（空间权重矩阵为 W^*）

Variables	东部		中部		西部	
	SAR	SEM	SAR	SEM	SAR	SEM
lncei	−0.031 9*** −0.008 89	−0.028 6*** −0.009 35	−0.004 67 −0.010 6	−0.008 27 −0.008 22	−0.004 08 −0.010 1	−0.005 28 −0.011 2
rho or lambda	0.368*** −0.101	0.382*** −0.107	0.226** −0.093 7	0.235** −0.1	0.062 −0.1	0.066 4 −0.11
sigma2_e	0.003 29*** −0.000 717	0.003 30*** −0.000 723	0.006 06*** −0.001 55	0.006 05*** −0.001 54	0.016 3** −0.006 59	0.016 3** −0.006 58
Constant	−0.053 4*** −0.011 7	−0.062 7*** −0.009	−0.023 2 −0.015	−0.028 4** −0.013 2	−0.023 0* −0.013	−0.023 2* −0.013

由表 2－5 可知，在 SAR 模型和 SEM 模型下，β 值分别为 −0.031 9 与 −0.028 6，且通过了 1% 的显著性检验，即东部地区存在俱乐部收敛。但中西部未表现出收敛在同一稳态的趋势。但东中西三个区域的空间相关系数均显著为正相关，表明三个区域内部各省市的碳排放强度均分别表现出较强的正相关性。

2. 省域间碳排放强度条件 β 收敛分析

除东部地区几个省市可以收敛在同一水平，中国其他各省、自治区、直辖市均非绝对 β 收敛，这是否由于不同的经济体各自的经济、社会等特征存在差异而导致碳排放强度不能收敛于同一水平呢？于是我们可将这些有代表性因素作为控制变量加入模型，进一步考察和经济体是否最终收敛于各自的稳态水平。鉴于此，本小节将在绝对 β 收敛的模型基础上引入了产业结构、城镇化率、技术进步、开放程度、能源强度及能源结构影响因素作为控制变量，建立了条件 β 收敛模型。

与前文的绝对 β 收敛分析相似，在不考虑空间效应的情况下，对各省市的碳排放强度绝对 β 收敛进行了检验，表 2-6 的回归结果表明：首先，lncei 各省的碳排放强度值的系数 β 通过了 1%的显著性检验，意味着碳排放强度的变化率与其初始值存在明显的负相关关系，即我国省、自治区、直辖市间的碳排放强度存在条件 β 收敛。其次，影响因素方面，产业结构、城镇化率与开放程度未通过 10%水平的显著性检验，即对于地区碳排放强度收敛影响不显著；科技进步通过了 5%的显著性检验，对地区碳排放强度收敛有一定影响；能源强度、能源结构通过了 1%的显著性检验，对地区碳排放强度收敛影响显著。最后，观察到 R-squared 为 0.171，这可能由于所选择的控制变量有所遗留，也有可能是未考虑空间效应所致。

表 2-6　不含空间效应的条件 β 收敛分析

Variables	deltacei	
	Coef.	Std. Err.
lncei	−0.250***	0.047 1
is	−0.001 63	0.001 06
ur	0.000 343	0.000 661
tp	−0.013 0**	0.005 60
open	0.000 158	0.000 213
lnei	0.249***	0.044 2
es	0.170***	0.058 0
Constant	0.143***	0.047 1
Observations	360	
R-squared	0.145 2	

因此，分别引入邻近空间权重矩阵 W 与综合空间权重矩阵 W^* 对各省市碳排放强度的条件收敛性做进一步的探讨，相关回归结果如表 2-7 所列。

表 2-7 引入空间效应的条件 β 收敛分析

Variables	W		W^*	
	SAR	SEM	SAR	SEM
lncei	−0.524*** −0.152	−0.524*** −0.152	−0.523*** −0.148	−0.517*** −0.151
is	−0.001 38 −0.001 37	−0.001 37 −0.001 39	−0.001 3 −0.001 37	−0.001 13 −0.001 45
ur	0.002 96*** −0.001 12	0.003 00*** −0.001 14	0.002 45** −0.001 11	0.002 74** −0.001 19
tp	−0.022 7*** −0.007 25	−0.022 9*** −0.007 36	−0.023 9*** −0.007 35	−0.026 6*** −0.008 67
open	−0.000 600*** −0.000 224	−0.000 595*** −0.000 228	−0.000 615*** −0.000 211	−0.000 509** −0.000 233
lnei	0.487*** −0.157	0.489*** −0.158	0.489*** −0.155	0.482*** −0.158
es	0.275** −0.125	0.271** −0.128	0.265** −0.126	0.263** −0.127
rho	0.034 −0.051 3		0.280*** −0.092 2	
lambda		0.036 5 −0.054 5		0.292*** −0.099 2
sigma2_e	0.006 39*** −0.001 74	0.006 38*** −0.001 75	0.006 24*** −0.001 71	0.006 27*** −0.001 72
Constant	0.506** −0.215	0.524** −0.219	0.344 −0.239	0.450* −0.26
R-squared	0.344 3	0.345 0	0.349 8	0.347 7

对于采用邻近空间权重矩阵 W，无论是采用空间滞后模型(SAR)还是空间误差模型(SEM)，各省的碳排放强度值的系数 β 均通过了 1%的显著性检验，意味着碳排放强度的变化率与其初始值存在明显的负相关关系，我国省际间的碳排放强度存在条件 β 收敛。其次，影响因素方面，产业结构未通过 10%水平的显著性检验，即对于地区碳排放强度收敛影响不显著；能源结构通过了 5%的显著性检验，对地区碳排放强度收敛有一定影响；城镇化率、开放程度、科技进步及能源强度通过了 1%的显著性检验，对地区碳排放强度收敛影响显著。最后，观

察到 R-squared 在 SAR 模型及 SEM 模型下分别提升至 0.344 3 与 0.345 0，进一步表明引入空间效应能够更好的拟合碳排放强度的收敛性。

虽然引入了空间效应，但是 SAR 模型的空间相关系数 rho 及 SEM 模型空间相关系数 lambda 均未通过 10%水平的显著性检验，意味着研究期间内的碳排放强度演变过程中，一个地区的碳排放强度与相邻地区之间以及整个系统内的碳排放强度变化情况不存在显著的相关关系，与之前的研究结论相悖，这很有可能由于在研究碳排放强度条件收敛问题所选的空间权重矩阵并不合适所造成的。因此，便引入综合空间权重矩阵 W^* 做进一步分析。

对于采用综合空间权重矩阵 W^*，无论是采用空间滞后模型(SAR)及空间误差模型(SEM)，首先，lncei 各省的碳排放强度值的系数 β 通过了 1%的显著性检验，意味着碳排放强度的变化率与其初始值存在明显的负相关关系，我国省际间的碳排放强度存在条件 β 收敛。其次，影响因素方面，产业结构未通过 10%水平的显著性检验，即对于地区碳排放强度收敛影响不显著；城镇化率、能源结构通过了 5%的显著性检验，对地区碳排放强度收敛有一定影响；开放程度、科技进步及能源强度通过了 1%的显著性检验，对地区碳排放强度收敛影响显著。最后，观察到 R-squared 在 SAR 模型及 SEM 模型下分别提升至 0.349 8 与 0.347 7，SAR 模型的空间相关系数 rho 及 SEM 模型空间相关系数 lambda 均为正且通过 1%水平的显著性检验，意味着研究期间内的碳排放强度演变过程中，一个地区的碳排放强度与相邻地区之间以及整个系统内的碳排放强度变化情况存在显著的相关关系。

综上，虽然采用两种空间权重都得出我国省际间碳排放强度存在条件 β 收敛的结论，且与不加入空间效应相比，控制变量的显著性和模型整体的拟合优度得到明显的提高。但两者稍有区别，应用 W 所开展研究显示空间相关系数并不显著，与之前研究结论不符且不能很好地解释引入空间因素的意义。而应用 W^* 则不仅更具有现实意义，所得出的结论也与之前相关分析结论相同。

六、结论与展望

(一) 主要结论

首先本文通过基于各省市的能源平衡表数据，测算得到我国 2003—2015 年的碳排放强度数据；其次，根据我国特有的情况，构建了两种不同的空间权重矩阵,并对省际间碳排放强度的空间相关性进行检验,测算了各年全国范围的莫尔指数;再次,引入收敛模型,分别对不含空间效应、引入邻近空间权重矩阵及引入综合空间权重矩阵进行对比分析,并得出相应结论;最后,结合实证研究提出区域差异化碳减排路径,希望对我国目前的节能减排工作开展提供参考。通过本文的研究,主要得到以下结论。

(1) 以单年省、自治区、直辖市维度来看,我国整体碳排放总量和碳排放强度分布不均且差异较大,具备“西高东低”“北高南低”的特征,少部分省市碳排放量和碳排放强度居高不下或维持增长态势,更一步表明政策的实施应具有地域针对性。

(2) 以时间维度来看,研究区间内,虽然我国二氧化碳排放总量仍保持增加趋势,但绝大部分省、自治区、直辖市碳排放强度数据表现为逐年下降,且全国碳排放强度绝对差异和相对差异都存在缩小趋势,这表明在发展经济的同时,节能减排工作的开展初见成效。

(3) 我国省、自治区、直辖市间碳排放强度总体呈现正相关关系,相关性也随着时间逐渐扩大。此外,由于中国区域能源禀赋不均衡及幅员辽阔的特征,本文通过对两两省际间能源禀赋差距与碳排放强度相关性的分析,建立了全新的综合空间权重矩阵,并与常规的邻近空间权重矩阵相对比,表明在考虑各省际间的地理距离和能源禀赋因素后,省市间碳排放强度存在更强的正相关性。

(4) 基于2003—2015年全国30个省、自治区、直辖市的面板数据的收敛性研究表明:全国范围内,无论是否引入空间效应碳排放强度在研究区间均不存在绝对β收敛;若将中国分为东、中、西三部分,含空间效应下仅东部地区存在绝对收β敛,而中西部地区仍不存在绝对β收敛。

(5) 考虑到我国各省、自治区、直辖市经济、社会等特征存在自身特征与差异,本文引入产业结构、城镇化率、技术进步、开放程度、能源强度及能源结构影响因素作为控制变量,并分别在无空间效应、引入邻近空间权重及引入综合空间权重下进行分析,均表明碳排放强度在2003—2015年之间存在条件β收敛,引入空间效应后控制变量及拟合优度显著提升;综合空间权重相比临近空间权重拥有显著的空间相关系数,与第四部分结论相符,因此更具实际意义。

(二) 政策建议

本文实证结论表明,我国省际间碳排放强度存在较强的空间相关性,且表现为正相关,引入包含能源禀赋因素空间效应后部分地区呈现出“俱乐部收敛”;相比邻近空间效应,全国范围内呈现条件 β 收敛也得到明显的加强。基于以上研究结论,本文提出以下节能减排的政策建议。

(1) 充分重视省、自治区、直辖市的排放不均衡及关联性

目前我国减排策略是确定一定的总量指标,但由于各地经济、社会及能源禀赋的不同造成碳排放强度指标也有较大差异,最终将总量指标向省级单位进行分配。基于我国省市间表现出的收敛性,在分配时也应充分考虑各省、自治区、直辖市的减排难度优先从产业结构落后、能源强度相对较低、开放程度相对较低的地区入手,并综合考虑周边地区对其的影响,合理分配减排指标。

(2) 多渠道优化产业结构

众所周知,产业结构作为影响碳排放总量及碳排放强度的重要因素,但在本文收敛性分析中,其对碳排放强度的增长率影响表现并不明显。具体原因本文虽未深入分析,但可以猜想由于我国目前仍处于后工业时期,经济增长主要源于第二产业拉动,产业结构调整力度还不明显。因此继续优化产业结构,逐渐摆脱依靠第二产业带动经济发展,这将会成为取得节能减排新进展的重要突破口。

(3) 调整能源结构,多途径促进技术发展,降低能源强度,把控贸易结构

能源强度、能源结构、科技进步及对外开放程度不仅是影响碳排放的重要因素,也是影响碳排放强度变化率的重要因素。

降低能源强度,提高能源利用率是绿色发展的当务之急,其与科技水平的提高密不可分。国家应加大相关的扶持力度,不仅需推进煤炭清洁高效的利用,还应加强支持、鼓励创新企业在该领域的技术突破,切实发挥科学技术带动能源使用效率的作用。

对于能源结构的调整相对较为缓慢,我国能源禀赋的特点使得短期内不会有较为明显的调整,但仍需制定政策方向。一方面,加大清洁能源使用,持续推进风电、光伏发电的发展,引导光热发电、核电等清洁能源的应用到更多的领域,争取在多个行业、多条生产线置换煤炭能源的使用,切实做到清洁生产;另一方面,应加大清洁能源的开发力度,其对减排成果还有更大的贡献空间,我国也应积极借鉴引入国外的研究成果的同时,积极向企业推广宣传清洁能源的使用,适时给予相应的优惠政策。

我国出口商品主要集中于资源密集型与劳动密集型产品,从而致使出口增长与碳排放强度增长率呈正向关系。减排不仅需要上文提及的设法降低自身商

品的“含碳量”，调整贸易机构也至关重要，转向出口清洁商品、技术密集型商品应被视为今后的贸易发展方向。

(4) 针对区域差异，重视排放转移

我国不平衡的资源禀赋致使地区排放分布也极不平衡，碳排放西高东低、北高南低的特征，决定了在减排政策的制定上需考虑责任归属，不能一味地平等对待；另一方面，应考虑到区域间的空间相关关系，把握并利用其演化趋势，以最小的成本取得最大的成果。

（三）展望

(1) 在经济多元化发展的背景下，影响碳排放强度的因素逐渐增多，本文仅仅选取了最为常见的变量作为控制变量，依据在于前人的大量研究，而并未对变量的选取与评价设定标准，后续的研究仍需综合考虑各种变量的选取原因及意义。

(2) 对于省市碳排放的核算，本文基于各省、自治区、直辖市能源平衡表中化石能源的消费量估算得来，然后事实上碳排放还会通过建筑施工等多种方式产生。此外，由于在 2003—2015 年研究期间，国家对于能源消耗量的统计口径也出现变化，在核算碳排放数据的过程中不可避免的会产生一定的误差，也希望后续的研究能够在本文的基础上不断完善碳排放强度的计算方法。

(3) 在空间权重矩阵的选择上，采用了邻近空间权重矩阵及综合空间权重矩阵，虽相比前人的研究有一定创新，但并未考虑如何创建适合本研究最优权重的构建问题，即如何有针对性的科学制定空间权重系数有待进一步研究。

(4) 在研究方法上，本文采用了空间计量经济学方法考察了碳排放强度的收敛性分析，引入了空间滞后模型(SAR)和空间误差模型(SEM)，但并未探讨哪种模型对于本研究的分析更为适合，后续的研究有待进一步补充。

参考文献

[1] ALDY JOSEPH E. Per Capita Carbon Dioxide Emissions: Convergence or Divergence? [J]. Environmental and Resource Economics, 2006, 33(4): 533 - 555.

[2] ANG B W. Is the energy intensity a less useful indicator than the carbon factor in the study of climate change? [J]. Energy Policy, 1999, 27(15): 943 - 946.

[3] ANG B W. The LMDI approach to decomposition analysis: practical guide [J]. Energy Policy, 2005, 33(7): 867 - 871.

[4] BARRO ROBERT J, SALA-I-MARTIN X. Convergence [J]. New Haven Connecticut Yale University Economic Growth Center, 1992, 100(1): 223 - 51.

[5] BODANSKY D. International Climate Efforts Beyond 2012: A Survey of Approaches [J]. Tresolini, 2012.

[6] BROCK W A, TAYLOR M S. The Green Solow model [J]. Journal of Economic Growth, 2010, 15(2): 127 - 153.

[7] CAMARERO MARIAM, PICAZO-TADEO A J, TAMARIT C. Are the determinants of CO_2, emissions converging among OECD countries? [J]. Economics Letters, 2013, 118(1): 159 - 162.

[8] FENG KUISHUANG, K HUBACEK, GUAN D. Life styles, technology and CO_2, emissions in China: A regional comparative analysis [J]. Ecological Economics, 2009, 69(1): 145 - 154.

[9] HUANG B, MENG L. Convergence of per capita carbon dioxide emissions in urban China: Aspatio-temporal perspective [J]. Applied Geography, 2013, 40(2): 21 - 29.

[10] IM K S, PESARAN M H. Shin Y. Testing for unit roots in heterogeneous panels [D]. Mimeo, Department of Applied Economics, University of Chicago, 1995.

[11] MARKT HEIL, THOMASM SELDEN. Panel stationarity with structural breaks: carbon emissions and GDP [J]. Applied Economics Letters, 1999, 6(4): 223 - 25.

[12] MCKIBBIN WARWICK J, PEARCE D, STEGMAN A. Long term projections of carbon emissions [J]. International Journal of Forecasting, 2007, 23(4): 637 - 653.

[13] MIELNIK OTAVIO, GOLDENBERG J. Communication The evolution of the "carbonization index" indeveloping countries [J]. EnergyPolicy, 1999, 27(5): 307 - 308.

[14] PANOPOULOU EKATERINI, PANTELIDIS T. Club Convergence in Carbon Dioxide Emissions [J]. Environmental and Resource Economics, 2009, 44(1): 47 - 70.

[15] PHILLIPS PETER C B, SUL D. Transition Modeling and Econometric Convergence Tests [J]. Cowles Foundation Discussion Papers, 2007, 75(6): 1771 - 1855.

[16] STRAZICICH MARK C, LIST J A. Are CO_2 Emission Levels Converging Among Industrial Countries [J]. Environmental and Resource Economics, 2003, 24(3): 263 - 271.

[17] SUN J W. The decrease of CO_2, emission intensity is de-carbonization at national and global levels [J]. Energy Policy, 2005, 33(8): 975 - 978.

[18] ZHANG. A quantitative comparison and analysis on the assessment indicators of greenhouse gases emission [J]. Journal of Geographical Sciences, 2008, 18(4): 387 - 399.

[19] 查冬兰,周德群.地区能源效率与二氧化碳排放的差异性——基于Kaya因素分解[J].系统工程,2007,11: 65 - 71.

[20] 查冬兰,周德群.我国工业 CO_2 排放影响因素差异性研究——基于高耗能行业与中低耗能行业[J].财贸研究,2008,01：13-19.
[21] 陈青青,龙志和.中国区域 CO_2 排放收敛的空间计量分析[J].资源与产业,2011,06：128-134.
[22] 杜立民.我国二氧化碳排放的影响因素：基于省级面板数据的研究[J].南方经济,2010,11：20-33.
[23] 胡宗义,唐李伟,苏静.省域碳排放强度的收敛性与动态演进[J].资源科学,2015,01：142-151.
[24] 李小平,卢现祥.国际贸易、污染产业转移和中国工业 CO_2 排放[J].经济研究,2010,01：15-26.
[25] 林伯强,黄光晓.梯度发展模式下中国区域碳排放的演化趋势——基于空间分析的视角[J].金融研究,2011,12：35-46.
[26] 林伯强,蒋竺均.中国二氧化碳的环境库兹涅茨曲线预测及影响因素分析[J].管理世界,2009,04：27-36.
[27] 林光平,龙志和,吴梅.我国地区经济收敛的空间计量实证分析：1978—2002 年[J].经济学(季刊),2005,S1：67-82.
[28] 孙耀华,仲伟周.中国省际碳排放强度收敛性研究——基于空间面板模型的视角[J].经济管理,2014,12：31-40.
[29] 王锋,吴丽华,杨超.中国经济发展中碳排放增长的驱动因素研究[J].经济研究,2010,02：123-136.
[30] 王娟,张克中.中国省域碳排放趋同与经济增长[J].经济管理,2014,06：34-43.
[31] 王群伟,周鹏,周德群.我国二氧化碳排放绩效的动态变化、区域差异及影响因素[J].中国工业经济,2010,01：45-54.
[32] 王艺明,张佩,蔡昌达.低碳经济下中国碳排放强度收敛性的实证检验[J].厦门大学学报(哲学社会科学版),2014,02：120-128.
[33] 魏下海,余玲铮.空间依赖、碳排放与经济增长——重新解读中国的 EKC 假说[J].探索,2011,01：100-105.
[34] 吴建新,郭智勇.基于连续性动态分布方法的中国碳排放收敛分析[J].统计研究,2016,01：54-60.
[35] 许广月.碳排放收敛性：理论假说和中国的经验研究[J].数量经济技术经济研究,2010,09：31-42.
[36] 许海平.空间依赖、碳排放与人均收入的空间计量研究[J].中国人口.资源与环境,2012,09：149-157.
[37] 杨骞,刘华军.中国地区二氧化碳排放的随机收敛研究——基于两类碳排放指标的再检验[J].经济评论,2013,04：73-80.
[38] 杨骞,刘华军.中国二氧化碳排放的区域差异分解及影响因素——基于 1995—2009 年省际面板数据的研究[J].数量经济技术经济研究,2012,05：36-49+148.
[39] 张克中,王娟,崔小勇.财政分权与环境污染：碳排放的视角[J].中国工业经济,2011,10：65-75.

［40］张友国.经济发展方式变化对中国碳排放强度的影响［J］.经济研究，2010，04：120－133.
［41］郑长德，刘帅.基于空间计量经济学的碳排放与经济增长分析［J］.中国人口.资源与环境，2011，05：80－86.
［42］朱启荣.中国出口贸易中的 CO_2 排放问题研究［J］.中国工业经济，2010，01：55－64.

第三篇

要素价格扭曲对要素收入份额的影响

李　锋

一、引言

（一）选题依据

当前中国产品价格的市场化程度已经达到相当高的程度，但与产品价格市场化改革形成鲜明对比的是，要素市场化改革却进程缓慢。要素市场分割在不同的行业和地区间广泛存在，不同所有制企业获得要素的成本差异明显，国有企业在要素获取能力方面具有明显的优越性。目前，资本要素的定价权仍然主要掌握在中央政府手中，土地要素价格则更多地被地方政府掌握，要素的市场化定价机制尚未形成。此外，由于户籍制度、社会福利体系等客观制度安排，中国的劳动要素流动能力较弱。在劳动力要素的供需双方谈判能力上，企业占据主导地位，对劳动要素定价权形成垄断之势。

要素价格扭曲对资源配置效率带来负面影响。中国金融市场发育程度明显滞后，有融资需求的企业更多地需要通过银行贷款获得资金支持，但资本要素市场扭曲，导致一般企业难以获得信贷支持，而国有企业却能较轻易获得大量资本，从而导致资本要素并不一定能够配置到效率更高的企业，降低资本使用效率，并可能导致大规模的重复建设和产能过剩。进一步而言，这种情况下中国经济增长模式将出现固化，过度依赖投资的粗放型经济增长方式也会阻碍经济的可持续发展。劳动要素价格扭曲方面，由于制度原因导致的劳动要素市场分割，阻碍了劳动要素自由流动，要素无法配置到效率更高的部门，降低宏观经济效率。中国长期存在城乡二元经济结构，大量的劳动力滞留在农村，这些低收入群体难以正常地向高收入地区流动，资源无法自由配置，区域经济协同发展也难以实现。土地要素市场扭曲方面，我国土地均归政府所有，企业和个人无法直接参与征集土地。此时，政府一方面倾向低价征收劳动者土地，并以较高价格出售给企业，从中获取价格的剪刀差，导致要素收入由居民和企业向政府转移；另一方面，在GDP“锦标赛”竞争过程中，地方政府为了招商引资也可能将土地以极低的价格出售给企业并配套相关优惠政府，这又导致社会财富由居民向企业转移。

在中国经济实现了高增长奇迹的同时，要素收入分配结构也在此期间发生了明显转变。改革开放初期，国民收入分配向劳动倾斜，劳动收入占国民收入份额由 1978 年 52.2%上升至 1990 年 72.2%（李扬，1992），被当时学术界称为“工资侵蚀利润”现象，导致国有企业大面积亏损（Minami and Hondai，1995）。随后，在 1990—2011 年间却发生了逆转，劳动收入份额持续下降了约 12%，资本收入份额上升了约 7.7%，在此期间强资本弱劳动现象演变为主要趋势。这一转变令人颇感意外，首先，它与多数国家情况相悖。在 Kaldor（1961）关于稳态经济增长的六个典型事实的描述中，资本产出比长期内应保持不变，劳动收入占比也随之趋于稳定。通过采用“自我雇用”（self-employment）收入法证实了这一论断，世界许多国家劳动收入份额在跨国和跨时间并无显著差异，劳动收入份额基本稳定在 55%～65%，而中国劳动收入份额却相对偏低，与少数拉美收入分配严重不均的国家相近（Gollin，2002）。其次，它与中国积极融入经济全球化的结果相悖。中国加入 WTO 以来，出口高速增长，2009 年超过德国成为世界第一出口大国，依据“Stolper-Samuelson 定理”，自由贸易将提高本国充裕要素所有者收入，因此应使收入向劳动要素倾斜而非相反。因此，上述现象与已有发展经验和理论预测结果并不相符。

资本、劳动收入份额的此消彼长可能引发诸多问题，引起社会广泛关注。资本在民间分配不平衡，资本收入份额的提升，规模性收入不均程度将进一步加剧（白重恩，2008）；阻碍国内消费需求扩大，导致劳动者未来不确定性预期增加，降低储蓄倾向（邵敏和黄玖立，2010），经济增长更加严重依赖投资和出口，经济结构不平衡问题更趋严重；劳动收入构成一国多数成员主要收入来源，劳动收入份额的下降导致多数人难以同步享受国家经济发展的福利。当前中国正致力于由“效率优先、兼顾公平”向“兼顾效率与公平”转变，提高劳动报酬在初次分配中的比重，从和谐社会高度认识劳动者收入提高问题，政府正积极努力对收入分配局面加以调整。

综上，从历史角度梳理我国宏观经济现实，我们发现要素价格扭曲和要素收入结构改变具有较强的关联性。对于要素分配结构的变动，究竟是什么原因导致的？中国要素价格扭曲在这一过程中扮演着怎样的角色？我们该如何应对日益严重的要素价格扭曲和要素收入份额变动的关系？经济发展新常态更加强调公平正义，力求让全国人民共享发展成果。当前阶段，全面理清要素价格扭曲对要素收入份额变动的影响，不仅对我国政策制定具有重大的现实意义，还能够在现有文献基础上，发现二者的影响效应和作用机制，具有一定的理论价值。

（二）研究思路与技术路线

本文的技术路线如图 3－1 所示。

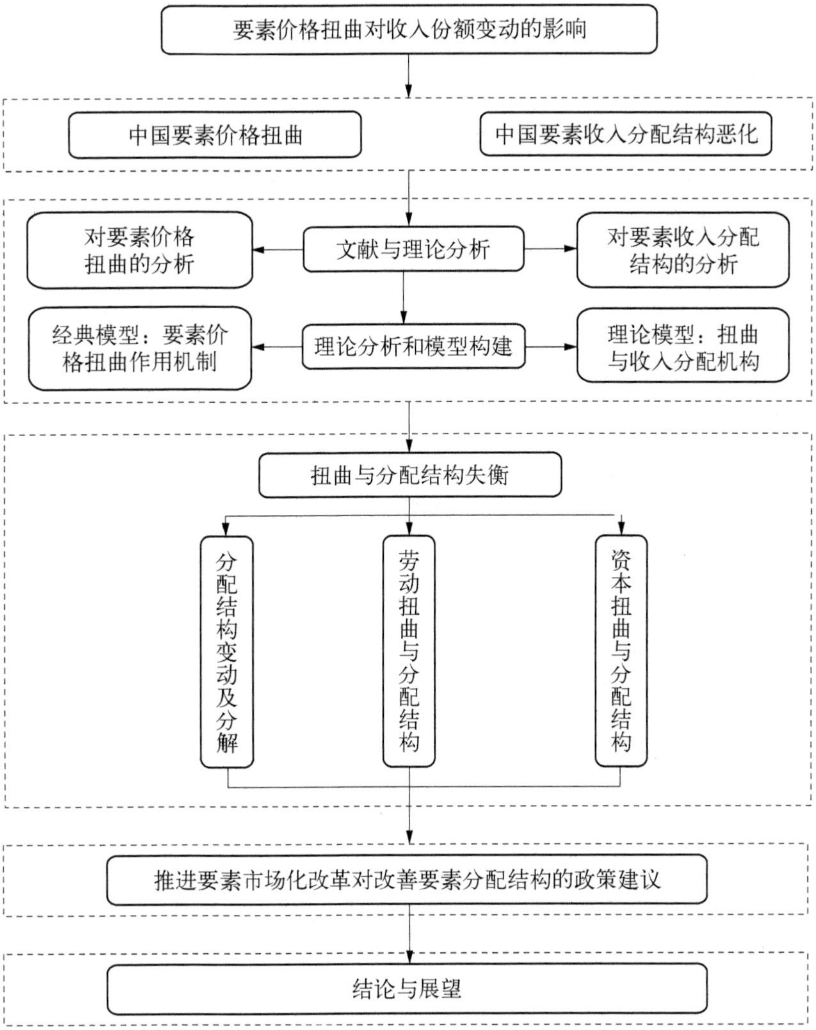

图 3－1　技术路线图

首先，在我国经济发展步入新常态背景下，社会更加强调公平正义和共享发展成果，分析我国要素价格扭曲和要素份额变动的影响：对于要素分配结构的变动，究竟是什么原因导致的？中国要素价格扭曲在这一过程中扮演着怎样的角色？我们该如何应对日益严重的要素价格扭曲和要素收入分配结构的变化？

其次，系统梳理相关文献，总结与本文主旨相关文献的研究重点：第一，研究要素价格扭曲的文献综述，侧重探讨要素价格扭曲的定义、成因、度量方法以及影响效应；第二，研究要素收入的文献综述，探讨要素收入分配结构的变动趋势、发生变动的原因以及要素收入分配失衡的经济效应；第三，在总结两方面文献的基础上，对现有文献进行评述，并分析其不足和本文的改进方向。

再次，根据文献研究成果，就要素价格扭曲对经济的作用机制进行理论分析：通过梳理经典的理论模型，分析扭曲对宏观经济效率的影响效应和影响途径。建立适合本文研究内容的理论模型，并着重通过该模型讨论要素价格扭曲对要素收入分配的影响。

之后，通过前文的文献综述和理论分析，对本文的研究内容从实证角度进一步分析：第一，分析劳动要素份额和资本收入份额的变动趋势，并对其进行分解，对其变化趋势进行分析；第二，从不同所有制、不同地区等多个维度分别分析劳动要素价格扭曲和资本要素价格扭曲对资本收入份额的影响，就实证结果进行稳健性检验。

最后，结合前文的文献综述、理论分析和实证研究成果，对如何解决要素市场扭曲和要素收入分配结构失衡提出政策建议，并提炼本文的研究结论和研究展望。

（三）研究方法与创新点

1. 研究方法

（1）文献研究法

根据本文的研究内容和研究对象，通过大量查阅文献获得相关资料，并就研究对象的历史、现状和未来发展情况做一般性了解。对以往研究中的研究思路、研究方法、结论以及作用机制等进行较为全面的了解，在对比中发现过往研究的不足之处，并尝试寻求解决方法。

（2）实证研究法

借助Stata统计软件和中国工业企业数据库（1998—2010）微观企业数据，并结合文章研究对象的特点，对数据样本进行处理和描述性统计分析，选用了包括系统广义矩估计（SYS-GMM）方法、固定效应模型等方法，并充分考虑内生性和模型稳健性，得出本文结论。

（3）比较研究法

在分析研究对象之间的作用机制时，从企业所有制、企业地域位置等多个方面对实证结果进行比较分析，对本文的研究结论，均与前人的相关研究对比分析，尝试找出其中的异同点。

2. 创新点

本文的创新主要表现在以下几个方面。

第一，从理论上验证工业部门资本要素市场扭曲和劳动要素价格扭曲对资本收入份额的影响机制，并从实证角度加以验证。关于中国要素市场扭曲特征及来源的多样性特征，考虑到要素扭曲发生时多表现在要素价格扭曲上，因而通过构建要素价格扭曲指标实证检验其对要素收入份额的影响。

第二，选取工业企业微观数据验证理论观点。收入份额变动是微观企业个体理性决策的结果，相比于宏观经济数据，企业微观数据能够更好反映主要变量间关系与作用机制。从多维度分析要素市场扭曲对资本收入份额的影响，不仅涉及整体分析，而且考虑了不同特征、地区企业样本数据差异性。

二、文献综述

本部分主要对要素价格扭曲和要素收入分配的相关理论和实证研究进行梳理，并对目前研究中为数不多的讨论二者关系的文献进行简要分析。然后根据我国多年来渐进式改革，尤其是注重产品要素市场而忽略要素市场的改革路径，以及持续依靠投资拉动经济增长等诸多现实，对现有文献的现实意义和理论延展进行讨论，进一步提出本文的研究重点。在结构上，本部分将首先介绍要素价格扭曲的相关理论，然后介绍要素收入分配的相关理论，最后简要介绍讨论二者联系的少量文献并根据上述文献的梳理提出本文的研究重点和讨论方向。

（一）关于要素价格扭曲的研究

1. 要素价格扭曲的定义

在完全竞争的假设条件下，新古典经济学认为市场是可以出清的，无论是产品还是要素市场都不存在价格扭曲现象，厂商按照边际产出等于边际成本进行生产，对要素的投入使用遵循边际产出价值等于要素的边际价格原则。因此，在很长一段时间内，要素市场扭曲问题并不是西方主流经济学的研究方向。

然而，现实的经济社会中，由于政策干预、市场分割等原因的存在，产品市场和要素市场不可能达到完全竞争条件。与之相应，产品价格和要素价格并不能按照克拉克定理确定，理论结果和现实经济的背离使经济学家开始综合考虑现实生活中可能存在的诸多与完全竞争市场不符的现象，经济学家开始称之为“扭曲”。第二次世界大战打开了国际贸易快速发展的大门，各国纷纷出台更多的国际贸易政策，要素扭曲作为一个重要考察变量正式进入经济研究框架中，扭曲理论逐渐形成，在随后得到了进一步的研究和发展，Haberler(1950)、Meade(1955)、Corden(1957)、Hagen(1958)、Bhagwati 和 Ramaswami(1963)、Jonhson(1965)等成为这一领域中的代表者。Bhagwati(1971)第一次对战后的扭曲理论进行了系统的概括和总结，并将扭曲理论归纳为七个方面的主要内容：① 不完全竞争条件下的次优理论；② 贫困增长理论；③ 市场不完全条件下的政策选择理论；④ 针对关税高低进行的优劣排序；⑤ 自给自足和贸易自由的优劣排序；⑥ 自给自足和贸易限制的优劣排序；⑦ 非经济目标和政策选额的优劣排序。

综上，要素价格扭曲一般被认为是不完善的市场经济环境中，生产要素的市场价格与其机会成本相背离，使经济发展偏离帕累托最优状态(Bhagwati and Ramaswami，1969；Chacholiades，1978 等)。

通过对文献的梳理，要素价格扭曲一般可以归纳为两个大类，分别是要素价格和要素边际产出在不同部门之间的偏差，即要素价格的绝对扭曲①(Samuelson(1941)，Lau、Fotopoulos(1971；1972；1973)，Atkinson 等(1980))；另一种是要素价格与其产出的偏离，即要素价格的相对扭曲(Johsoon(1965)，Mundlak(1979)，Maggie(1973))②。

---

① 要素价格的绝对扭曲表达形式如下：

若 $Y = Y(X)$，$V = Y(X) - \sum_i P_i X_i$，其中 $i = K, L, F$，P_i 为要素价格除以产出价格处理的标准化形式，则有

$\frac{\partial Y}{\partial X_i} = k_i P_i$，若存在 $k_i \neq 1$，则存在要素价格的绝对扭曲。

② 要素价格的相对扭曲表达形式为：

假设一个两部门经济(部门 i 和部门 j)、存在两种商品 Y_1 和 Y_2。在完全竞争的市场环境中，要素边际产出等于要素价格，因此有

$$P_j \frac{\partial Y_j}{\partial L_j} = w_j,\ P_i \frac{\partial Y_i}{\partial K_i} = r_i$$

其中，w 和 r 分别表示工资率和资本成本，P 为产品价格，Y 为产出。

在均衡条件下，从上式可以得出

$$q = \frac{w_j}{r_j} = \frac{\mathrm{d}K_i}{\mathrm{d}L_i}，q \text{ 为工资—租金率。}$$

对于两部门经济，进一步假定有 $q_j = \gamma q_i$

因此，检验是否存在 $\gamma \neq 1$，则可以判断是否存在要素价格相对扭曲。

2. 要素价格扭曲：成因分析

完全竞争市场条件下，新古典经济学认为市场可以达到出清，其产品和要素市场都不存在价格扭曲，对要素的投入也遵循边际产出价值等于要素边际价格原则。直到第二次世界大战结束后，随着全球化进展，国家贸易发展迅速。各国政府纷纷采取特殊的贸易政策。这一阶段，贸易理论的发展推动了要素扭曲问题的研究，这一时期代表性的文献包括 Fishlow 和 David(1961)、Linder(1961)、Myint(1963)、Bhagwati 和Ramaswami(1963)、Bhagwati(1964)、Jonhson(1965; 1966; 1969; 1970)。这些文献对要素市场扭曲原因的解释存在较大分歧，大致可以分为三大部分。

其一：内生性因素，即在没有外界因素影响的情况下，由于市场本身的不完善引起的，例如市场本身存在的正外部性或者负外部性因素以及信息不对称等(Bhagwati, 1971; Mitchell 和 Andreamoro, 2006)。

其二：政策性因素。源于第二次世界大战后的扭曲理论，其触发点在于各国政府的国际贸易政策。因此，从政策角度分析要素市场扭曲，能够得到更多维的解释，如要素流动机制障碍导致要素流动受到限制(Magee, 1971)，利率压榨和资本管制造成的金融抑制以及政府对要素的补贴导致收到补助的企业的成本与没接到补助的企业不一致导致扭曲(Jones, 1971)。

除此之外，导致要素价格扭曲的还包括市场分割、市场垄断、性别歧视等诸多因素。

3. 要素价格扭曲：度量方法

对要素价格扭曲的测度，本质上是考虑要素市场价格与其机会成本之间的偏离程度。企业实现价格效率或者配置效率时，投入要素的市场价格必然与其基本成本相等(Lau, 1971)。现实经济中的产品或者要素市场的非竞争性因素导致要素市场价格发生扭曲，并导致要素价格与其机会成本之间的偏离，这种偏离导致企业无法在最优条件下进行生产，社会福利因此受到损失。本文梳理出学者对要素价格扭曲常用的度量方法有以下几种。

其一，生产函数法。生产函数法是要素价格扭曲测度中最为常用的方法。该方法的基本思路是先估算出生产函数，求解得到要素的边际产出。实际价格对要素边际产出的偏离程度即为要素价格的测度指标。当要素实际报酬大于要素应得报酬，即要素实际产出比实际价格小，此时可定义为该要素发生了正向扭曲，反之则是反向扭曲。在利用生产函数测度要素价格扭曲时，最常用的是C－D生产函数法(Hopper, 1965; Sahota, 1968; Sampath, 1978; Ram, 1980)①。

其二,影子价格模型。利用影子价格模型对要素市场扭曲进行测度本质上与生产函数法一致,假定投入为内生变量,用要素的实际价格与影子价格(机会成本)的背离度量要素价格扭曲,如果这种偏离程度较大,则要素价格扭曲程度较大,反之则较小(Atkinson & Halvorsen, 1984)。在该模型使用上,Atkinson和Cornwell(1988)对美国航空司的资本、劳动及能源进行分析,采用的即为基于成本函数和利润函数的影子价格模型分析法,该研究表明行业规制导致要素价格扭曲。在国内,近年来也有文章采用影子价格模型对我国生产要素相对要素价格扭曲进行分析。陶小马等(2009)利用影子价格模型度量1980—2007年间的中国工业部门生产要素的相对价格扭曲,并发现中国劳动要素的价格扭曲表现更为突出,其次是能源要素价格扭曲。作者认为,这种扭曲效应的产生是能源价格管制的直接表现。王维国和潘祺志(2009)利用影子价格模型研究资源配置效率和要素间相对价格扭曲,研究表明能源要素的低效利用和过度消耗。

其三,前沿分析法模型。前沿分析法是利用经济体中实际生产曲线与最优生产可能性曲线之间的偏离衡量要素市场的扭曲程度。Kalirajan(1990)利用随机前沿生产函数法测算菲律宾农业企业层面的投入配置扭曲和技术扭曲。之后,Bravo和Ureta(1996), Heshmati(1998)使用随机前沿生产函数测算东台技术扭曲。Skoorka(2000)利用非参数化的数据包络法和参数化的随机前沿分析方法构建了一个测算要素市场和产品市场的扭曲程度的分析框架,并借此估计了1970—1985年共61个国家的生产可能性边界。

在国内,采用前沿分析法主要是采用随机前沿分析(SFA)和数据包络分析法(DEA)。郑毓盛和李崇高(2003)在考察地区市场分割造成的资源配置扭曲

---

① 假设生产函数为C-D形式,通过函数对数化可以得到:

$$\ln y = \ln \beta_0 + \beta_i \ln X_i + \mu_i$$

对该式回归分析,可以得到得到各个系数的估计值。假定经济体只采用劳动和资本两种要素进行生产,根据回归结果,可以求解得到两种要素的边际产出:

$$MP_i = \hat{\beta}\,\frac{\bar{y}}{\overline{X_i}}$$

其中,$\bar{y}$为总产出的平均值,$\overline{X_i}$为要素X的均值。

假定要素的价格为w_i,并假定要素价格的扭曲系数为k,可以得到如下表达式:

$$MP_i = k w_i$$

因此,有

$$\frac{MP_i}{MP_j} = \frac{k_i w_i}{k_j w_j}$$

和产出损失，即采用数据包络分析对宏观技术效率进行分解。有学者考虑我国要素市场扭曲造成的产业结构扭曲和规模效率损失时采用数据包络分析，研究结果表明我国要素市场化进展缓慢。随机前沿分析更多地用于对要素市场扭曲进行测度，测度结果表明长期以来，中国要素市场存在明显的价格扭曲。（盛誉，2005；郝枫和赵慧卿，2010；赵自芳和史晋川，2006）。

4. 要素价格扭曲的经济效应

完全竞争的市场条件下，各生产要素的价格反映该要素的稀缺性。当要素市场出现扭曲，生产要素价格无法客观反映经济体系中要素的稀缺程度，价格的扭曲导致微观企业主体生产行为的扭曲，具体表现为企业要素投入方式及技术选择过程的影响。进一步的，这种扭曲的价格体系下的资源配置，将导致配置效率低下、企业经营决策次优化以及经济总体绩效下降等（林毅夫，2004）。因此，本部分将从微观经济体行为入手，探讨要素价格扭曲导致的资源配置效率、对外贸易、技术进步、收入分配等经济效应。

1）资源配置效率

价格作为无形之手，在要素可自由替换的假设条件下，生产者将根据市场价格安排要素投入。要素价格出现扭曲，其边际成本的变化将导致企业要素投入的变化，并导致资源配置效率的降低。

Bhagwati 和 Srinivasan(1971)通过研究当时社会生产随着相对价格随工资变动的情形，发现这种变动正负不定，且单一商品价格比率情形并非对应单一资本劳动比率。麦金农(1988)认为发展中国家在经济发展过程中有采用低成本换取先进技术的激励，从而可能导致存款利率的低估和本币汇率的高估，并因此导致金融市场调节金融资源的能力丧失。这种人为的干预直接导致资金的低效率使用。Hsieh 和 Klenow (2009)构建了一个垄断竞争模型，以美国为基准，考察了中国和印度的要素市场扭曲对其制造业的影响。研究表明，如果我国能够有效避免政策带来的扭曲，并使资源配置水平与美国相当，则我国制造业全要素生产率有望提升 30%～50%。朱喜、史清华和盖庆恩(2011)在考察我国东、中、西部以及东北地区农户家庭生产的要素配置扭曲程度及与总量 TFP 关系时，发现不同地区农户要素配置的扭曲存在显著差异，如果能有效消除资本、劳动的配置扭曲，农户的农业 TFP 有望达到 20%以上的增长。另外有学者对我国三大产业工资差异扭曲导致的劳动要素资源配置扭曲情况进行研究，发现我国第一产业和第三产业劳动要素配置数量严重超过无扭曲状态下的数量，而第二产业配置的数量则明显低于无扭曲状态，降低劳动要素配置扭曲能显著提高我国的经济效率(柏培文,2014)。

2) 对外贸易利益

新古典贸易理论认为,对外贸易产生的前提在于各个经济体的要素禀赋差异,基础则是反映要素禀赋差异的要素比价结构及其所决定的商品结构。当要素价格出现扭曲时,则其所决定的商品结构也不再能反映经济体要素禀赋差异,对单个经济体的对外贸易利益及整个宏观经济体的福利都会产生重大影响。

早期的研究表明,要素价格扭曲导致商品比较成本无法正确反映一国要素禀赋,从而导致赫克歇尔—俄林模型失效(Bhagwati 和 Ramaswami, 1963; Jonhson, 1965; Magee, 1969)。更严重的是,一国要素价格扭曲导致要素积累不能增加社会福利,并可能导致贸易条件恶化及国民收入下降,出现"贫困型增长"的局面(Bhagwati, 1958)。中国渐进式的对内改革和全局性的对外开放使得要素价格扭曲对中国对外贸易利益的影响受到更多学者的关注。在中国特殊背景下,大多数学者均发现要素价格扭曲对企业出口具有正向的促进作用,张杰(2011)发现中国的要素市场扭曲激励了中国本土企业和外资企业的出口动机,但要素市场扭曲严重的地区企业利润率较低,且出口型企业中本土企业的利润率更低于外资企业,表明要素市场扭曲产出并没有被中国企业所获得。施炳展(2012)借助 1999—2007 年微观企业数据考察要素价格扭曲与中国工业企业出口行为,结果表明中国工业要素价格存在严重的负向扭曲并有增加趋势,这种扭曲对中国出口奇迹的出现有促进作用,提醒中国要特别注意贸易利益分配。康志勇(2014)在考察要素市场对企业出口行为的影响时,发现扭曲会刺激企业选择出口,但对企业出口数量有抑制作用。唐杰英进一步发现,虽然劳动、能源和资本三种要素扭曲对出口均具有正向作用,但三者的影响却是不同的,其中劳动力价格扭曲对国企具有显著的正向作用,能源价格扭曲则对外商企业出口具有显著正向作用,资本价格扭曲对国企不具有显著性影响,但对外商企业的影响则显著为正。

3) 就业效应

要素价格扭曲使微观企业主体使用要素的边际成本与偏离要素机会成本增高,并引起要素配置的扭曲,反映在劳动要素的使用上,即对社会就业产生影响。盛世斌和徐海(1999)的研究表明,国有企业能够以更低的成本获得资本要素,导致资本对劳动的替代,并导致在竞争性环境中成长的非国有企业却无法获得其发展所需资金,从而对就业产生影响。

康志勇(2012)利用中国微观企业数据分析要素市场扭曲对中国就业的影响

时，发现中国资本偏向型的要素市场扭曲导致资本要素密集型产业的发展明显优于劳动密集型产业，并引发技术进步偏向资本，这些因素综合导致了资本要素对劳动的替代，引起就业下滑，张军(2002)的研究结果也与此类似。邵晓和任保平(2009)研究我国就业和劳动力空间分配问题时发现，我国无法自由流动的劳动市场对就业形成了抑制作用。籍佳婧(2013)在讨论劳动要素市场扭曲对我国第三产业吸纳就业能力的影响时发现，如果消除第三产业中的劳动要素市场扭曲，中国服务业的就业比例将出现明显上升。在贸易方面，高技能劳动力过剩和低技能劳动力不足导致了中国劳动力错配，其中一个重要的原因即是我国过度参与全球化导致的劳动力市场困境。但唐时达和刘瑶(2012)的研究结论与此相反，他们证明贸易自由化对就业有促进作用。

4) 经济效率

新古典经济学假定要素之间可以相互替代，企业能够根据要素成本调整要素投入比例从而达到经济均衡增长。若要素市场存在扭曲，要素成本无法反映其自身稀缺程度，企业的要素选择方式和投入比例也将发生变动，并进一步作用于生产函数，影响全要素生产率。因此，从经济核算角度，要素市场扭曲对经济体的经济效率也将产生重要影响。

国外较早地对要素扭曲导致的经济效率缺失展开了研究，Weitzman(1970)即从 TFP 角度考察了原苏联的经济增长问题。之后，Kumbhakar(1992)、Atkinson 等(1998)对美国航空业的研究表明，要素价格扭曲使得企业技术进步缓慢递减，主要原因是要素价格扭曲导致企业不合理的要素投入方式。

考察中国要素市场扭曲对经济效率的影响显然更有意义。中国在经济转型过程中存在着大量的扭曲，伴随着扭曲，中国经济还取得了举世瞩目的成就。探讨成就背后的经济效率对于正确看待我国经济增长成果具有重要帮助。对中国的研究表明，中国企业以扭曲的要素价格作为信号，对要素资源进行不合理的投入并导致我国产业结构趋同和规模效率的损失(赵自芳和史晋川，2006；姚战琪，2009)，如果减少要素市场扭曲，改善资源配置，我国经济效率将出现较大幅度提升(袁堂军，2009)。从 Hsieh 和 Klenow(2009)建立 D-S 垄断竞争模型并采用微观数据测试要素市场扭曲，并以此衡量经济中存在的要素资源配置开始，国内学者借鉴 H—K 模型开展了大量研究。简泽(2011)认为，产业内跨企业资源配置的扭曲对企业间全要素生产率差异具有很强的解释力。陈永伟和胡伟民(2011)研究要素价格扭曲对 TFP 的影响时，发现要素价格扭曲导致资源错配，并导致效率损失 15%左右。朱喜等(2011)研究表明，要素配置对中国农业 TFP

存在显著影响，若消除相关要素配置的影响，中国农业产出有望增长 20%以上。

5) 收入分配

要素市场扭曲的一大特征即要素无法按照克拉克法则获得收益，即要素所得实际报酬无法反映其对实体经济的贡献，直接影响国民收入分配。另外，由于要素价格扭曲导致企业要素投入方式和投入结构无法反映要素稀缺性，要素投入均衡点会偏离完全竞争环境中的均衡，导致社会福利的损失。

首先是来自发达国家的经验证据。Floystad(1975)研究表明挪威的要素市场扭曲使得工资结构在时间序列中相对稳定，但资本回报则出现较大波动，且资本和劳动回报存在明显的产业差别，消除产业差别可以增加总产出近 2%。Toda(1975)考察计划经济体制下的苏联经济时，发现资本和劳动要素的极大扭曲导致消费品行业的低工资。Fisher 和 Waschik(2000)的研究发现，工会虽然使得工人工资高于竞争水平，但社会福利却发生了相当于 GDP 的 0.04%的净损失。

其次，来自中国的研究也表明，要素价格扭曲对收入分配存在影响。张曙光和程炼(2010)的研究表明，要素价格扭曲导致我国财富由一般部门向行政垄断部门转移，由个人向政府转移，由劳动者向资本所有者转移。蔡昉等(2001)的研究表明，城乡劳动力市场扭曲导致要素配置低效率，并导致中国收入水平的空间差距扩大。作为政策性扭曲的根源之一，户籍制度对中国城乡收入差距有极强的解释力(蔡继明，1998；姚先国和赖普清，2004；Knight 和 Song，2003)。此外，要素市场本身的不完全，包括市场信息不对称(张少杰，2007)、所有者歧视(邓伟和向东进，2011)以及劳动力市场双轨制和资本对国有企业额偏好(李文溥和李静，2011)等因素都会导致收入分配失衡。

(二) 关于要素收入份额及其变动的研究

所谓要素收入份额，也被称为功能性收入分配，是指国民收入中资本和劳动等要素收入占的比重。采用目前研究中普遍采用的“劳动—资本两分法”，即假定一个经济体中只有资本和劳动两种生产要素，不考虑政府的前提下，则资本和劳动的要素收入份额之和为 1。1927 年，Bowley 根据对英国劳动收入份额的测度结果提出“劳动收入份额具有经验稳定性”的结论，这一结论被卡尔多列为经济增长的六大典型事实之一：对单个经济而言，要素分配份额在长期内保持不变。这一结论得到古典经济学家的普遍认同，因此很长一段时间内学术界对要素收入份额的研究都相对较少。直到 20 世纪 90 年代，一些国家的要素收入份额发生了变动并引起部分学者的注意，要素收入分配的研究才重新成为经济学界的重点课题。

1. 要素收入份额的变动趋势研究

卡尔多关于经济增长的六大典型事实提出以来，要素收入份额的研究在20世纪七八十年代一直缺乏研究，宏观经济学家普遍接受关于要素收入份额在一个经济体中长期不变的论断。20世纪90年代，有国外学者通过研究发现经济中劳动收入份额处于不断增长的过程中(Elias，1992；Young，1995；Rodrik，1999)。Blanchard(1997)利用企业数据考察劳动收入变动时发现该数据至少在一个中期内不是一个常数，欧洲大陆国家包括德国、法国、意大利以及西班牙自1980年以来资本收入占国民生产总值的比重不断增长。这些新的研究成果极大地推动了世界范围内的要素收入分配的研究。

目前国际上关于要素收入份额变动趋势研究成果大致有以下三种观点：其一，认为劳动收入份额呈现下降趋势。Poterba(1997)计算了G7国家的劳动收入份额，发现法国、德国、意大利三国劳动所收入呈下降趋势；Diwan(1999)研究金融危机背景下全球劳动收入份额的变动，发现更多的金融危机后果由劳动要素承担了，并导致了劳动要素收入份额下降；Hofman(2001)考察了20世纪50年代初到90年代末期拉丁美洲要素收入份额情况，发现考察的八个拉美国家的劳动收入份额均呈下降趋势；Kyyra和Maliranta(2006)考察欧洲国家要素收入分配时发现，宏观层面和微观层面的研究结果并不一致，但宏观层面的劳动要素收入份额占比确实呈现下降趋势；Tytell和Jaumotte(2007)的研究表明，全球大部分发达国家的劳动要素收入占GDP的比重在过去20年呈现出普遍下降趋势，并认为这一现象的主要原因是技术进步特别是技术进步对对非技术部门的影响和全球化。第二种观点认为要素收入份额确实有发生变动，但是变动趋势并不明确。Bentolila和Saint-Paul(2003)考察OECD国家要素收入份额时发现，从1973到1993的20年间，14个OECD国家的劳动收入比重并没有呈现出统一趋势；Lundberg(2003)考察欧美各国劳动收入份额时也发现劳动收入份额确实在不断变化中，但没有呈现出明显的规律，其中意大利、德国等国家劳动收入份额在1980年之后呈现出上升趋势，但美国、英国以及意大利等国的劳动收入份额则出现升降反复。第三种观点仍然坚持卡尔多典型事实，认为要素收入份额没有发生变动。Kongsamut(2001)通过理论推导，发现经济体内部产业结构发生不断变化，不同产业的要素收入份额分布并不一致，其中农业的发展将伴随着农业劳动收入份额下降，服务业的发展则伴随着劳动收入份额上升，工业发展过程中劳动收入份额保持相对稳定。从分解的角度来看，各个产业内部的要素收入份额确有波动，但从宏观经济整体角度来看，各个部门之间不过是此消彼长的关系而已，因此要素收入分配并不会发生变动。Fedstein(2007)的研究也支持这一结论，他对美国的研究表明自20世纪70年代以来，劳动要素份额在64%～66%之间，相对稳定。

对我国劳动收入变动趋势的研究则存在较为统一的观点，即中国劳动要素收入份额在近十年出现了明显下滑。白重恩和钱震杰(2009)考察我国1978年以来的劳动收入份额变动时发现，1978—1995年我国劳动收入基本保持不变，但1995到2004年，我国劳动收入份额下降了10.73个百分点。在剔除统计方法影响后，1995年到2003年我国劳动收入份额下降了5.48个百分点。章上峰和许冰(2010)也发现我国劳动收入份额自1990年后呈现出下降趋势；吕明光(2011)通过现金流量表数据分析得出我国劳动收入份额自1999年以来呈现整体下降趋势；吕冰洋和郭庆旺(2012)则区分了税前和税后劳动收入，并认为自1983年我国劳动收入份额开始呈现下降趋势。

2. 要素收入份额变动的原因

要素收入份额变动已经成为学术界主流观点。现实经济与卡尔多典型事实不符的情形引起了部分学者的关注，他们开始从各方面探讨要素收入份额变动的原因，并尝试从多种角度解释原因。Joseph和Dipendra(1999)研究澳大利亚要素收入份额时发现劳动收入份额与失业率、产能利用率、GDP增长率负相关，与价格正相关；Blanchard和Giavazzi(1997)分析了劳资谈判机制在要素分配中的作用，劳动收入份额决定因素包括纳什谈判权重和原要素的相对水平决定；Lawless和Whelan(2007)研究发现技术进步和劳动力市场发展对劳动收入份额下降有促进作用；此外，有学者从要素密集度变化和资本深化(Acemoglu和Guerrieri, 2006)、产业结构变动(Zuleta和Young, 2007)等分析要素收入变动的原因。突破封闭经济的假定，有学者证明在开放经济条件下，全球化对一国要素收入变动的影响更为深远(Guscina, 2006; Jayadev, 2007; Askenazy, 2005)。全球化进程中劳动和资本要素讨价还价的能力发生变化，最明显的是资本的议价能力提升，恶化了劳动收入份额(Harrison, 2002)，此外，全球化进程中，贸易(Blanchard, 1997)、FDI(Bowles和Boyer, 1995)、资本账户开放程度(Jayadev, 2007; Diwan, 2008)等都能导致要素收入变动。

在中国，要素收入变动方向更为明确，更多的国内学者在中国独特的宏观经济环境和制度背景下对中国收入分配的原因进行了深入探讨。

首先,最为直观和典型的观点是在资本侵占说和政府侵占说。中国改革开放,尤其是 1992 年以来,丰富的劳动要素逐步释放,各级政府都加大对资本的引入,加上我国长期的低汇率锁定了国内企业的高利率。同时,大型垄断企业和政府财政收入在 GDP 中所占比重越来越大,利润侵蚀工资和财富逐步向政府集中导致了劳动收入份额的下降(卓永良,2007;王诚,2005;张长生,2008)。王佳贤(2005)的实证研究表明,我国企业利润侵蚀工资的现象非常严重,这种侵蚀在各个行业表现并不一致,且在批发零售行业最为严重,其次是工业建筑业。李稻葵(2007)的研究也表明,我国企业资本利润率不断提高,税收增长较快是我国劳动收入份额下降的重要原因。

随着研究的深入,更多的影响中国要素收入分配的复杂的间接的因素被发现。首先是全球化。中国改革开放的历程也是中国积极融入全球化的历程,全球化通过改变我国要素市场的均衡状态深刻地影响着我国的要素收入分配。在中国政府 GDP 锦标赛和全球化带来的大量 FDI 的影响下,劳资谈判力量明显偏向资本,并促使收入向资本集中(王诚,2005;罗长远和张军,2009)。随着全球化进程的发展,中国贸易模式发生变化,在出口型加工贸易的长三角时代,由于原材料和劳动成本的降低,中国进口渗透率和劳动收入份额同时下降(肖文和周明海,2010)。另外,全球化引致中国的技术进步偏向资本,促使厂商提高资本和劳动的投入比例,也会导致劳动收入份额下降(张相伟和陆云航,2014)。

第二,考虑中国经济发展阶段对要素收入份额的影响。不同经济发展阶段,劳动力和资本要素在不同部门间的分配是变化的并随着经济发展在不同部门间转移。梁东黎(2008)的研究认为,在经济发展水平较低时,资本收入份额随着经济发展增加,劳动收入份额减少;当经济发展水平较高时,资本收入份额则随着经济发展而减少,劳动收入份额会增加。李稻葵(2009)的研究表明,劳动收入份额与经济发展过程呈倒 U 形关系,因为劳动力转移能力小于资本转移能力,这将导致劳动要素所得要小于其边际生产力,这一过程一直持续到工业化结束。此后,劳动收入逐步回升并与其边际生产力相等,劳动收入份额也会经历一个上升过程。另外,中国经济发展过程伴随着的产业结构转变也是要素收入变动的重要原因。白重恩(2008)的研究表明,中国工业部门要素收入份额变动与我国国有企业改制密切相关。肖红叶(2009)的研究表明,我国劳动收入份额与 GDP 的长期反向关系主要由产业结构变动引起,罗长远和张军(2009)的研究结论也与此类似。

第三是技术进步,尤其是中国近年来发生的偏向型技术进步导致劳动收入变动。技术进步分为资本节约型技术进步和劳动节约型技术进步。杨俊和邵汉华(2009)在新古典分配模型的基础上分析了技术进步对劳动收入份额影响的途径,研究表明资本节约型技术进步和资本深化通过对要素禀赋结构产生影响进一步影响要素收入分配。黄先海和徐圣(2009)分别对我国资本密集型和劳动密集型部门的劳动收入份额进行分解,得到了与杨俊和邵汉华类似的观点,即资本深化对劳动要素份额有正向作用,资本节约型技术进步提高了劳动收入份额。因此,防止劳动收入份额进一步下降的方法包括发展资本节约型技术进步和促进劳动密集型产业的发展。此外,赵俊康(2006)、刘丽(2008)的研究也证明了技术进步对要素收入分配的作用。

第四,结合中国国情,部分学者选择从制度角度对中国要素收入份额变动给出解释。王佳贤(2005)认为,中国收入增长低于经济增长的原因归于国家政策原因。姜磊(2008)通过实证分析指出,我国要素收入分配偏向资本的根本原因在于城乡二元经济体系下的巨大的就业压力以及人均资本和人力资本的不断提高、工会的缺失等。

3. 要素收入份额结构失衡的影响

要素收入分配失衡,将对我国经济造成许多负面影响。首先是导致经济发展过程中,投资和消费比例失调。投资和消费作为我国经济发展的重要支柱,是经济持续发展的重要引擎,尤其是在当前经济环境下,拉动内需已经成为保增长的最重要手段之一。有学者认为中国"高储蓄,高投资"实质是收入分配问题。通过现金流量表分析,我国高储蓄率的主要原因其实是我国政府收入和企业收入在 GDP 中占比提高和家庭收入占比下降,因此工资分配比重降低将导致我国投资和消费比例关系的失调(刘国光,2002)。居民收入源于资本要素和劳动要素收入,而资本要素在经济体中分布非常不均匀,劳动要素收入构成大部分居民收入的主要来源。要素收入分配偏向资本要素,会导致我国贫富差距增大,一般居民收入下降,直接影响居民购买力和消费力,导致消费不足,影响宏观经济增长(闻潜,2007)。劳动收入份额偏低还会进一步影响我国经济的可持续增长。要素收入偏向资本导致消费不足,国内产出大量供给投资和出口,居民无法享受到经济增长的成果,中国经济因此将陷入为增长而增长的循环中。而且,大量的投资和出口产品长期占据着国内紧缺的资源,这对我国经济的可持续增长造成了很大的阻碍。另外,劳动要素份额较少导致的居民收入占 GDP 比重较小还直接导致了我国第三产业发展缓慢以及第二产业升级困难(卓永良,2007)。此外,还有学者指出,要素收入分配偏向资本也是导致我国自主创新能力下降的关键因素，劳动收入份额下降导致居民收入减少，消费萎缩，居民需求规模和需求结构无法同步于经济增长，对微观企业主体的自主创新无法形成足够的外部激励（张杰和刘志彪，2008）。

（三）已有文献评述

梳理上述文献，国内外对于要素价格扭曲和要素收入份额变动的研究已经比较丰富，对比其研究视角，主要集中在对研究问题的界定、问题产生的原因，以及研究对象的影响效应及效应的度量。

从已有的文献来看，由于生产要素的产出与报酬的不匹配导致的要素价格扭曲已经相当严峻，并对我国资源配置、对外贸易、宏观经济效率、就业以及收入分配都产生了重要影响。与要素价格扭曲日益严重对应的是我国要素收入份额持续性变动，国内学者就中国劳动要素收入份额持续下降这一事实已经基本达成一致，并着力探讨产生该现象的原因以及影响。综合该领域的相关文献，资本侵占说和政府侵占说、全球化、经济发展接单、技术进步以及我国特殊的市场制度等因素都相继进入研究视野，要素收入分配失衡直接导致我国贫富差距过大、降低经济可持续增长潜力、抑制产业升级并导致我国自主创新能力下降。

目前直接探讨要素价格扭曲和要素收入份额变动的文献还不多，但已有的两方面文献研究成果为本文的研究提供了有益的参考。要素价格扭曲综合表现为要素实际报酬对要素机会成本的背离，且我国要素价格扭曲增加与要素收入分配失衡具有同步性，因此将要素价格扭曲纳入要素收入变动的分析框架具有理论和现实的双重必要性。从现有研究出发，结合我国实际情况，具体可拓展的研究有：第一，要素价格扭曲纳入要素收入分配的分析框架，进一步完善要素收入分配的相关文献。针对研究多对单一代理变量，如国企改制、金融深度等进行了理论描述，缺乏对资本要素市场扭曲度量、影响等方面的实证检验的现状，本文将综合考虑进一步厘清要素价格扭曲是否为当前要素收入份额失衡的主要根源。第二，现有研究多采用衡量要素市场扭曲的代理变量，解释力有限。中国要素市场的扭曲来源复杂，影响广泛，需综合现有成果开展更系统深入的研究。第三，现有研究多以宏观经济数据为依据，缺乏对企业微观数据的分析，对市场主体行为关注度不足。基于此，本文选取 1998—2010 年中国工业企业数据，构建数理模型与计量回归模型分别研究要素市场扭曲对资本和劳动收入份额的影响。

三、要素价格扭曲与收入份额变动的理论模型

对要素价格扭曲分析框架和测度方法一直是学术界关心的重要议题。Hsieh 和 Klenow(2009)通过构建异质性企业的垄断竞争模型，分析了要素扭曲对经济效率和影响和作用机制，并提出了要素扭曲的测度方法，受到学术界的普遍关注。本部分首先介绍经典理论模型——Hsieh 和 Klenow(2009)的垄断竞争模型，并对该模型进行分析。然后，借鉴该模型的分析框架和扭曲的测度方法，并重点结合要素收入分配理论和中国的宏观经济现实，构建要素价格扭曲对要素收入分配的分析框架，提出本文的研究命题。最后，对理论模型进行评述。

(一) 垄断竞争模型

Hsieh 和 Klenow(2009)构建了异质性企业的垄断竞争模型，研究资本、劳动要素扭曲产生的资源错配对生产率的影响，并以此为基础测度了中国、印度和美国的要素错配的影响。分析结果表明，如果减少要素错配，上述国家能够在很大程度上提高全要素生产率，其中，如果中国和印度的要素配置效率能够达到美国水平，则中国全要素生产率能够提升 30%～50%，印度的全要素生产率能够提升 40%～60%。

垄断竞争模型假定存在异质性企业，即承认企业在存在生产效率的差异，并假定不同的企业面对着不同的扭曲程度。

在完全竞争市场条件下，代表性企业 S 生产单一最终产品 Y，且生产过程符合 C－D 生产函数：

$$Y=\prod_{S=1}^{S} Y_S^{\theta_S}\text{，其中，}\sum_{S=1}^{S}\theta_S=1, \tag{3-1}$$

厂商 S 成本最小化，因此有：$P_S Y_S=\theta_S PY$ (3－2)

其中，P_S 为行业中间产出 Y_S 的价格，行业最终产品的价格 $P=\prod_{S=1}^{S}(P_S/\theta_S)^{\theta_S}$。最终产品为价格测量标准，因此有 $P=1$。行业产出 Y_S 具有 CES 生产函数形式，是 M_S 种有差别产品的综合：

$$Y_S=(\sum_{i=1}^{M_S} Y_{Si}^{\frac{\sigma-1}{\sigma}})^{\frac{\sigma}{\sigma-1}} \tag{3-3}$$

对于每一个差异性产品 Y_{Si}，其生产函数都满足 C—D 生产函数形式：

$$Y_{Si}=A_{Si}K_{Si}^{\alpha_s}L_{Si}^{1-\alpha S} \tag{3-4}$$

其中，假定不同行业的资本和劳动要素收入份额是有差异的，但在同一行业内部则是相同的。

在模型中，我们假定经济体中只有劳动和资本两种要素，则其扭曲被定义为一种要素相对于另一种要素的边际产出的改变。如果资本和劳动的边际产出同步变化，产生的扭曲则被定义为规模扭曲，即 τ_Y。因此，规模扭曲越严重的企业越要承受更多的成本，如政府约束。运输成本，而规模扭曲越小的企业则容易从公共产出中获益。

代表行业的利润函数可以表示为

$$\pi_{Si}=(1-\tau Y_{Si})P_{Si}Y_{Si}-\omega L_{Si}-(1+\tau K_{Si})RK_{Si} \tag{3-5}$$

其约束条件为企业的产品价格为其边际成本的固定加成比例，即

$$P_{Si}=\frac{\sigma}{\sigma-1}\left(\frac{R}{\alpha_S}\right)^{\alpha S}\left(\frac{\omega}{1-\alpha_S}\right)^{1-\alpha S}\frac{(1+\tau K_{Si})^{\alpha_s}}{A_{Si}(1-\tau Y_{Si})} \tag{3-6}$$

求解可以得到企业的资本—劳动投入比例、劳动力配置以及产出：

$$\frac{K_{Si}}{L_{Si}}=\frac{\alpha_S}{1-\alpha_S}\frac{\omega}{R}\frac{1}{(1+\tau K_{Si})} \tag{3-7}$$

$$L_{Si}=\frac{A_{Si}^{\sigma-1}(1-\tau Y_{Si})^{\sigma}}{(1+\tau K_{Si})^{\alpha S(\sigma-1)}} \tag{3-8}$$

$$Y_{Si}=\frac{A_{Si}^{\sigma}(1-\tau Y_{Si})^{\sigma}}{(1+\tau K_{Si})^{\alpha S\sigma}} \tag{3-9}$$

从上述表达式可以看出，企业的要素投入水平不仅取决于技术效率，还取决于企业面临的要素扭曲程度。因此，要素市场扭曲将导致同一产业内不同企业之间生产率的差异。

此时，劳动和资本的边际产品收益分别为

$$MRPL_{Si}\stackrel{\triangle}{=}(1-\alpha_S)\frac{\sigma-1}{\sigma}\frac{P_{Si}Y_{Si}}{L_{Si}}=\omega\frac{1}{1-\tau Y_{Si}} \tag{3-10}$$

$$MRPK_{Si}\stackrel{\triangle}{=}\alpha_S\frac{\sigma-1}{\sigma}\frac{P_{Si}Y_{Si}}{K_{Si}}=R\frac{1+\tau K_{Si}}{1-\tau Y_{Si}} \tag{3-11}$$

式(3-11)非常清楚地表明不同企业之间的边际产品收益是不同的,且是企业扭曲的函数。

在不同行业间,均衡状态下要素投入数量为

$$L_S=\sum_{i=1}^{M_S}L_{Si}=L\frac{(1-\alpha_S)\theta_S/\overline{MRPL_S}}{\sum_{S^t=1}^{S}(1-\alpha_{Si})\theta_{Si}/\overline{MRPL_{Si}}} \tag{3-12}$$

$$K_S=\sum_{i=1}^{M_S}K_{Si}=K\frac{\alpha_S\theta_S/\overline{MRPK_S}}{\sum_{S^t=1}^{S}\alpha_{Si}\theta_{Si}/\overline{MRPK_{Si}}} \tag{3-13}$$

其中,$\overline{MRPK_S}\propto\left(\sum_{S^t=1}^{S}\frac{1}{1-\tau Y_{Si}}\frac{P_{Si}Y_{Si}}{P_SY_S}\right)$,

$\overline{MRPL_S}\propto\left(\sum_{S^t=1}^{S}\frac{1+\tau K_{Si}}{1-\tau Y_{Si}}\frac{P_{Si}Y_{Si}}{P_SY_S}\right)$。

在经济体中,劳动和资本的总供给函数分别为

$$L=\sum_{S=1}^{S}L_S,\ K=\sum_{S=1}^{S}K_S \tag{3-14}$$

行业总产出为:$Y=\prod_{S=1}^{S}(TFP_SK_S^{\alpha_S}L_S^{1-\alpha_S})^{\theta_S}$ (3-15)

Foster 和 Syverson(2008)强调了物质生产率(TFPQ)和收益生产率(TFPR)的区别。我们将 TFPQ 和 TFPR 分别定义为

$$TFPQ_{Si}\triangleq A_{Si}=\frac{Y_{Si}}{k_{Si}^{\alpha_s}(\omega L_{Si})^{1-\alpha_S}} \tag{3-16}$$

$$TFPR_{Si}\triangleq P_{Si}A_{Si}=\frac{P_{Si}Y_{Si}}{k_{Si}^{\alpha_s}(\omega L_{Si})^{1-\alpha_S}} \tag{3-17}$$

在模型中,除工厂面临资本和产出扭曲外,同一行业内不同工厂间的 TFPR 是不变的。在不存在扭曲的完全竞争情况下,TFPQ 更高的企业当然会配置更多的劳动和资本,并导致一个较低的价格以及同更小的工厂相同的 TFPR。从式(3-16)、式(3-17)可以看出,工厂的 TFPR 同工厂资本和劳动的边际产出收益的几何平均是成比例的,即

$$TFPR_{Si}=\frac{\sigma}{\sigma-1}\left(\frac{MRPK_{Si}}{\alpha_S}\right)^{\alpha_S}\left(\frac{MRPL_{Si}}{\omega(1-\alpha_S)}\right)^{1-\alpha_S}$$

$$=\left(\frac{R}{\alpha_S}\right)^{\alpha_S}\left(\frac{1}{1-\alpha_S}\right)^{1-\alpha_S}\frac{(1+\tau K_{Si})^{\alpha_s}}{1-\tau Y_{Si}} \tag{3-18}$$

因此有

$$TFPR_{Si}\propto(MRPK_{Si})^{\alpha_s}(MRPL_{Si})^{1-\alpha_s}\propto\frac{(1+\tau K_{Si})^{\alpha_s}}{1-\tau Y_{Si}} \tag{3-19}$$

进一步的，我们可以将行业的 TFP 表述为

$$TFP_S=\left[\sum_{i=1}^{M_S}\left(A_{Si}\times\frac{\overline{TFPR_S}}{TFPR_{Si}}\right)^{\sigma-1}\right]^{\frac{1}{\sigma-1}} \tag{3-20}$$

其中，$\overline{TFPR_S}$ 是部门内资本和劳动的边际产出的几何平均，具体可以表示为

$$\overline{TFPR_S}=\left[\frac{R}{\alpha_S}\sum_{i=1}^{M_S}\left(\frac{1+\tau K_{Si}}{1-\tau Y_{Si}}\right)\times\left(\frac{P_{Si}Y_{Si}}{P_SY_S}\right)\right]^{\alpha_S}\left[\frac{1}{1-\alpha_S}\sum_{i=1}^{M_S}\left(\frac{1}{1-\tau Y_{Si}}\right)\left(\frac{P_{Si}Y_{Si}}{P_SY_S}\right)\right]^{1-\alpha_S} \tag{3-21}$$

如果边际产品在不同工厂间是相等的，则

$$TFP=\bar{A}=\left(\sum_{i=1}^{M_S}A_{Si}^{\sigma-1}\right)^{\frac{1}{\sigma-1}}, \tag{3-22}$$

此时，我们对式(22)两边同时取对数，可以得到：

$$\log TFP_S=\frac{1}{\sigma-1}\log\left(\sum_{i=1}^{M_S}A_{Si}^{\sigma-1}\right)-\frac{\sigma}{2}\mathrm{var}(\log TFPR_{Si}) \tag{3-23}$$

综合上述的推导过程，我们可以推导出单个企业的资本扭曲、产出扭曲以及全要素生产率的形式，具体为

$$1+\tau K_{Si}=\frac{\alpha_S}{1-\alpha_S}\frac{\omega L_{Si}}{RK_{Si}} \tag{3-24}$$

$$1-\tau Y_{Si}=\frac{\sigma}{\sigma-1}\frac{\omega L_{Si}}{(1-\alpha_S)P_{Si}Y_{Si}} \tag{3-25}$$

$$A_{Si}=K\frac{(P_{Si}Y_{Si})^{\frac{\sigma}{\sigma-1}}}{K_{Si}^{\alpha_s}L_{Si}^{1-\alpha_s}} \tag{3-26}$$

（二）要素价格扭曲与要素收入分配模型

本部分通过一个简单的数理模型对考察我国要素市场扭曲对我国收入份额变动的影响。假设经济体中只有劳动(L)和资本(K)两种生产要素，劳动报酬为工资(w)，资本报酬为利率(r)，根据克拉克边际生产力分配定理，在完全市场竞争中，每个要素都按照其边际产品取得报酬。不考虑政府税收影响，则资本收入份额为

$$KS = rK/Y = rK/(rK + wL) \tag{3-27}$$

转换为

$$KS = \frac{rK}{Y} = \frac{rK}{wL + rK} = \frac{r/w}{r/w + L/K} = \frac{\hat{r}}{\hat{r} + \hat{l}} = \frac{1}{1 + \hat{l}/\hat{r}} \tag{3-28}$$

其中，$\hat{r}$ 为要素相对价格，$\hat{l}$ 为要素投入相对比例。由式(3)，资本收入份额取决于 $\hat{l}/\hat{r}$ 大小。$\hat{r}$ 的变化会导致最优边际技术替代率变化，厂商选择价格更低的要素生产，引起 $\hat{l}$ 的变化。具体而言，当 r/w 提高时，企业会倾向用劳动代替资本，使得 L/K 增加。利用要素替代弹性可以概括这种变化导致的要素收入分配份额的变化(罗宾逊，1961)。根据劳动—资本替代弹性(σ)值确定资本收入份额的变动方向：当 $\sigma < 1$ 时，L/K 增加幅度小于 r/w 增加幅度，资本收入份额下降；当 $\sigma = 1$ 时，L/K 增加幅度等于 r/w 增加幅度，资本收入份额不变；当 $\sigma > 1$ 时，L/K 增加幅度大于 r/w 增加幅度，资本收入份额增加。然而 Arrow (1961)认为该弹性并非恒为 1，为此引入劳动—资本替代弹性为可变的 CES 生产函数：

$$Y = \left[\delta (A_t K_t)^{\frac{\sigma-1}{\sigma}} + (1-\delta)(B_t L_t)^{\frac{\sigma-1}{\sigma}}\right]^{\frac{\sigma}{\sigma-1}} \tag{3-29}$$

其中，A_t 为资本增强型技术进步，B_t 为劳动增强型技术进步，δ 为分配系数。

假定产品市场是完全竞争的，如果要素市场也是完全竞争的，不存在任何扭曲，此时厂商最优产出的决定形式，即产商的目标函数为

$$\pi = Y - (wL + rK) = \left[\delta (A_t K_t)^{\frac{\sigma-1}{\sigma}} + (1-\delta)(B_t L_t)^{\frac{\sigma-1}{\sigma}}\right]^{\frac{\sigma}{\sigma-1}} - (wL + rK) \tag{3-30}$$

且有

$$\frac{\partial \pi}{\partial L}=F_L-w=(1-\delta)B_t^{\frac{\sigma-1}{\sigma}}\left(\frac{Y_t}{L_t}\right)^{\frac{1}{\sigma}}-w=0 \tag{3-31}$$

$$\frac{\partial \pi}{\partial K}=F_K-r=\delta A_t^{\frac{\sigma-1}{\sigma}}\left(\frac{Y_t}{K_t}\right)^{\frac{1}{\sigma}}-r=0 \tag{3-32}$$

因此，有 $F_K/r=1$ 且 $F_L/w=1$，该式表明要素的边际成本等于其边际产出，此时产商要素配置达到最优水平。

此时，资本收入份额为

$$KS_t=\frac{r_tK_t}{w_tL_t+r_tK_t}=\frac{r_t/w_t}{r_t/w_t+L_t/K_t}=\frac{\delta}{\delta+(1-\delta)\,(B_t/A_t)^{\frac{\sigma-1}{\sigma}}\,(K_t/L_t)^{\frac{1-\sigma}{\sigma}}}$$
$$=\frac{1}{1+[(1-\delta)/\delta]\,(B_t/A_t)^{\frac{\sigma-1}{\sigma}}\,(K_t/L_t)^{\frac{1-\sigma}{\sigma}}} \tag{3-33}$$

由式(3-33)可知，有关技术进步对 $\hat{l}/\hat{r}$ 值的影响，主要取决于 σ 值大小。当劳动—资本替代弹性 $\sigma>1$ 时，资本增强型技术进步导致资本收入份额下降；反之亦然。当 $\sigma=1$ 时，有关技术进步对资本收入份额不产生影响。

然而实际情况是我国要素市场存在相当严重的价格扭曲，完全竞争的假设条件不符合中国具体经济现实。若存在要素市场扭曲时，则厂商最有产出的决定形式将变为

$$\pi=Y-(\tau_l wL+\tau_k rK)$$
$$=\left[\delta\,(A_tK_t)^{\frac{\sigma-1}{\sigma}}+(1-\delta)\,(B_tL_t)^{\frac{\sigma-1}{\sigma}}\right]^{\frac{\sigma}{\sigma-1}}-(\tau_l wL+\tau_k rK) \tag{3-34}$$

进一步的，则有

$$\frac{\partial \pi}{\partial L}=F_L-\tau_l w=(1-\delta)B_t^{\frac{\sigma-1}{\sigma}}\left(\frac{Y_t}{L_t}\right)^{\frac{1}{\sigma}}-\tau_l w=0 \tag{3-35}$$

$$\frac{\partial \pi}{\partial K}=F_K-\tau_k r=\delta A_t^{\frac{\sigma-1}{\sigma}}\left(\frac{Y_t}{K_t}\right)^{\frac{1}{\sigma}}-\tau_k r=0 \tag{3-36}$$

则资本和劳动的的边际生产力分别满足：

$$r_t\tau_{kt}=\delta A_t^{\frac{\sigma-1}{\sigma}}\left(\frac{Y_t}{K_t}\right)^{\frac{1}{\sigma}} \tag{3-37}$$

$$w_t\tau_{lt}=\delta B_t^{\frac{\sigma-1}{\sigma}}\left(\frac{Y_t}{L_t}\right)^{\frac{1}{\sigma}} \tag{3-38}$$

其中，τ_t 衡量的是资本的边际生产力偏离报酬的程度。当 $\tau_t>1$ 时，表明资本要素市场发生负向扭曲，资本边际生产力大于其报酬；当 $\tau_t=1$ 时，表明资本要素市场没有发生扭曲，资本边际生产力等于其报酬；当 $\tau_t<1$ 时，表明资本要素市场发生正向扭曲，资本边际生产力小于其报酬。

通过式可以看出，资本和劳动的要素价格扭曲可以表示为

$$\tau_l=(1-\delta)B_t^{\frac{\sigma-1}{\sigma}}\left(\frac{Y_t}{L_t}\right)^{\frac{1}{\sigma}}/w \tag{3-39}$$

$$\tau_k=\delta A_t^{\frac{\sigma-1}{\sigma}}\left(\frac{Y_t}{K_t}\right)^{\frac{1}{\sigma}}/r \tag{3-40}$$

可以通过上述表达式进一步分析要素价格扭曲对要素收入分配结构的影响。通过要素收入份额对资本要素扭曲求导，可以分别观察到资本要素价格扭曲和劳动要素价格扭曲对资本收入份额的影响：

$$\frac{\partial KS_t}{\partial\tau_{kt}}=-\frac{rK_tL_tF_L}{(r\tau_{kt}K+LF_L)^2}<0 \tag{3-41}$$

$$\frac{\partial KS_t}{\partial\tau_{lt}}=\frac{w_tK_tL_tF_K}{(w_t\tau_{lt}L_t+KF_K)^2}>0 \tag{3-42}$$

由式(3-41)和式(3-42)可以观察到，我国资本要素市场扭曲对资本收入份额具有负向影响，反之，劳动要素市场扭曲对资本收入份额则具有正向的影响。考虑到我国改革开放的地区差异性可能导致资本要素市场扭曲程度（τ_{kt}）在不同地区间呈现出不同的特征，可以认为要素市场扭曲对资本收入份额的影响也呈现出企业异质性差异及地区差异。

（三）理论模型评述

本部分通过梳理已有的经典模型并对 Hsieh 和 Klenow 的垄断竞争模型进

行重点介绍。结合中国具体情况构建包含要素价格扭曲的要素收入分配模型。

Hsieh 和 Klenow 利用标准的垄断竞争模型分析了资源错配对全要素生产率的影响，并利用该理论框架分析了中国、印度和美国的的具体情况。利用该模型，可以厘清要素价格扭曲对中国经济发展的作用机制。针对中国实际情况，作者认为政策和国有企业是造成中国资源错配的主要原因，也是全要素生产率相对较低的关键。垄断竞争模型不仅对重要的资源错配和全要素生产率进行了深入的理论分析，并在此基础上提出了计算扭曲的具体表达式，这项工作具有开创性，对中国学者的研究具有重要影响。

另外，从垄断竞争模型出发，我们知道要素价格扭曲的集中表现是要素实际报酬与要素的边际贡献的不匹配。因此一个经济体通过扭曲要素价格来促进某些产业的发展，势必会对该要素的投入和价格产生影响，从而影响该要素的报酬。也就是说，要素价格扭曲将对要素收入份额产生直接影响。

此外，要素价格扭曲还会对经济发展的其他方面产生影响。最明显是要素价格扭曲与我国特殊的制度安排相互交织对收入分配的影响。我国的要素价格扭曲带有鲜明的所有制倾向，国有企业承担了更多的政治任务，在生产安排和要素报酬上需要更多地考虑政策影响。要素价格扭曲和制度因素可能相互交织，并对要素收入份额产生影响。

因此，要素价格扭曲产生的资源错配对经济发展的影响不仅仅体现在全要素生产率上，还需要综合考虑，尤其是需要考虑对要素收入份额变动的影响。

本部分的第二小节基于以上考虑，借鉴垄断竞争模型，尤其是垄断竞争模型对要素价格扭曲的度量，建立了要素价格扭曲对要素收入份额影响的分析框架。从微观居民个体来看，国家通过扭曲要素价格的方式支持工业企业发展，降低了微观居民个体的劳动报酬（工资）。而且，我国资本要素市场的扭曲更为严重，储蓄利率较低，居民获得资本要素收入的主要途径也受到影响。从企业个体的中观层面来看，我国渐进式改革过程具有鲜明的扭曲要素价格以补贴企业的特征，企业规模、国际化等异质性因素成为获得扭曲收益的重要影响因素，尤其是在我国所有制歧视相对严重的背景下，各种政策更加倾向于效率较低的国有企业，对吸纳了绝大部分就业的民营企业缺乏更多的关注，这对要素收入分配产生了直接影响。从宏观层面来看，我国存在的城乡二元经济结构没有被打破，户籍制度和市场分割阻碍了要素的自由流动。城乡之间在固定资产投资、基础设施完善程度等方面差异巨大，而且，城乡之间的医疗、养老等社会保障机制差异巨大，影响居民对未来的预期和可支配收入的投向，农村居民由于对未来的预期不如城市居民乐观，收入更多的用于预防性支出而非投资性支出，这进一步导致要素保有量和要素报酬的差异。

本部分结合上述分析构建了理论分析框架，但该分析是否符合中国实际，能否对重要要素收入分配结构调整提供指导还需要进一步的实证检验。因此本文接下来将根据该分析，利用 1998—2010 年的中国工业企业数据库分析要素价格扭曲对要素收入份额的影响。

四、要素价格扭曲对收入分配影响的实证分析

借助中国工业企业数据库（1998—2010 年）对要素价格扭曲对要素收入份额的影响进行实证分析。

（一）计量模型与数据

本文第三部分的理论模型表明，要素价格扭曲对要素收入分配有重要作用，进一步分析中国渐进式改革背景下的宏观环境，我们发现政策设定、企业异质性、宏观经济发展阶段等因素都对要素价格扭曲和收入分配结构产生重要影响。上述分析是否与我国的具体经济现实相符合，在众多的影响因素中价格扭曲究竟作用几何，还需要通过实证进一步检测。

为了从实证角度验证资本要素市场扭曲对资本收入份额的影响，构建了一个基于企业层面的回归模型，综合考虑资本要素市场扭曲值、要素替代弹性、有偏技术进步，以及企业异质性因素的影响。模型的基本形式如下：

$$kshare_{ijkt}=\alpha_0+\alpha_1 capdis_{ijkt}+\beta X_{ijkt}+\gamma_j+\gamma_k+\gamma_t+\varepsilon_{ijkt} \quad (3-43)$$

控制变量集合 X_{ijkt} 为

$$X_{ijkt}=\beta_1 kty_{ijkt}+\beta_2 ktl_{ijkt}+\beta_3 size_{ijkt}+\beta_4 ex_{ijkt}+\beta_5 finenv_{ijkt}$$
$$+\beta_6 cysl_{ijkt}+\beta_7 mkup_{ijkt}+\beta_8 subsidy_{ijkt} \quad (3-44)$$

其中，i，j，k，t 分别表示企业、省份、二分位行业以及时间（年）；γ_j 表示省份特定效应，控制与地区相关的未被观测到的变量如各个省份的地理位置等；γ_k 为行业特定效应，控制与行业相关的未被提到的变量，如行业发展水平等；γ_t 为时间特定效应，控制随时间变化的技术进步或宏观环境变动等。

实证数据源于中国工业企业数据库（1998—2010 年），样本为全部国有工业

企业以及主营业务收入 500 万元以上的非国有工业企业，包含了企业所有制、企业代码、行业和所处省份等基本信息以及企业主营业务收入、年固定资产净值、出口等基本财务指标。根据 Brandt(2009)、聂辉华等(2012)等处理方法：一方面，由于 2002 年中国颁布了新的《国民经济行业分类》，并于 2003 年开始实施。为使行业口径一致，根据新的行业分类标准对 2003 年以前的行业四位数代码进行调整；另一方面，删除了数据库中关键财务指标明显错误或缺失的记录，具体为：① 企业总产值为负；② 企业各项投入，如职工人数、固定资产净值、出口交货值等为负；③ 不符合基本会计准则和逻辑规则，如企业固定资产原值小于固定资产净值，累计折旧小于本年折旧，流动资产大于总资产等。还对主要变量劳动收入份额的离群值进行缩尾处理，将落在(5%，95%)之外的观察值分别替换为 5%和 95%分位上的数值。由于 2008、2009 年统计指标缺失营业盈余等指标，因此对上述两年数据予以剔除。

（二）变量说明与主要趋势

1. 被解释变量与核心解释变量

被解释变量：资本收入份额(*kshare*)，是资本收入在企业工业增加值中所占比重。采用要素成本增加法计算，不考虑间接税的影响，以企业劳动报酬(包括本年应付工资和福利费总额)、营业盈余以及固定资产本年折旧之和代表企业本年工业增加值，以营业盈余和固定资产本年折旧之和代表资本收入。因此，资本收入份额表示为

$$kshare=\frac{\text{营业盈余}+\text{固定资产本年折旧}}{\text{本年应付工资总额}+\text{应付福利费总额}+\text{营业盈余}+\text{固定资产本年折旧}} \tag{3-45}$$

核心解释变量：资本要素价格扭曲值(*capdis*)和劳动要素价格扭曲(*labdis*)。采用 Hsieh 和 Kleno(2009)的方法，即要素应得报酬与实际所得报酬的偏离度衡量：

$$capdis=\frac{MP_K}{r}=\frac{\alpha Y}{rK} \tag{3-46}$$

$$labdis=\frac{MP_L}{w}=\frac{\beta Y}{wL} \tag{3-47}$$

其中，α 为资本要素贡献程度；r 为资本要素实际报酬，即市场利率水平；β 为劳

动要素贡献程度；w 为资本要素实际报酬；Y、K 分别表示企业产出、资本存量。若比值大于1则要素应得报酬大于实际所得报酬，要素价格被负向扭曲，反之亦然。该变量系数预期符号为正。

2. 控制变量集合

资本产出比（kty），衡量资本回报率与资本收入份额之间的关系，计算指标为企业资产净值年平均余额/要素收入法计算的工业增加值（取对数值）。Bentolina 和 Saint-Paul(2003)认为有效资本和有效劳动增长率的关系，可以用资本产出比和资本增强型技术进步表示，资本增强型技术进步给定时，若替代弹性大于1时，则资本收入份额与资本产出比成正相关，反之亦然；当替代弹性等于1时，则资本收入份额不随资本产出比而变化。若要素替代弹性小于1，当资本产出比大，即资本和资本增强型技术进步的增长率之和超过劳动和劳动增强型进步的增长率之和时，有效资本增长率超过有效劳动增长率，则资本劳动相对价格下降的幅度较大，引起资本收入份额下降。中国资本和劳动之间存在互补关系，替代弹性小于1（罗长远和张军，2009）。该变量系数的预期符号为负。

人均资本存量（ktl），衡量企业资本密集度与资本收入份额之间的关系，计算指标为企业资产净值年平均余额/职工人数，取对数值。地方政府在GDP“锦标赛”利益驱动下，多倾向资本密集型产业优先发展，并给予较多的关注与政策扶持，压低资本相对价格，造成对产品资本密集度的提高。该变量符号取决于资本和劳动的替代弹性：当资本和劳动替代弹性大于1时，该变量符号为负；资本和劳动替代弹性小于1时，该变量符号为正；资本和劳动替代弹性等于1时，变量符号不确定（Harrison, 2002）。该变量系数的预期符号为正。

企业员工数量（$size$），衡量企业规模与资本收入份额之间的关系，计算指标为企业雇佣员工人数（取对数值）。该变量的系数符号取决于两方面作用的合力：一方面，企业雇佣的劳动人数越多，企业在职工报酬（含职工薪酬，福利费等）支出也越多，企业的劳动收入份额越高。地方政府出于对就业的重视，对雇佣员工较多的企业给予政策优惠，并要求企业稳定雇员水平，提高劳动者报酬。为持续性获得政策优惠，企业可能进一步增加雇员或增加工资待遇。另一方面，规模越大的企业也可能更有实力获得资本要素，尤其是随着中国的劳动成本增加，激励企业采用资本密集型生产技术。在招商引资过程中，地方政府对大规模企业提供较多优惠，可视为一种政治租金计入资本收入，使企业资本收入份额提升。因此，该变量的系数预期符号不确定，有待检验。

出口（ex），衡量企业全球化与企业资本收入份额之间的关系，采用哑变量表示，若有出口取值为1，无出口取值为0。该变量的系数符号同样也取决于两方面作用的合力：一方面，依据“Stolper - Samuelson 定理”，加快贸易自由化意味着出口规模的扩大，将提升一国丰裕要素收入份额；另一方面，全球化背景下，各国为增加出口产品的竞争力，会加大产品的资本要素投入，并为招商引资展开竞争，弱化工人谈判地位，这会削弱劳动者“讨价还价”能力，反使劳动收入份额下降(Ortega 和 Rodriguez, 2001)。考虑到中国劳动丰裕的要素禀赋特征，出口对资本收入份额的估计系数无法确定，有待实证检验结果。

企业贷款数量(*finenv*)，衡量企业面临的金融环境与企业资本收入份额之间的关系，计算指标为企业贷款数量(取对数值)。当前中国信贷市场不完善，民营企业难以获得足够的信贷资金支持，导致企业对提升员工工资和福利水平制定了严格的标准，企业难以按照最优原则配置劳动和资本要素，减少员工雇佣量。另外，金融环境的改善意味着经济社会资源配置的能力提高，生产效率较高的企业，尤其是私营企业将更容易获得信贷支持，而减少寻租现象，降低资金使用成本。该变量系数的预期符号为负。

销售收入权重(*cysl*)，衡量市场势力对企业资本收入份额的影响，计算指标为企业销售收入/所在二分位行业销售收入总和。在当前商业信用体系和金融体系不完善的双重约束背景下，市场势力较弱的企业在经营过程中时，经常会遇到拖欠货款和融资困难问题，导致企业资金流不稳，降低盈利能力，可能降低企业的资本收入份额。相反，市场势力较强的企业更容易通过寻租活动获得政府支持，取得更大的政府关系租金，降低要素投入成本，获得超额的市场利润。该变量系数的预期符号为负。

补贴收入(*subsidy*)，衡量政企关系对资本收入份额的影响，计算指标为企业获得的政府补贴收入(取对数值)。中国企业通过与政府之间的联系获得地方财政补贴，在投资于政府关系时理性的企业家须权衡该项投资的成本和收益。企业寻租于政治关系，是为了获取远高于投入的更大收益。无论是理性的假定还是经验证据都表明，获得政治关系投资净收益的企业家将该收益分享给员工的比例都比较小(Shleifer 和 Vishny, 1994)。总的来看，拥有较高政治关系的企业获得更高的政治租金，并且这部分租金难以被劳动者分享或者分享比例很低，致使劳动收入份额较低，资本收入份额较高。因此，该变量系数的预期符号为正。

3. 相关变量描述性统计结果

相关变量描述性统计结果，见表3-1。

表 3-1　主要变量的描述性统计

变　量	变量含义	均　值	方　差	最大值	最小值
kshare	资本收入份额	0.47	0.25	0.89	0.07
kty	资本产出比	2.11	2.10	8.02	0.15
lobdis	劳动要素市场扭曲	1.39	1.61	15.36	0.00
capdis	资本要素市场扭曲	2.46	1.14	13.54	0.00
ktl	资本密集度	3.54	1.31	10.90	−6.99
size	企业规模	4.74	1.11	12.02	2.08
ex	出　口	0.35	0.48	1.00	0.00
finenv	金融环境	5.16	1.95	14.26	0.00
cysl	市场势力	0.11	0.13	0.45	0.00
mkup	销售加成比	−1.88	0.92	10.42	−12.46
subsidy	补贴收入	−3.03	1.38	7.96	−12.93

注：对数据异常值进行缩尾处理，即用样本中 5%和 95%分位数据替换这两个百分位以外的数据。

表 3-2　变量之间相关系数及 VIF

	kty	*Labdis*	*capdis*	*ktl*	*size*	*ex*	*finenv*	*cysl*	*mkup*	*subsidy*
kty	1									
labdis	0.08	1								
capdis	−0.29	0.21	1							
ktl	0.25	0.30	−0.44	1						
size	−0.00	−0.23	−0.12	−0.06	1					
ex	−0.05	−0.19	0.00	−0.07	0.31	1				
finenv	0.05	0.11	−0.10	0.34	0.52	0.13	1			
cysl	0.08	−0.19	−0.19	0.02	0.06	0.08	−0.01	1		
mkup	−0.03	0.19	0.18	0.11	0.10	−0.01	0.17	0.06	1	
subsidy	0.03	−0.18	0.15	−0.23	−0.52	−0.15	−0.46	0.11	0.09	1
VIF	2.62	2.47	2.45	2.23	1.88	1.82	1.54	1.36	1.15	1.13

为检验各个变量之间是否存在多重共线性，表 3-2 报告了各个变量之间的 Pearson 相关系数和方差膨胀因子。多数变量之间的 Pearson 相关系数都落在

区间 0～0.2，表明各个变量之间存在极弱相关关系甚至无关系，少数变量落在区间 0.2～0.4，表明各个变量之间存在弱相关关系。方差膨胀因子(VIF)值小于3。各变量之间不存在严重的多重共线性问题。

4. 要素收入分配结构变动趋势与分解

本部分我们将以我国资本收入份额变动为例，借助工业企业数据库提供的微观企业数据，分析我国要素收入分配结构变动及其趋势。劳动与资本互补，对资本收入份额的分析也可以视为对劳动收入份额的一个镜面。

1）工业企业要素收入份额变动趋势

对 1998—2010 年工业企业整体、东部、中部以及西部地区的劳动要素和资本要素的收入份额变动情况进行统计(图 3－2)。

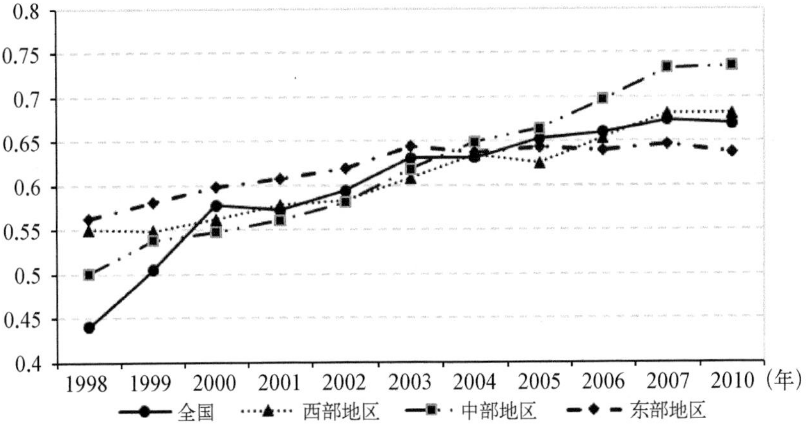

图 3－2　分地区资本收入份额变动

注：东部地区包括：北京、天津、河北、辽宁、上海、江苏、浙江、福建、山东、广东、海南；中部地区包括：山西、内蒙古、吉林、黑龙江、安徽、江西、河南、湖北、湖南；西部地区包括：广西、重庆、贵州、云南、西藏、陕西、甘肃、青海、宁夏、新疆。

由图 3－2 可知，1998 年以来，中国工业企业整体资本收入份额处于增长趋势，但地区间存在差异。2004 年前，资本收入份额由高到低依次为东部、西部和中部；此后中部地区资本收入份额快速增长，超过了西部、东部地区；东部地区资本收入份额增长较为缓慢，西部地区保持平稳增长，在 2005 年后超过东部地区。可能的原因是：早期东部地区作为改革开放和市场经济建设的“排头兵”，地方政府对 GDP 的追求更加强烈，倾向于招商引资和扶持资本密集型的大型企业，资本收入份额较高。随着市场化进程推进，东部地区建立了更加完善的市场体系，政策优势减弱，投资成本上升，部分资本密集型产业向中西部地区转移，资本收入份额增速放缓甚至略有降低。但是,中西部地区由于工业基础、地理位置、制度保障等落后,地方政府实施了优惠力度更大的激励政策,因而也造成了企业竞争力弱但资本收入份额高并存的特殊现象。

2) 要素收入份额变动趋势分解分析

以资本收入份额为例,分析我国要素要素份额的变动趋势。

令 t 时期工业部门的资本收入份额为

$$kshare_t = \frac{K_t}{Y_t} = \sum_{i=1}^{n} \frac{K_{it}}{Y_t} \tag{3-48}$$

其中,K_t 为 t 期企业资本收入总额,Y_t 为 t 期的企业增加值总额,K_{it} 为行业 i 在 t 时期的资本收入。则

$$kshare_t = \frac{K_t}{Y_t} = \sum_{i=1}^{n} \left(\frac{K_{it}}{Y_{it}} \times \frac{Y_{it}}{Y_t} \right) = \sum_{i=1}^{n} (kshare_{it} \times w_{it}) \tag{3-49}$$

其中,Y_{it} 为行业 i 在 t 时期的收入总额,$kshare_{it}$ 为行业 i 在时期 t 的资本收入份额,w_{it} 为行业 i 在时期 t 所占全行业的比重。则 $(t-1)$ 时期到 t 时期的资本收入份额变动为

$$\begin{aligned} kshare_t - kshare_{t-1} &= \frac{K_t}{Y_t} - \frac{K_{t-1}}{Y_{t-1}} \\ &= \sum_{i=1}^{n} \frac{K_{it}}{Y_{it}} \left(\frac{Y_{it}}{Y_i} - \frac{Y_{it-1}}{Y_{t-1}} \right) + \sum_{i=1}^{n} \frac{Y_{it}}{Y_i} \left(\frac{K_{it}}{Y_{it}} - \frac{K_{it-1}}{Y_{it-1}} \right) \\ &= \sum_{i=1}^{n} (kshare_{it} \times \Delta w_{it}) + \sum_{i=1}^{n} (\Delta kshare_{it} \times w_{it}) \end{aligned} \tag{3-50}$$

其中,$\Delta kshare_{it}$、Δw_{it} 分别表示行业 i 在时期 t 的资本收入份额变动和工业增加值占工业部门总的工业增加值份额的变动。由式(3-50),资本收入份额变动分解为两部分:$\sum_{i=1}^{n} (kshare_{it} \times \Delta w_{it})$ 表示行业资本收入份额不变时,行业间产出结构变动对于工业部门资本收入份额变动的影响,即"行业间效应";$\sum_{i=1}^{n} (\Delta kshare_{it} \times w_{it})$ 表示保持行业结构不变时,行业内部资本收入份额变动对工业部门资本收入变动的影响,即"行业内效应"。若资本收入份额上升主要源于行业间效应,表明资本收入份额上升是经济发展过程中产业结构转变的阶段性特征,政策介入的主要目的是为资本收入份额步入下降"通道"创造条件;若相

反,资本收入份额上升的主要原因是行业内效应,则意味着资本收入份额上升可能是由于某些特殊因素介入造成的非“正常”产业演进结果,对“背后”原因的识别显得更为迫切,政策干预需求也会增加。

对中国工业企业资本收入份额变动分解(表 3 - 3)。

表 3 - 3　资本收入份额变动分解(1998—2010 年)

时间(年)	总体变动	行业内效应	行业内贡献率	行业间效应	行业间贡献率
1998—1999	6.44%	6.15%	95.51%	0.29%	4.49%
1999—2000	7.29%	6.71%	92.09%	0.58%	7.91%
2000—2001	−0.58%	−0.64%	90.78%	0.07%	9.22%
2001—2002	2.18%	2.21%	98.66%	−0.03%	1.34%
2002—2003	3.70%	3.61%	97.54%	0.09%	2.46%
2003—2004	0.03%	0.02%	55.08%	0.01%	44.92%
2004—2005	2.13%	3.58%	71.17%	−1.45%	28.83%
2005—2006	0.77%	0.82%	94.60%	−0.05%	5.40%
2006—2007	1.36%	1.14%	84.34%	0.21%	15.66%
2007—2010	−0.39%	−0.18%	45.25%	−0.21%	54.75%
1998—2010	22.93%	23.43%	97.90%	−0.50%	2.10%

注：2008、2009 年数据缺失。

由表 3 - 3 可知,资本收入份额在多数年份均有明显上升,尤其在 1999—2000 年升幅最大。从效应结果看,行业内效应对资本收入份额总体变动的作用方向保持严格的一致性,而行业间效应的作用方向并不确定。从贡献率来看,行业内效应贡献率在大部分年份中显著大于行业间效应贡献率,起了主导作用。中国工业部门 1998—2010 年资本收入份额上升主要是行业内效应造成的,并非是产业结构转换的结果,而是存在某些特殊因素的影响。

(三) 实证结果分析

1. 资本要素价格扭曲的影响

通过 Hausman 检验确定为固定效应模型。首先采用面板最小二乘模型和固定效应模型整体估计,并对地区样本分布进行回归;其次采用系统广义矩估计(SYS - GMM)以及滞后一阶工具变量回归,并对估计结果进行稳健性检验;最后，对资本要素市场扭曲来源进行了解释。

1）整体模型实证结果

表3-4报告了计量模型的主要估计结果，其中模型1～模型4采用面板最小二乘估计，模型5～模型8采用固定效应模型估计。

模型1、模型5中，资本要素市场扭曲对资本收入份额的影响估计结果为正，这与我们的理论模型的结论正好相反。从模型上看，当资本要素价格扭曲程度增加时，意味着资本未获得应有的收益，要素收入分配结构向劳动者倾斜，并导致资本要素收入份额下降。但结合中国具体实际，更能够反映出中国经济的现实情况：首先，从历史角度分析，新中国建立初期的优先发展重工业的发展战略与当时中国的要素禀赋严重不符，中央政府于是采用扭曲资本价格方法推动资本密集型产业的发展。直到今天，要素市场化改革的迟滞导致要素市场化程度远远落后于产品市场化程度。当前，资本要素价格扭曲的集中表现仍然是资本要素价格低估，这恰好增强了我国投资规模的扩张效应，并形成对劳动要素的替代效应。在中国，这两种效应尤为明显，在它们的共同作用下出现了中国城乡二元经济结构，并导致资本要素价格扭曲对资本收入份额的正向作用。其次，考虑我国“大政府、小企业”的背景，在地方政府GDP增长考核机制下，地方政府对资本密集型产业不遗余力的支持，以求拉动地方经济增长，这直接导致了我国过度依靠投资的“粗放型经济增长”模式，这一模式背后的推动力量就是地方政府对资本要素价格的扭曲。资本要素规模的迅速扩大导致新增产能的就业吸纳能力下降，劳动和资本在经济增长过程中比例严重失衡，并最终导致资本要素收入份额的增加。最后，从中外学者已有的实证文献来看，资本要素市场扭曲对中国要素收入分配的影响也还值得进一步讨论。Draper和Huizinga(2000)指出劳动成本必须降低才能使得资本获得正常的收益率，劳动收入份额下降是为了缓解资本成本上升。Aziz和Cui(2007)研究指出，中国资本要素市场扭曲会导致企业雇佣的劳动力减少，其原因在于大量的固定资产投资需要挤占一部分流动资本，而工资属于企业流动资本。白重恩和钱震杰(2010)指出劳动收入份额下降也是我国银行业扩张的结果之一，因为银行业扩张使得我国企业资本获取成本下降，能够使得非国有企业也能更容易获得资本，而我国非国有企业的劳动收入份额是低于国有企业的。综合来看，就中国经济现实和理论分析而言，资本要素扭曲加剧导致要素收入分配倾向于资本，并导致了要素收入分配结构恶化。

模型2、模型6中，资本产出比系数在1%显著性水平下为负，资本密集度系数在1%显著性水平为正，即在资本要素扭曲严重的企业中，资本产出比低、资本密

表 3-4　整体样本回归结果

变　量	模型 1	模型 2	模型 3	模型 4	模型 5	模型 6	模型 7	模型 8
	POLS	POLS	POLS	POLS	FE	FE	FE	FE
capdis	0.189*** (157.57)	0.193*** (202.19)	0.176*** (191.02)	0.188*** (215.79)	0.219*** (103.66)	0.208*** (122.75)	0.192*** (112.37)	0.198*** (89.07)
kty		−0.015*** (−1 300.97)	−0.024*** (−1 994.39)	−0.022*** (−1 437.88)		−0.015*** (−1 037.05)	−0.024*** (−1 559.27)	−0.020*** (−950.66)
ktl		0.160*** (174.12)	0.182*** (200.70)	0.188*** (213.81)		0.157*** (72.27)	0.177*** (82.00)	0.180*** (52.84)
finenv			−0.003*** (3.81)	−0.005*** (−8.64)			−0.017*** (−13.53)	−0.014*** (−8.28)
subsidy			0.022*** (25.58)	0.013*** (15.83)			0.029*** (25.58)	0.011*** (6.41)
size				0.010*** (8.64)				0.022*** (3.81)
ex				0.031*** (16.49)				0.008 (1.11)
cysl				0.007*** (12.50)				0.005** (2.68)

续 表

变 量	模型 1	模型 2	模型 3	模型 4	模型 5	模型 6	模型 7	模型 8
	POLS	POLS	POLS	POLS	FE	FE	FE	FE
cons	0.054*** (−18.15)	−0.467*** (−104.08)	−0.395*** (−89.08)	−0.577*** (−91.78)	0.050 (18.15)	−0.467 (104.08)	−0.395 (−89.08)	−0.577 (−91.78)
Year_dum	Yes	Yes	Yes	Yes	Yes	Yes	Yes	Yes
行 业	Yes	Yes	Yes	Yes	Yes	Yes	Yes	Yes
地 区	Yes	Yes	Yes	Yes	Yes	Yes	Yes	Yes
F统计量	0.000 0	0.000 0	0.000 0	0.000 0				
拟合优度	0.123	0.468 7	0.742 7	0.770 4				
N	1 995 071	1 995 071	1 409 258	645 139	1 995 071	1 995 071	1 409 258	645 139

注：回归系数下括号内为回归系数的 t 统计值；*、**、*** 分别为 1%、5%和 10%的显著水平。

集度度高的企业资本收入份额越大，侧面反映出资本和劳动间存在互补关系。

在模型3、模型7引入金融环境、政府补贴变量。中国资本要素市场改革缓慢，金融自由化进程约40%，远低于多数新兴市场经济体（黄益平，2009）。根本原因在于政府在经济发展过程中对经济的干预，尤其是对资源配置和定价权的管制。实证结果表明，金融环境改善使经济系统配置资源能力的提升，可以降低资本收入份额，可能是因为金融环境的改善缓解了的信贷和预算软约束等扭曲问题；政府增加补贴能够提高资本收入份额，体现了对大型资本密集型企业的偏好特征。

模型4、模型8引入出口、企业规模和市场势力三个企业异质性变量，结果如下。

(1) 出口对资本要素收入份额提高有推动作用。这一点肯定了罗长远和张军(2009b)、张相伟和陆云航(2014)的观点，即出口对劳动份额影响是消极的，而贸易对于劳动收入份额的积极影响主要是通过进口引起的；出口对中国企业的影响，更重要的是促进企业的资本增强型技术进步而非国际分工和专业化。该实证检验中出口变量的符号也直接印证了在我国要素替代弹性的背景下，资本增强型技术进步导致资本收入份额上升。

(2) 企业规模越大资本收入份额越高。中国劳动成本的上升导致规模较大的企业倾向于使用资本密集型方式进行生产，并且更容易获得政府政策支持，获得更高的资本要素租金。

(3) 市场势力增强能够提高资本收入份额。企业面临信贷和金融市场约束时将面临经营不稳定，拥有较强市场势力的企业能够借助自身优势地位克服不足，缓解资金压力。

2) 区分不同特征企业的情况

对不同特征企业进行区分，在含有全部变量的模型8中逐个加入交互项，从整体上来看，主要控制变量估计系数并没有发生较大变化，表明计量结果是稳健的。在估计结果中，要特别注意的是资本要素市场扭曲变量的符号依然显著为正(表3-5)。

(1) 检验资本产出比、资本密集度交互项的影响。模型1中引入资本要素市场扭曲和企业资本产出比的交互项，发现资本要素市场扭曲越严重时，企业资本产出比越大资本收入份额越高。可能由于企业用更多的非生产途径获得资本要素，比如通过政治关系寻租或者利用优势地位获取更多的垄断租金，因此企业资本积累速度大于资本边际产出下降的速度。模型2引入资本要素市场扭曲与企业资本密集度的交互项，结果表明资本要素市场扭曲越严重时，企业资本要素密集度越高,资本收入份额越高。可能是因为资本密集度越高的企业更符合地方政府追求高增长偏好,因此也能够利用企业本身优势获得更多的政策优惠,获得更多要素扭曲租金。

(2) 检验宏观环境变量与政府关系交互项影响。模型 3 引入资本要素市场扭曲与金融环境的交互项,发现在资本要素市场扭曲越严重时,金融环境改善使资本收入份额提高。企业面临的金融环境越好,表明企业更容易从银行获得信贷支持,提高资本密集型度。模型 4 引入资本要素市场扭曲与政府补贴收入交互项,发现资本要素市场扭曲越严重,政府补贴越多,企业资本收入份额越低。余明桂等(2010)的研究结果表明,企业通过与政府之间政治关系可以获得更多的财政补贴,这种基于政治关系的补贴在制度环境越差的地方更为明显。资本要素市场扭曲严重的地区,官员利用手中权力与企业非市场交易活动难以受到制度的有效约束,企业寻租行为盛行。不过,若扭曲愈发严重的话,可能增大企业的寻租成本降低寻租收益,并一定程度抑制企业生产活动,对资本收入份额造成了负面影响。

(3) 检验企业异质性因素的交互项影响。模型 5 引入资本要素市场扭曲与市场势力变量,发现资本要素市场扭曲越严重时,企业市场势力越大,其资本收入份额越大。可能是因为市场势力越大的企业,更便于通过与政府联系获得更低成本的资本要素的投入,提高企业资本要素存量。模型 6 引入资本要素市场扭曲与企业规模的交互项,发现资本要素市场扭曲越严重,规模越大的企业资本收入份额越高。可能是此类企业更容易获得扭曲的租金收入,倾向增加资本要素投入,以进一步巩固这种寻租优势。模型 7 引入资本要素市场扭曲与企业出口交互项,发现要素市场扭曲越严重,出口企业的资本收入份额越高于非出口企业。中国要素市场扭曲会使企业倾向于出口,而企业出口发生的资本增强型技术进步使资本收入份额提高。

表 3-5 资本要素市场扭曲对不同特征企业的影响

变 量	模型 1	模型 2	模型 3	模型 4	模型 5	模型 6	模型 7
	FE	FE	FE	FE	FE	FE	FE
capdis	0.178*** (330.46)	0.175*** (42.12)	0.150*** (32.40)	0.169*** (38.98)	0.184*** (55.73)	0.159*** (19.64)	0.181*** (78.47)
kty	−0.012*** (−919.76)	−0.027*** (−847.88)	−0.027*** (−849.56)	−0.027*** (−849.88)	−0.027*** (−849.59)	−0.028*** (−849.86)	−0.027*** (−849.77)

续　表

变 量	模型 1	模型 2	模型 3	模型 4	模型 5	模型 6	模型 7
	FE	FE	FE	FE	FE	FE	FE
ktl	0.144*** (175.11)	0.177*** (41.02)	0.181*** (58.26)	0.182*** (58.59)	0.182*** (58.72)	0.182*** (58.51)	0.182*** (58.75)
finenv	−0.008*** (−19.74)	−0.013*** (−8.52)	−0.025*** (−11.34)	−0.013*** (−8.61)	−0.013*** (−8.57)	−0.013*** (−8.53)	−0.013*** (−8.75)
subsidy	0.010*** (17.29)	0.021*** (10.83)	0.021*** (10.75)	0.029*** (9.78)	0.021*** (10.78)	0.021*** (10.74)	0.021*** (10.77)
size	0.017*** (12.37)	0.017** (3.24)	0.017** (3.24)	0.018*** (3.38)	0.018*** (3.51)	0.008 (1.22)	0.018*** (3.51)
ex	0.004* (2.23)	0.012* (2.03)	0.012* (1.99)	0.012* (1.96)	0.013* (2.05)	0.012* (2.02)	0.018* (1.88)
cysl	0.002*** (5.13)	0.006*** (3.83)	0.006*** (3.74)	0.006*** (3.81)	0.004 (1.64)	0.006*** (3.75)	0.006*** (3.76)
capdis * *kty*	0.012*** (1 756.25)						
capdis * *kl*		0.002 (1.87)					
capdis * *finenv*			0.006*** (7.53)				
capdis * *subsidy*				−0.004*** (−3.43)			
capdis * *cysl*					0.001 (0.8)		
capdis * *size*						0.005** (2.86)	
capdis * *ex*							0.003 (0.76)
cons	−0.451*** (−54.58)	−0.432*** (−12.57)	−0.382*** (−11.63)	−0.430*** (−13.27)	−0.404*** (−15.15)	−0.407*** (−11.30)	−0.451*** (−54.58)
Year_dum	Yes	Yes	Yes	Yes	Yes	Yes	Yes
N	473 010	473 010	473 010	473 010	473 010	472 010	473 010

注：回归系数下括号内为回归系数的 t 统计值；*、**、*** 分别为 1%、5%和 10%的显著水平。

3) 区分不同地区情况

分地区样本估计,不再报告面板最小二乘估计结果。其中模型 1、模型 2 是东部地区估计结果,模型 3、模型 4 是中部地区估计结果,模型 5、模型 6 是西部地区估计结果(表 3-6)。从回归结果可以看出,分地区样本模型中资本市场扭曲变量的系数估计符号均在 1%的显著性水平下显著为正,与整体回归结果基本一致。

表 3-6 分地区样本回归结果

变 量	东 部		中 部		西 部	
	模型 1	模型 2	模型 3	模型 4	模型 5	模型 6
	FE	FE	FE	FE	FE	FE
capdis	0.185*** (110.06)	0.188*** (188.21)	0.262*** (38.38)	0.199*** (114.65)	0.346*** (30.18)	0.307*** (14.12)
kty		−0.018*** (−1 018.44)		−0.016*** (−214.17)		−0.021*** (−273.42)
ktl		0.169*** (110.5)		0.176*** (67.39)		0.258*** (7.31)
finenv		−0.011*** (−15.46)		−0.014*** (−10.25)		−0.029 (−1.63)
subsidy		0.005*** (6.95)		0.017*** (10.30)		0.031 (1.87)
size		0.018*** (7.41)		0.037*** (7.84)		0.049 7 (0.78)
ex		0.017*** (5.68)		0.018*** (3.98)		0.011 7 (0.11)
cysl		0.004*** (5.50)		0.008*** (−5.01)		−0.012 5 (−0.70)
cons	0.052*** (14.33)	−0.533*** (−35.43)	−0.048*** (−3.61)	−0.564*** (−20.25)	−0.215*** (−10.89)	−1.084** (−2.80)
Year_dum	Yes	Yes	Yes	Yes	Yes	Yes
N	1 392 891	461 953	351 607	105 883	171 854	52 569

注:回归系数下括号内为回归系数的 t 统计值;*、**、*** 分别为 1%、5%和 10%的显著水平。

这一实证结果也证实了资本要素市场扭曲对资本收入份额影响的地区差异性。随着各地区经济发展水平的提升，资本要素市场扭曲对资本收入份额的促进作用逐渐降低，经济发展水平最高的东部地区，资本要素市场扭曲对收入份额的促进作用最低。经济发展水平与制度安排相互促进，相比中西部地区，东部地区经济发展水平高，市场经济制度较为完善（冼国明和徐清，2013），会减弱资本市场扭曲对企业的影响。在模型 6 中，异质性因素变量回归系数不显著，但是核心解释变量仍然符合预期，可能是由于在西部地区，经济发展相对落后，政府对于经济增长的诉求更为强烈，对市场的干预程度也较高，对资本收入份额影响更大。比较而言，企业自身因素对于资本收入份额的影响相对更小。

表 3－6 与表 3－5 结果相似之处是均反映了资本要素市场扭曲对资本收入份额下降有重要作用。但与表 4 结果不同的是，模型 5 和模型 6 的实际解释比例明显较高，进一步印证了西部地区资本要素市场扭曲问题较严重，影响较大。

4）稳健性检验

资本要素市场扭曲能够促进企业资本收入份额的提升，但是，随着企业资本收入份额的提升，更倾向于进入资本要素市场扭曲严重的地区或行业，以进一步获得扭曲租金；另外，资本产出比与资本收入份额之间存在比较明显的同时性问题（Simultaneity Problem），较高资本收入份额的企业通常具有较强的营利能力，资本产出比相对较高。以上内生性问题会导致模型的估计结果有偏且不一致。因此，一方面采用各变量的滞后一阶作为工具变量控制由于因果关系造成的内生性；另一方面引入被解释变量的滞后项，用两步法系统广义矩估计（SYS－GMM）估计模型克服。

表 3－7 中模型 1～模型 4 报告了滞后一阶工具变量的固定效应模型估计结果，模型 5～模型 8 报告了两阶段系统广义矩估计结果，各估计模型的结构与之前的模型一致。核心变量的估计结果依然表明资本要素市场扭曲与资本收入份额之间存在显著的负相关关系。

2. 劳动要素价格扭曲的影响

1）整体模型实证结果

表 3－8 报告了实证模型的主要估计结果，其中模型 1～模型 4 采用面板最小二乘估计，模型 5～模型 8 采用固定效应模型估计。

所有模型的核心变量估计结果与理论模型均高度一致，劳动要素市场扭曲系数在 1％的显著性水平下显著为正，表明劳动要素市场扭曲导致资本收入份额上升。在竞争性市场，同质性的劳动要素将获得相同的收益。我国由于户籍

表 3-7 解决内生性的方法的实证结果

变　量	模型 1	模型 2	模型 3	模型 4	模型 5	模型 6	模型 7	模型 8
	IV-Lag	IV-Lag	IV-Lag	IV-Lag	SYS-GMM	SYS-GMM	SYS-GMM	SYS-GMM
capdis	0.215*** (89.73)	0.183*** (124.86)	0.198*** (100.27)	0.205*** (130.81)	0.177*** (82.53)	0.189*** (52.54)	0.177*** (48.08)	0.172*** (51.05)
kty		−0.023*** (−1 356.81)	−0.023*** (−1 136.51)	−0.015*** (−1 290.69)		−0.020*** (−11.10)	−0.031*** (−17.49)	−0.027*** (−14.00)
ktl		0.170*** (90.50)	0.178*** (72.13)	0.181*** (75.41)		0.173*** (44.63)	0.195*** (45.28)	0.147*** (27.91)
finenv			−0.011*** (−7.77)	−0.011*** (−8.91)			−0.006*** (−8.52)	−0.004*** (−8.24)
subsity			0.027*** (14.36)	0.010*** (6.18)			0.011*** (13.28)	—
size				0.041*** (10.05)				—
ex				0.008 (1.76)				0.013* (2.02)
cysl				0.004*** (3.38)				0.004 (6.60)

续　表

变　量	模型 1	模型 2	模型 3	模型 4	模型 5	模型 6	模型 7	模型 8
	IV - Lag	IV - Lag	IV - Lag	IV - Lag	SYS - GMM	SYS - GMM	SYS - GMM	SYS - GMM
cons	0.017*** (3.57)	−0.430*** (−53.15)	−0.335*** (−27.66)	−0.691*** (−27.46)	0.173*** (38.17)	−0.402*** (−42.61)	−0.366*** (−41.09)	−0.363*** (−42.55)
AR(1)					0.023 (−2.27)	0.128 (−1.52)	0.027 (−2.22)	0.009 (−2.62)
AR(2)					0.276 (1.09)	0.456 (−0.75)	0.671 (0.42)	0.248 (1.16)
Year_dum	Yes	Yes	Yes	Yes	Yes	Yes	Yes	Yes
N	1 233 202	1 233 202	851 172	278 736	368 120	368 120	266 113	196 238

注：回归系数下括号内为回归系数的 t 统计值；*、**、*** 分别为 1%、5%和 10%的显著水平。

制度导致的劳动力要素市场扭曲严重限制了劳动力的自由流动，从而导致要素无法配置到更高效率的生产领域，在此情况下，经济体无法实现帕累托最优，并造成相应的社会损失(Jones, 2011)。劳动力流动性受到制约，很大一部分劳动力滞留在低效率部门，影响劳动要素的市场定价机制的发挥，劳动要素报酬受到抑制，因此资本收入份额出现上升。

模型 2、模型 6 中，资本产出比系数在 1%显著性水平下为正，资本密集度系数在 1%显著性水平为负，即在劳动要素扭曲严重的企业中，资本产出比低、资本密集度度高的企业劳动收入份额越大，侧面反映出资本和劳动间存在互补关系。资本产出比体现了资本深化，上述结果体现了资本深化对劳动收入比重有正向拉动效应，但随着资本深化的继续这种效应必然会减小。虽然目前资本深化对稳定劳动收入比重有一定的作用，但是这一作用的发挥有赖两个层面：一是劳动边际产出的弹性较大，二是近些年来资本一直在深化。其中第一层面成立的背后机理是中国劳动力相对丰裕，资本相对稀缺。但是随着资本深化的继续，资本密集度将上升，劳动边际产出的弹性将减小，从而导致乘数效应的减小，甚至最终变成负数，一旦乘数变成负数资本深化非但不能提高劳动收入比重反而会降低劳动收入比重。第二层面来说，资本也不可能无限制地深化，必定会遇到它的天花板。

在模型 3、模型 7 引入金融环境、政府补贴变量。中国资本要素市场改革缓慢，金融自由化进程约 40%，远低于多数新兴市场经济体(黄益平,2009)。根本原因在于政府在经济发展过程中对经济的干预，尤其是对资源配置和定价权的管制，具体到劳动要素市场，则是户籍制度对劳动力自有流动机制的干预。实证结果表明，金融环境改善使经济系统配置资源能力的提升，可以提高收入份额，劳动报酬需要依靠流动性资本进行支付，金融环境的改善缓解了信贷和预算软约束等扭曲问题，补充了企业的流动资产；政府增加补贴能够提高劳动收入份额。

2) 区分不同特征的企业情况

对不同特征企业进行区分，在含有全部变量的模型 8 中逐个加入交互项，从整体上来看，主要控制变量估计系数并没有发生较大变化，表明实证结果是稳健的。

(1) 检验资本产出比、资本密集度交互项的影响。模型 1 中引入劳动要素市场扭曲和企业资本产出比的交互项，发现劳动要素市场扭曲越严重时，企业资本产出比越大劳动收入份额越高。这表明资本深化对劳动收入份额影响随着劳

表 3-8　劳动要素市场扭曲对资本收入变动影响

变　量	模型 1	模型 2	模型 3	模型 4	模型 5	模型 6	模型 7	模型 8
	POLS	POLS	POLS	POLS	FE	FE	FE	FE
labdis	0.157*** (812.86)	0.135*** (903.15)	0.135*** (792.99)	0.125*** (448.44)	0.116*** (348.5)	0.112*** (503.96)	0.110*** (426.97)	0.102*** (230.16)
kty		−0.010*** (−291.89)	−0.009*** (−259.27)	−0.019*** (−215.81)		−0.007*** (−193.22)	−0.006*** (−166.28)	−0.014*** (−121.84)
ktl		0.065*** (534.32)	0.065*** (442.19)	0.078*** (344.37)		0.041*** (191.24)	0.040*** (162.10)	0.042*** (82.86)
finenv			−0.001*** (−8.79)	0.002*** (13.48)			0.001 (1.32)	0.001 (1.39)
subsidy			−0.006*** (−43.46)	−0.006*** (−29.87)			−0.011*** (−56.57)	−0.005*** (−19.68)
size				−0.006*** (−19.50)				−0.015*** (−16.86)
ex				−0.004*** (−7.79)				−0.001 (−1.24)
cysl				−0.008*** (−52.88)				−0.003*** (−11.54)

续 表

变　量	模型 1	模型 2	模型 3	模型 4	模型 5	模型 6	模型 7	模型 8
	POLS	POLS	POLS	POLS	FE	FE	FE	FE
cons	0.236*** (633.85)	0.064*** (148.46)	0.049*** (83.49)	0.017*** (12.29)	0.303*** (527.60)	0.181*** (229.79)	0.151*** (129.79)	0.254*** (49.06)
Year_dum	Yes	Yes	Yes	Yes	Yes	Yes	Yes	Yes
行业	Yes	Yes	Yes	Yes	Yes	Yes	Yes	Yes
地区	Yes	Yes	Yes	Yes	Yes	Yes	Yes	Yes
F 统计量	0.000 0	0.000 0	0.000 0	0.000 0				
拟合优度	0.309 5	0.507 6	0.515 2	0.561 1				
N	1 474 381	1 468 905	1 174 952	559 782	1 474 381	1 468 905	1 174 952	559 782

动要素市场扭曲的加重而增加。模型 2 引入劳动要素市场扭曲与企业资本密集度的交互项，结果表明劳动要素市场扭曲越严重时，企业资本要素密集度越高，劳动收入份额越高。当前中国正处于企业转型升级的过程中，资本产出比和资本密集度提升是行业发展的客观规律，在这过程中，劳动收入份额下降是必然结果。但本文的实证结果进一步表明，若存在劳动要素市场扭曲，这种下降会产生非市场原因的扩大。可能的原因是市场扭曲抑制劳动力的流动性，劳动的议价能力降低，而政策对资本的青睐进一步加剧了这种趋势。

表 3-9　劳动要素市场扭曲对不同特征企业的影响

变 量	模型 1	模型 2	模型 3	模型 4	模型 5	模型 6	模型 7
	FE	FE	FE	FE	FE	FE	FE
labdis	0.103*** (210.85)	0.117*** (99.03)	0.103*** (94.75)	0.113*** (120.91)	0.103*** (138.44)	0.085*** (47.47)	0.101*** (205.93)
kty	−0.013*** (−47.50)	−0.014*** (−121.83)	−0.014*** (−121.82)	−0.014*** (−122.32)	−0.014*** (−121.85)	−0.014*** (−121.75)	−0.014*** (−121.86)
ktl	0.041*** (81.73)	0.048*** (68.78)	0.042*** (82.86)	0.042*** (83.22)	0.042*** (82.88)	0.042*** (82.85)	0.042*** (82.94)
finenv	0.001 (1.51)	0.001 (1.16)	0.001 (1.68)	0.001 (1.39)	0.001 (1.41)	0.001 (1.47)	0.001 (1.44)
subsidy	−0.005*** (−19.85)	−0.005*** (−19.81)	−0.005*** (−19.67)	−0.010*** (−22.23)	−0.005*** (−19.71)	−0.005*** (−19.85)	−0.005*** (−19.76)
size	−0.017*** (−12.37)	−0.015** (−16.39)	−0.015** (−16.82)	−0.015*** (−16.59)	−0.015*** (−16.89)	−0.021*** (−19.24)	−0.015*** (−16.81)
ex	−0.001 (−1.14)	−0.001 (−1.38)	−0.001 (−1.25)	−0.002 (−1.53)	−0.001 (−1.28)	−0.001* (−1.15)	−0.007*** (−4.37)
cysl	−0.003*** (−11.70)	−0.003*** (−11.61)	−0.003*** (−11.53)	−0.003*** (−11.73)	−0.004*** (−8.29)	−0.003*** (−11.73)	−0.003*** (−11.29)
labdis * *kty*	−0.001*** (−6.73)						
labdis * *kl*		−0.004*** (−14.03)					
labdis * *finenv*			−0.001 (−1.01)				

续 表

变 量	模型 1	模型 2	模型 3	模型 4	模型 5	模型 6	模型 7
	FE	FE	FE	FE	FE	FE	FE
labdis * *subsidy*				0.003 *** (13)			
labdis * *cysl*					−0.001 * (−1.96)		
labdis * *size*						−0.004 *** (−9.52)	
labdis * *ex*							0.004 *** (4.65)
cons	0.252 *** (48.55)	0.227 *** (41.05)	0.252 *** (46.41)	0.227 *** (44.24)	0.252 *** (47.86)	0.284 *** (46.98)	0.255 *** (49.29)
Year_dum	Yes	Yes	Yes	Yes	Yes	Yes	Yes
N	559 782	559 782	559 782	559 782	559 782	559 782	559 782

(2) 检验宏观环境变量与政府关系交互项影响。模型 3 引入劳动要素市场扭曲与金融环境的交互项，发现在劳动要素市场扭曲越严重时，金融环境改善使劳动收入份额越高。模型 4 引入劳动要素市场扭曲与政府补贴收入交互项，发现劳动要素市场扭曲越严重，政府补贴越多，企业劳动收入份额越低。金融环境改善将企业通过与政府之间政治关系可以获得更多的财政补贴，这种基于政治关系的补贴在制度环境越差的地方更为明显(余明桂，2010)。劳动要素市场扭曲严重的地区，官员利用手中权力与企业非市场交易活动难以受到制度的有效约束，为企业寻租行为提供激励。若扭曲愈发严重的话，可能增大企业的寻租成本降低寻租收益，并一定程度抑制企业生产活动，对企业的劳动收入份额造成了负面影响。

(3) 检验企业异质性因素的交互项影响。模型 5 引入劳动要素市场扭曲与市场势力变量，发现劳动要素市场扭曲越严重时，企业市场势力越大，其劳动收入份额越大。可能是因为市场势力越大的企业，在市场上能过获得更多的经济利润。模型 6 引入劳动要素市场扭曲与企业规模的交互项，发现劳动要素市场扭曲越严重，规模越大的企业劳动收入份额越高。可能是此类企业更容易获得扭曲的租金收入，倾向增加资本要素投入，以进一步巩固这种寻租优势。模型 7

引入劳动要素市场扭曲与企业出口交互项，发现要素市场扭曲越严重，出口企业的劳动收入份额越低于非出口企业。中国要素市场扭曲会使企业倾向于出口，而企业出口发生的资本增强型技术进步使资本收入份额提高，降低劳动收入份额。

3）区分不同地区情况

分地区的回归分析中，不再进一步报告面板最小二乘估计结果。其中，模型1和模型2报告东部地区结果，模型3和模型4报告中部地区结果，模型5和模型6报告西部地区结果。所有模型中，劳动要素市场扭曲系数均在1%的显著性水平上显著为负，与之前的回归结果相同。

表3-10　劳动要素市场扭曲对不同地区企业的影响

变量	东部		中部		西部	
	模型1	模型2	模型3	模型4	模型5	模型6
	FE	FE	FE	FE	FE	FE
labdis	0.121*** (456.80)	0.106*** (213.97)	0.116*** (75.97)	0.098*** (80.25)	0.093*** (103.66)	0.075*** (43.54)
kty		−0.026*** (−122.57)		−0.016*** (−57.63)		−0.006*** (−25.41)
ktl		0.050*** (86.50)		0.048*** (35.70)		0.037*** (18.34)
finenv		−0.002*** (−6.77)		0.002** (2.81)		0.007*** (6.23)
subsidy		−0.004*** (−13.30)		−0.007*** (−8.21)		−0.005*** (−4.74)
size		−0.016*** (−16.80)		−0.011*** (−4.26)		−0.012** (−3.15)
ex		−0.001 (−0.17)		−0.003 (−1.52)		−0.004 (−0.64)
cysl		−0.002*** (−6.14)		−0.004*** (−4.86)		−0.006*** (−5.52)
cons	0.299*** (697.35)	0.258*** (45.52)	0.305*** (96.89)	0.225*** (15.07)	0.310*** (196.15)	0.220** (9.54)
Year_dum	Yes	Yes	Yes	Yes	Yes	Yes
N	1 054 156	408 221	248 040	88 746	94 132	42 513

这一实证结果验证了劳动要素市场扭曲对劳动收入份额的地区差异性。东部地区影响最大，中部次之，影响最小的是西部。中国的劳动要素市场扭曲呈现出地区差异性，东部地区虽然最早经历了改革开放，经济发展水平较高，但其劳动要素市场的扭曲程度却是最大的，中部次之，西部最小（施炳展，2013）。因此，实证结果实际上进一步证明了要素市场扭曲对劳动收入份额的抑制作用。

4）稳健性检验

对模型中可能存在的内生性问题，本文拟采用两种方法加以解决：① 采用各变量的滞后一阶作为工具变量；② 引入被解释变量的滞后项，用两步法系统广义矩估计模型估计。

模型 1～模型 4 报告了滞后一阶工具变量的固定效应模型估计结果，模型 5～模型 8 报告了两阶段系统广义矩估计模型的估计结果。在所有估计结果中，核心变量的系数均在 1%的显著性水平上显著为负。出口变量的回归结果由正变负，但不显著。这说明前文对出口变量的进一步考虑是有价值的，出口对劳动收入份额的影响确实需要进一步研究。整体来看，本文的估计结果是稳健的。

（四）小结

近年来，要素价格扭曲和要素收入份额变动是我国学术界和政府都比较关心的宏观经济议题。一方面，我国的渐进式改革导致要素市场发育程度显著落后于产品市场，要素价格扭曲现象仍然十分严重，资本和劳动的要素报酬显著偏离其边际贡献；另一方面，要素收入分配失衡是我国收入分配领域面临的突出问题，劳动收入份额持续下降导致贫富差距扩大，我国目前亟需调整要素收入分配结构，使劳动者报酬跟上我国经济发展的步调。本部分在前文理论分析的基础上，进一步采用 1998—2010 年的中国工业企业数据进行实证检验和分析。本部分的主要研究结论如下。

（1）根据理论分析结果，选取变量构建实证模型。根据理论分析和阅读文献，综合选取资本产出比、劳动要素市场扭曲、资本要素市场扭曲、资本密集度、企业规模、出口、金融环境、市场势力、销售加成比、补贴收入等变量考察其对要素收入份额变动的影响，并根据前人文献对变量的影响机制加以分析。

（2）计算我国要素收入份额变动的趋势，并对趋势进行分解分析。根据计算，1998 年以来中国工业企业整体资本收入份额处于增长趋势，但地区间存在差异。2004 年前，资本收入份额由高到低依次为东部、西部和中部；此后中部地区资本收入份额快速增长，超过了西部、东部地区；东部地区资本收入份额增长

表 3-11　稳健性分析结果

变　量	模型 1	模型 2	模型 3	模型 4	模型 5	模型 6	模型 7	模型 8
	IV-Lag	IV-Lag	IV-Lag	IV-Lag	SYS-GMM	SYS-GMM	SYS-GMM	SYS-GMM
labdis	0.118*** (197.48)	0.113*** (346.96)	0.111*** (299.55)	0.098*** (118.41)	0.108*** (62.65)	0.109*** (62.95)	0.109*** (56.53)	0.108*** (52.67)
kty		−0.010*** (−152.96)	−0.010*** (−135.98)	−0.011*** (−56.22)		−0.010*** (−4.53)	−0.011*** (−4.14)	−0.011*** (−4.15)
ktl		0.044*** (140.63)	0.045*** (122.77)	0.038*** (40.68)		0.028*** (8.47)	0.030*** (7.75)	0.028*** (7.03)
finenv			−0.001*** (−3.58)	0.000 (0.11)			−0.002*** (−4.25)	0.001 (0.19)
subsity			−0.010*** (−35.36)	−0.001*** (−15.35)			−0.002* (−2.06)	−0.011*** (−13.28)
size				−0.015*** (−8.78)				−0.008*** (−4.91)
ex				0.000 (0.03)				0.003 (1.72)
cysl				−0.003*** (−5.58)				−0.018* (−2.18)

续 表

变 量	模型 1	模型 2	模型 3	模型 4	模型 5	模型 6	模型 7	模型 8
	IV - Lag	IV - Lag	IV - Lag	IV - Lag	SYS - GMM	SYS - GMM	SYS - GMM	SYS - GMM
cons	0.307 *** (298.52)	0.183 *** (159.94)	0.155 *** (91.75)	0.265 *** (26.20)	0.806 *** (6.56)	0.691 *** (7.63)	0.691 *** (7.29)	0.721 *** (6.59)
AR(1)					0.023 (−2.27)	0.128 (−1.52)	0.027 (−2.22)	0.009 (−2.62)
AR(2)					0.276 (1.09)	0.456 (−0.75)	0.671 (0.42)	0.248 (1.16)
Year_dum	Yes	Yes	Yes	Yes	Yes	Yes	Yes	Yes
N	1 233 202	1 233 202	851 172	278 736	56 323	56 182	48 629	48 629

较为缓慢,西部地区保持平稳增长,在 2005 年后超过东部地区。从分解结果来看,我国要素收入分配结构变化的行业内效应显著,且行业内效应对资本收入份额的变动起主导作用。

(3) 考察要素价格扭曲对要素收入分配结构的影响。本章综合考虑资本要素市场扭曲和劳动要素市场扭曲对收入分配结构的影响,实证结果表明要素价格扭曲恶化了收入分配结构,导致要素报酬倾向于资本要素,并间接造成了居民收入不平等和贫富差距。综合考虑不同特征企业和不同地区企业的异质性之后,实证结果仍然高度统一,采用系统广义矩估计和滞后一阶代理变量的实证检验表明实证研究的结果具有稳健性。

(4) 多维度考察要素价格扭曲对收入分配的异质性影响。从整体上看,要素价格扭曲恶化了收入分配结构,这种影响根据企业特征呈现出一定的异质性。首先是这种影响体现出明显的区域性特征:资本要素价格扭曲对收入分配结构影响程度由大到小依次为西部、中部和东部,反之,劳动要素价格扭曲对收入分配结构的影响程度则是东部最大,中部次之,西部最小。其次,在企业微观异质性方面,在要素价格存在扭曲时,资本产出比、资本密集度、企业市场势力、企业规模以及出口会导致要素收入分配结构的恶化,金融环境的改善、政府补贴等因素则有利于我国要素收入分配结构的改善。

(5) 根据理论分析,多角度考察要素收入分配结构的影响因素。除要素价格扭曲外,要素收入分配受诸多因素的共同影响,本章综合考虑了包括资本密集度、要素密集度、金融环境、政府关系、国际化、企业规模和企业市场势力等的影响,实证结果表明:资本密集度、政府关系、国际化、企业规模和市场势力等因素恶化了要素收入分配结构,资本产出比、金融环境等则又导致要素收入分配向劳动者倾斜。

五、推进要素市场化改革,改善要素分配结构的政策建议

本研究丰富了现有两个领域的研究,同时现实意义也非常明显,为进一步弱化要素市场扭曲,减小收入分配差距提供了新思路。在以上研究基础上,本文提出如下政策建议。

(一) 进一步推动要素市场化改革,减少扭曲现象

诱导性技术创新理论认为,资本和劳动之间的替代关系随着资本和劳动要素的相对价格变化而变化(Raurich 等,2010)。该理论认为当要素之间的相对

价格变化，在要素具有替代性的假设下，理性的生产者会调整要素投入的相对比例以获得最大收益。如，当劳动力成本上升，生产者会投入更多的资本要素，如使用更先进的生产设备，增加研发投入等。虽然经过长时间的发展，我国要素市场改革已经取得长足的进步，但仍有许多问题亟待解决。

在劳动要素市场方面，要特别注意完善劳动力市场建设，提高人力资本质量。首先要改革户籍制度，保障劳动力自由流动，促进劳动力市场一体化。户籍制度对经济发展的抑制作用主要表现为：延缓城镇化过程，抑制经济转型发展；城乡劳动报酬差距导致城乡收入差距扩大，降低社会总体消费倾向，不利于提振内需；造成城乡二元经济体系，影响包括产业结构、产品结构等并造成产业畸形发展。由于户籍制度背后错综复杂的利益纠葛，我国户籍制度改革虽然已经着手多年但成效仍显不足。当前阶段，要加大户籍制度改革，需要着力从以下方面入手：① 改革与户籍制度挂钩的利益分配制度。我国户籍制度从来都是伴随着利益分配而存在的，这也是其改革难点所在。不同户籍的居民在医疗、住房、教育等社会保障方面面临着严重的非平等性。一般情形为，城市等级越高，各种社会资源相应更加倾斜，在社会利益分配格局中也处于优势地位。因此，改革户籍制度首先在于改革与户籍制度挂钩的利益分配制度，社会资源要向农村适当倾斜，对农村的基础设施、教育环境、居住环境、医疗环境要适当加大投资力度。② 户籍制度的改革必须与我国当前的城镇化进程相匹配，实现城镇化建设与新农村建设同步发展。中国渐进式改革导致区域发展失衡，不同地区的经济发展水平和制度设计都不尽相同，在户籍制度改革过程中要充分考虑相关因素，进行客观的评价。③ 户籍制度的改革的最终目的是承担纯粹的人口管理功能。

其次，劳动要素市场改革需要进一步完善社会保障制度。社会保障制度是一项涉及整个经济社会和制度环境下的全部居民的保障体系，是社会平等的重要因素。伴随着我国综合国力的快速增长，我国的社会保障体系已经日臻完善，但整体还处于较低水平，进一步完善社会保障体系首先需要建立健全社会公共财政支持体系，适当增加公共财政对社会保障体系的支持力度，尤其在当前我国公共财政对社会保障的支持力度还处于较低水平。此外，还需要完善社会保障体系的周边支持系统，建立规范的社会保障网络体系。

最后，需要更加重视教育在劳动要素形成过程中的重要作用，提升人力资本质量。当前我国劳动要素市场经常面临着基础劳动力闲置与技术劳动力资源紧缺的现象，结构性失业现象较为严重。随着我国经济的转型升级，改革开放初期的劳动力无限供给的现象将出现根本性的逆转，技能型劳动力资源或更加稀缺。经济的可持续发展和产业结构的升级都需要改革教育体系，完善人才培养机制。一方面政府应该加大教育的资本投入，注意针对社会的紧缺人才建立多层次的培训体系，并注意教育公平公正，教育资源要适当偏向落后地区，保障居民获得公平的受教育机会；另一方面需要政府切实承担发展基础教育的职能，加大人力资本投入。

在资本要素市场，重点在于理清资本要素价格的形成机制。首先，要进一步推进能源水务等自然资源价格的市场化改革。资源性要素的价格形成机制是我国要素价格改革重点改革领域。对资源性要素的价格畸形管制形成了对国内企业的隐性补贴，并导致我国资本密集型产业低成本发展，严重偏离其社会成本，不仅与经济帕累托效率背道而驰，也与我国建设资源节约型社会的目标相悖。理顺资源性要素的价格形成机制，首先需要允许要素价格在国家指导价的基础上适度浮动；其次，还需要允许一部分资源性要素能够实行市场自由定价；最后，在要素的定价过程中，政府可以运用税收、金融等多种政策工具相互配合，完成政策执行。

更重要的是，要推动利率和汇率的市场改革。我国的金融体系存在着严重的所有制偏向，国有企业在资金成本、资金获得难易程度等方面有民营企业难以比拟的优势，政府对于货币政策的干预、央行对于外汇政策的干预都有巨大的政策成本。当前的金融体系下，我国的金融体系没有充分发挥其作为经济润滑剂的应有作用，信贷资源配置存在严重扭曲。其次，我国的金融抑制引起资本要素的价格扭曲，大型企业投资过剩，大量偏离要素禀赋的资源密集型产业造成了严重的产能过剩。最后，各种复杂的监管措施导致政府和市场的边界变得模糊，金融系统的积聚的风险使得我国的金融系统正变得越来越脆弱。因此，必须加快进行金融改革，促进资本要素价格形成市场化，以便使金融机构能够在充分竞争的基础上形成均衡、有效、安全和健康的体系，更好地为满足企业，居民和政府部门日益增长的金融需求服务。运转良好的金融系统，一方面对于未来日益复杂化、高级化的经济发展有效分配资金必不可少，另一方面应该确保为包括个人，居民家庭，穷人及所有各种规模的企业在内的所有经济成分提供资金融通服务。同时存款利率的上升，将会增加居民的财产性收入，从而增加居民的消费支出，扩大消费性国内需求。

（二）完善制度设计，明确政府和市场关系

制度设计既是要素价格产生的重要原因，也能直接作用于要素收入分配领域。良好的市场经济制度有利于充分发挥企业作为市场主体的积极性，限制政府权利参与到竞争性市场领域，正确界定政府和市场的边界，从而在最大程度上

促进社会公平正义。

完善社会主义市场经济制度，要求政府充分放权，重视微观主体对市场经济的调节作用。政府应该转变计划经济时代的管家思维，成为一个市场经济的守夜人。政府职能应该根据经济社会的发展程度的需要，由指令性管理向引导性管理转变，政府职能应该重新审视，为经济体产业升级创造基础条件和制度基础，在公共产品的提供领域发挥应有的作用。

首先，政府应该积极回应居民参与国家经济管理的声音，并通过制定清晰的规则体系将政府权力下放到包括个人、家庭、企业、学术团体等微观经济主体，创造激励机制，发挥社会主体积极性，促进经济社会包容性增长，取得社会竞争和社会关怀的平衡发展。

其次，政府在社会资源配置、市场自由竞争等方面充分放权的同时，还需要发挥好政府在公共物品提供、环境保护等方面的重要角色，为经济发展提供良好的基础条件和制度保障。尤其是在当前阶段，社会保障体系更多的与户籍制度挂钩，无法保障全民共享。政府可以将投放到私人部门中的投资适当地向这些公共物品转移，并鼓励私人部门也积极参与公共物品的提供。事实证明，将经济决策权留给市场，同时为市场主体提供良好的发展环境和制度保障，政府更加关注市场的非理性领域，将更有利于市场经济的发展。

最后，需要抓紧建立和完善科学的政绩考评体系。中国改革开放以来对经济增长速度的强烈诉求导致目前的政绩考核体系存在着一些不足。比如，指标设计偏重经济发展和 GDP 增长，相对忽视科教文卫等软性领域，而这些领域在目前成为居民效用提升的关键和瓶颈所在；考核项目比较空泛，考核标准缺乏科学依据，等等。在指标体系的设置上，应全面反映经济发展、社会发展和人的全面发展的情况，不能片面地用经济指标代替其他指标；在考核标准的制定上，既要看数字，又不能唯数字，坚决防止“数字出官”和“官出数字”等现象。地方政府过分强调 GDP 增长导致地方政府各项经济政策的所有制歧视、规模歧视，国有企业和一些规模较大的企业获得更多的政策支持，享受到更多的社会资源，但国有企业和规模较大的企业却不具备较高的经济效率，真正具有较高经济效率的私营企业却无法得到更多的支持。

（三）加快转变经济发展方式，推动产业结构升级

中国长期以来依靠大量要素投入换取经济增长的粗放型经济增长方式显然是不可取的。实现经济均衡可持续发展要求经济发展方式更多地依靠技术进步

和资源的合理分配充分利用。

中国经济粗放型增长的前提之一在于政府对要素定价机制不完善。要素价格扭曲导致企业能够以较低的价格获得资源型要素，在生产过程中不注意要素的节约和充分利用，企业创新和研发的激励不够，造成大量的资源型要素的浪费。推动经济发展方式转变，实现产业升级，首先要改善要素定价机制。

其次，资源配置和产业布局也是解决我国目前产能过剩的重要举措之一。政府可以鼓励有条件的中西部地区承接部分东部产业，将宏观经济链条中的价值链进一步向中西部迁移，促进区域之间协调发展。同时，应减少甚至消除市场分割因素，鼓励劳动力等要素在城乡间，地区间自由流动，在交流中提高人力资本素质，增加收入。

再次，我国产业结构不尽合理，需要调整产业结构，扩大服务业比重，促进要素收入分配趋于平衡。在三大产业中，我国目前中低端制造业占比较大，高端制造业和服务业占比仍然较少。服务业能够吸纳大量的就业，可以更大限度地提高劳动要素收入份额。另外，生产性服务业和现代服务业的发展，能通过其与制造业的关联作用，促进制造业产业升级，提高产品附加值。

然后，为了实现经济长久持续发展，在国际市场疲软、国内经济增长方式转变的环境下，扩大内需，充分提升国内的消费水平成为经济发展产业升级的重要举措。具体来说，首先应该提高居民生活保障能力的预期，加快健全和完善覆盖城乡居民的社会保障体系和收入分配制度，推进医疗、教育体制改革，消除全国居民的消费顾虑，增加居民消费的潜力。同时，改善消费环境、刺激消费需求、扩大进口总额，使贸易顺差保持在一个合理水平。

另外，在外贸方面，稳步促进出口增加同时提升进口需求，促进对外贸易健康平稳发展。由于通过要素扭曲形成的出口产品低价竞争优势的发展模式存在不可持续性，因而，要改变传统出口定位，实现粗放模式出口向高质高效模式转变，促进形成以技术、品牌、质量、服务为核心的出口竞争新优势。逐步减少低附加值的加工贸易出口，鼓励拥有自主知识产权的产品出口；进一步调整进口关税税率，进口手续简化，调整优化进口商品结构，进口先进技术和设备带动国内新兴产业发展；进口替代能源和新兴材料，以进口结构优化推动出口结构优化。

最后，在外资方面，要把利用外资与对外投资结合起来，要提升引进外资的质量，逐步推进对外投资。坚决摒弃高污染、高能耗的外资引进，注重外资引进的地区布局，引导外资向中西部地区投资。同时要鼓励中国企业走出去，拓展经济发展的新空间。

总之,推进对外开放进程不断深化,在开放项目方面全面推进对外贸易和资本国际间流动;在开放区域方面,在原有开放格局方面扩大内陆省份和沿边省份对外交流;从而形成全方位、多层次、宽领域的对外开放格局。

六、结论与展望

近年来,要素价格扭曲、收入分配是我国学术界和政府都普遍关注的宏观经济现实和问题。就收入分配而言,近年来要素收入分配失衡局面加剧是当前我国收入分配面临的突出问题。劳动者报酬与经济发展不相匹配,功能性收入分配和规模性收入分配需要进一步合理化。就要素价格扭曲而言,资本价格扭曲和劳动价格扭曲的长期居高不下,严重影响了我国经济的发展和经济结构转型。实现资源配置的市场化,避免政府的干预,是我国当前要素市场化改革的关键。党的十八届三中全会上提出“使市场在资源配置中起决定作用”“完善金融市场体系和收入分配格局”及进步推动“经济有效、公平和可持续”。本研究围绕要素市场扭曲对要素收入份额的影响进行了深入的实证分析,采用理论分析、模型推导和系统广义矩估计等方法,分别研究了资本要素市场扭曲对资本收入份额的影响和劳动要素市场扭曲对劳动收入份额的影响两个方面,得到的结论如下。

(1) 资本要素市场扭曲能够提升劳动收入份额,在控制内生性等的影响后,研究结果仍然显著。对分地区样本的研究表明资本要素市场对资本收入份额增长的共线性具有地区差异性,这主要是因为资本要素市场扭曲对资本收入份额的促进作用随着经济发展水平变化而变化。经济发展水平越高,相应的市场经济制度也越完善,市场扭曲程度也相应减小。从根本上反映了随着扭曲程度下降,对资本收入份额的促进作用也将减小的变动规律。并且,本文对扭曲来源的分析表明中国资本要素市场扭曲来源广泛,企业所有制、市场分割、市场垄断、政策原因以及金融环境等因素都对资本要素市场扭曲有重要影响。

(2) 劳动要素市场扭曲是劳动收入份额下降的重要原因之一。在控制了内生性等问题之后,结果依然稳健。对不同特征企业的分类分析表明该影响随企业特征的不同而有不同表现,要素市场扭曲越严重,资本产出比、资本密集度以及企业规模变量对劳动收入份额表现出促进作用;政府补贴和出口则表现出抑制作用。对分地区样本的研究表明该影响表现出地区差异性,东部地区影响最大,中部次之,西部最小,这从根本上也反映随着劳动要素扭曲程度的下降,其对劳动收入份额的抑制作用也在下降。最后,分位数回归表明要素市场扭曲对要素收入份额的影响呈现倒 U 形规律，而我国目前正处于影响最大的阶段。

(3) 资本收入份额上升，劳动收入份额下降，反映了社会贫富差距扩大的典型事实。党十八届三中全会要“提高劳动报酬在初次分配中的比重”“健全资本、知识、技术、管理等由要素市场决定的报酬机制”，强调了市场机制在要素收入分配中的重要作用。中国资本要素市场扭曲使要素收入份额偏离了对国民经济的贡献程度，导致“富者逾富、穷者逾穷”结果，社会财富的分配正向少数人倾斜。未来中国经济发展的目标是促进社会公平，达到共同富裕，因而必须重视要素市场制度建设，特别要尽快跟上产品市场化改革的步伐，避免经济转型中资本收入对劳动报酬的不当“侵蚀”，减缓收入分配差距持续扩大的压力。

本文的研究虽已取得初步进展，但限于作者的学术水平，尚有以下问题需要进一步深入研究，以期更加完善：① 本文的数据主要是工业企业数据库 1998—2010 年的数据，时间跨度需要进一步延长，并最好能够对改革开放前后的数据进行对比分析；② 本文的研究主要基于国内要素市场分析，全球化要素流动对中国的影响缺乏考虑。但中国深度参与国际化，国内外要素市场相互作用，共同影响，其作用机制也需要进一步厘清；③ 本文主要分析要素价格扭曲对要素收入份额的影响，但该影响对中国经济的消费、投资等各个领域方面的进一步的作用机制还需要进一步考察。

参考文献

[1] ACEMOGLU D, GUERRIERI V. Capital Deepening and Non — balanced Economic Growth [Z]. NBER Working Paper No.12475, 2006.

[2] ACEMOGLU D. Labor and Capital Augmenting Technical Change [Z]. NBER Working Paper No.7544, 2000.

[3] ALLEN FRANKLIN, JUN QIAN, MEIJUN QIAN. China's Financial System: Past, Present and Future [M]//L Brandt, T Rawski. China's Great Economic Transformation, Cambridge, Cambridge University Press, 2009.

[4] AOKI SHUHEI. A Simple Accounting Framework for the Effect of Resource Misallocation on Aggregate Productivity [R]. MPRA Working Paper, 2008.

[5] ARROW K J, H B CHENERY, B S MINHAS, et al. Capital-Labor Substitution and Economic Efficiency [J]. The Review of Economic and Statistics, 1961, 43: 225 - 250.

[6] ATKINSON S E, HALVORSEN R. A Test of Relative and Absolute Price Efficiency in Regulated Utilities [J]. The Review of Economics and Statistics, 1980, 62(1): 81 - 88.

[7] ATKINSON S E, HALVORSEN R. Parametric Efficiency Tests, Economies of Scale,

and Input Demand in U. S. Electric Power Generation [J]. International Economic Review, 1984, 25(3): 647 - 662.

[8] AZIZ J' CUI L. Explaining China's low consumption: the neglected role of household income [R]. IMF Working paper 2007 WP/07/181.

[9] BAI CHONG-EN, JIANGYONG LU, ZHIGANG TAO. The Multitask Theory of State Enterprise Reform: Empirical Evidence from China [J]. American Economic Review, 2006, 96(2): 353 - 357.

[10] BENTOLINA S. G SAINT-PAUL. Explaining Movements in Labor Income Share [J]. Contuibutions to Macroeconomics, 2003, Vol3: 1103 - 1136.

[11] BHAGWATI J. Immiserizing Growth: A Geometrical Note [J]. Review of Economic Studies, 1958, 25(3): 201 - 205.

[12] BHAGWATI J, SRINIVASAN T N. Domestic Distortions, Tariffs and the Theory of Optimum Subsidy: Some Further Results [J]. Journal of Political Economy, 1969, 77(6): 1005 - 1010.

[13] BHAGWATI J. The Pure Theory of International Trade: A Survey [J]. Economic Journal, 1964, 74(293): 1 - 84.

[14] BRANDT L, ZHU X. Accounting for China's Growth [R]. University of Toroto, Working Paper (No.394), 2009.

[15] DECREUS E B, P MAAREK. FDI and the labor share in developing countries: A Theory and some evidence [R]. Munich Personal RePEc Archive Paper No.11224, 2008.

[16] GOLLIN D. Getting income shares right [J]. Journal of Political Economy, 2002, 110(2): 458 - 474.

[17] GUSCIN A. Effects of Globalization on Labor's Share in National Income [R]. IMF Working Paper. No.294, 2006.

[18] HAGEN E E. An Economic Justification of Protectionism: Reply [J]. Quarterly Journal of Economics, 1958, 72(4): 496 - 514.

[19] HARBERGER A C. Monopoly and Resource Allocation [J]. American Economic Review, 1954, (2): 77 - 87.

[20] HARRISON A. Has Globalization Eroded Labor's Share? Some Cross-country Evidence [R]. Mimo U C Berkeley and NBER, 2002.

[21] HSIEH C T, Klenow P J. Misallocation and Manufacturing TFP in China and India [J]. Quarterly Journal of Economics, 2009, 124(4), 1403 - 1448.

[22] JAYADEV A. Capital Account Openness and the Labor Share of Income [J]. Cambridge Journal of Economics, 2007, 31: 423 - 443.

[23] JONES C I. Misallocation, Economic Growth and Input-output Economics [R]. Working Paper, 2011.

[24] JONHSON H G. A Note on Distortions and the Rate of Growth of Open Economic [J]. Economic Journal, 1970,80(320): 990 - 992.

[25] JONHSON H G. Minimum Wage Laws: A General Equilibrium Analysis [J]. Canadian

Jorunal of Economics, 1969, 2(4): 599－604.
[26] JONHSON H G, P MIESZKOWSKI. The Effects of Uniconization on the Distribution of Economics [J]. The Quarterly Journal of Economics, 1979, 85(4): 539－561.
[27] KALDOR N. Capital Accumulation and Economic Growth [M]//F A Lutz, D C Hague. The Theory of Capital, New York: St. Martin Press, 1961.
[28] LAU L J, PAN A Y. Profit, Supply, and Factor Demand Function [J]. American Journal of Agricultural Economics, 1972, 54(1): 11－18.
[29] LAU L J, P A YOTOPOULOS. A Test for Relative Efficiency and Application to Indian Agricuture [J]. American Economic Review, 1971, 61(1): 94－109.
[30] MAGEE S P. Factor Market Distortions, Production, and Trade: A Survey [J]. Oxford Economic Papers, 1973, 25(1): 1－43.
[31] MINAMI R, HONDAI S. An Evaluation of the Enterprise Reform in China: Income Share of Labor and Profitability in the Machine Industry [J]. Hitotsubashi Journal of Economics, 1995, 36: 125－143.
[32] ORTEGA D, F RODRIGUEZ. Openness and Factor Shares [R], Mimo, Santiago, CEPAL, Raul Prebisch Conference, 2001.
[33] RESTUCCIAA D, D T YANG, X ZHU. Agriculture and Aggregate Productivity: A Quantitative Cross — country Analysis [J]. Journal of Monetary Economics, 2008, 55(2), 234－250.
[34] SHLEIFER A, VISHNY R. Policicians and Firms [J]. Quarterly Journal of Economics, 2000, 109: 995－1205.
[35] STOLPER W, SAMUELSON P A. Protection and Real Wages [J]. Review of Economic Studies, 1941, 9(1): 58－73.
[36] ZHU X. Factor Market Distortions Across Time, Space and Sectors in China [R]. University of Toroto, Working Paper, 2011.
[37] ZULETA H. Why Labor Income Shares Seem to be Constant? [R]. Working paper, Universidad del Rosario, 2007.
[38] ZULETA H, YOUNG A T. Labor's Shares-Aggregate and Indus try: Accounting for both in a Model of Unbalanced Growth with Induced Innovation [R]. Working paper, Universidad del Rosario and University of Mississippi, 2007.
[39] 白重恩，钱震杰.国民收入的要素分配：统计数据背后的故事[J].经济研究，2009(3)：27－41.
[40] 白重恩，钱震杰.劳动收入份额决定因素：来自中国省际面板数据的证据[J].世界经济，2010(12)：3－27.
[41] 白重恩，钱震杰，武康平.中国工业部门要素分配份额决定因素研究[J].经济研究，2008(8)：16－28.
[42] 戴天仕，徐现祥.中国的技术进步方向[J].世界经济，2010(11)：54－70.
[43] 盖庆恩，朱喜，史清华.劳动力市场扭曲、结构转变和中国劳动生产率[J].经济研究，2013(5)：87－97.
[44] 李扬.收入功能分配的调整：对国民收入分配向个人倾斜现象的思考[J].经济研究，1992

(7)：34 - 44.
[45] 李永，王艳萍，孟祥月.要素市场扭曲是否抑制了国际技术溢出[J].金融研究，2013(11)：140 - 153.
[46] 林毅夫，刘培林.中国的经济发展战略与地区收入差距[J].经济研究，2003(3)：19 - 25.
[47] 刘小玄，李丽英.企业产权变革的效率分析[J].中国社会科学，2005(2)：4 - 16.
[48] 刘小玄.中国工业企业所有制结构对效率差异的影响——1995 年全国工业普查数据的实证分析[J].经济研究，2000(2)：17 - 25.
[49] 罗宾逊·琼.不完全竞争经济学[M].中译本.商务印书馆，1961.
[50] 罗长远，陈琳.融资约束会导致劳动收入份额下降吗？——基于世界银行提供的中国企业数据的实证研究[J].金融研究，2012(3)：29 - 42.
[51] 罗长远，张军.经济发展中的劳动收入占比：基于中国产业数据的实证研究[J].中国社会科学，2009(4)：5 - 79.
[52] 罗长远，张军.劳动收入占比下降的经济学解释——基于中国省级面板数据的分析[J].管理世界，2009(5)：25 - 35.
[53] 聂辉华，江艇，刘汝岱.中国工业企业数据库的使用现状和潜在问题[J].世界经济，2012(5)：142 - 158.
[54] 邵敏，黄玖立.外资与我国劳动收入份额[J].经济学(季刊)，2010，9(4)：1189 - 1208.
[55] 邵挺，李井奎.资本市场扭曲、资本收益率和所有制差异[J].经济科学，2010(5)：35 - 45.
[56] 施炳展，冼国明.要素价格扭曲与中国工业企业出口行为[J].中国工业经济，2012(2)：47 - 56.
[57] 魏下海，董志强，刘愿.政治关系、制度环境与劳动收入份额——基于全国民营企业调查数据的研究[J].管理世界，2013(5)：35 - 46.
[58] 伍山林.收入分配格局演变的微观基础——兼论中国税收持续超速增长[J].经济研究，2014(4)：143 - 156.
[59] 冼国明，徐清.劳动力市场扭曲是促进还是抑制了 FDI 的流入[J].世界经济，2013(9)：25 - 48.
[60] 杨其静.企业成长：政治关联还是能力建设[J].经济研究，2011(10)：54 - 66.
[61] 于蔚，汪淼军，金祥荣.政治关联和融资约束：信息效应与资源效应[J].经济研究，2012(9)：125 - 139.
[62] 余明桂，回雅浦，潘红波.政治联系、寻租与地方政府财政补贴有效性[J].经济研究，2010(3)：65 - 77.
[63] 袁志刚，解栋栋.中国劳动力错配对 TFP 的影响分析[J].经济研究，2011(7)：4 - 17.
[64] 张杰，李克，刘志彪.市场化转型与企业生产率——中国的经验研究[J].经济学(季刊)，2011，10(2)：571 - 602.
[65] 张杰，周晓燕，李勇.要素市场扭曲抑制了中国企业 R&D.经济研究，2011(8)：78 - 91.
[66] 张莉，李婕瑜，徐现祥.国际贸易、偏向型技术进步与要素收入分配.经济学(季刊)，2012，11(2)：409 - 428.
[67] 张相伟，陆云航.商品贸易结构变动对劳动收入份额的影响[J].数量经济技术经济研究，2014(1)：59 - 76.
[68] 周明海，肖文，姚先国.企业异质性，所有制结构与劳动收入份额[J].管理世界，2010(10)：24 - 33.

第四篇

社会资本对中国城镇居民收入差距的影响

王　奇

一、引言

（一）研究背景与意义

传统意义上的西方经济学理论主要着眼于如何通过制度设计提高小到个人、中到由个人组成的企业、大到包括全部个人的国家的经济效率。关于个人的理论主要讨论如何提高个体的收入水平以及效用水平；企业理论则将企业的竞争力和获取利润的效率作为主要考察的对象；国家间则通过缔结贸易协定和构建或参与某些国际组织帮助企业和个人获取更大的份额和经济收益。但是，仅有效率是远远不够的，为了实现社会稳定、保障个体生活水平，在做大蛋糕的同时如何分好蛋糕日渐成为摆在我们眼前的一个重要课题。收入分配问题不仅关系到我们社会制度优越性的体现，还会和我们经济体的综合效率水平相辅相成，相互促进。

改革开放以来，我国经济的各项指标均呈现出快速上升的态势，取得了令世人瞩目的成就，国内生产总值由 1978 年的 3 650 亿元上升到 2014 年的 634 043 亿元，同时人均可支配收入从 343.5 元上升到 20 167 元。在不断取得各项成就的同时，我们经济也暴露出了一些问题。由于我国经济开始市场化的时间较短，现在仍然处于转型期，总体市场化程度仍然不够高，地区间的市场化程度差异较大，市场制度和社会保障制度仍然有待完善。在此背景下，居民收入差距呈现出不断扩大的趋势（李实、罗楚亮，2011），国家统计局公布的数据显示，自 1994 年起至 2014 年 20 年间，基尼系数全部高于 0.4 这一国际公认警戒线（图 4－1），这意味着我国收入差距不仅水平较高且具有长期持续下去的趋势。收入差距水平较高并且长期存在无疑会对我国经济和社会的稳定和长期发展带来隐患。党的十八大报告中提出了 2020 年全面建成小康社会的宏伟目标，明确指出要缩小收入分配差距，因此降低收入分配差距，使更多的人享受到国家经济发展的福利显得格外重要和紧迫。

我国的收入差距问题存在多维特征，在总体收入差距的基础上，存在农村内部收入差距、城市内部的收入差距、城乡收入差距、地区间收入差距、行业间收入

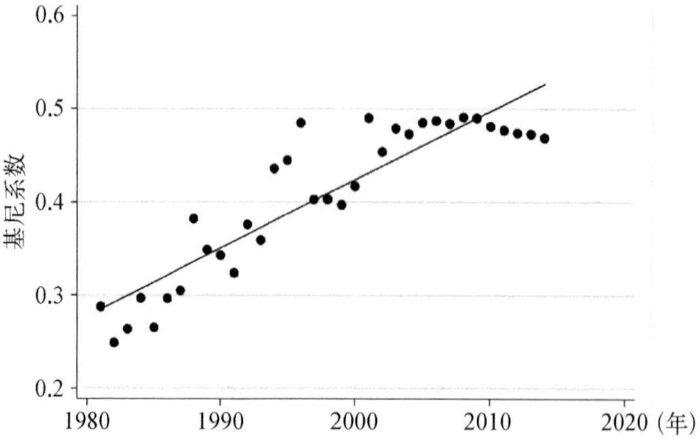

图 4-1 中国基尼系数走势(1981—2014 年)

数据来源：国家统计局网站。

差距。长期以来或者出于我国对于三农问题的重视，或者对于区域协调发展的重视，学术界主要着眼于城乡收入差距和农村内部的收入差距，以及地区间的收入差距(姚洪心、王喜意，2009；罗楚亮，2012；程名望等，2014；陈斌开等，2010；雷根强、蔡翔，2012；钞小静、沈坤荣，2014)，而忽略了对城镇内部收入差距的研究。一个长期以来的观念是：农村内部和城乡之间的收入差距更加严重，事实上，城镇内部也存在显著的收入差距。李实、罗楚亮(2011)讨论了中国居民收入差距估计中所可能出现的各种偏差，并对收入定义、样本权重结构、抽样偏差以及地区间货币购买力差异进行了调整，得到了比较客观的收入差距衡量指标，利用帕累托分布修正住户调查抽样偏差对收入差距指标的影响后发现，高收入人群样本的偏差导致了城镇内部收入差距的严重低估，城镇内部实际基尼系数比国家统计局的数据要高 8 个百分点，达到了 0.412 6，因此对于城镇内部收入差距的研究刻不容缓。

国内现有城镇内部收入差距根源的研究，主要是从行业差异、劳动力市场和产业差异等宏观层面入手。然而劳动经济学和现有文献表明，个体微观特征如教育年限、健康水平、经验同样对个体收入产生重要影响，个体间的异质性是个体收入差距水平的重要根源。

回顾现有微观视角的研究，在人力资本、金融资产、物质资本、年龄、性别等要素对于收入差距的影响方面已达成了共识，却忽略了中国经济社会非常重要的一个变量：关系的影响。研究中国政治、经济和社会问题的西方学者甚至造就了一个独一无二的词"guanxi"[①]来描述关系在中国社会运行中的重要作用。

中国乃至其他一些亚洲国家，历来有重视关系的传统，个体决策、行为甚至是所取得的成就都会被其所拥有的各种"关系"所左右；在中国，"关系"的重要性是一个被深切感知的既定事实，中国人在亲朋好友之间会互相帮助，从而形成一个"利益共同体"，通过相互间的合作提高自身的收入水平。新古典经济学将个体假定为理性的人，以个人利益最大化为目标来左右自身的决策和行为，但在现实生活中个体的行为和决策更加复杂，会受到其所身处的社会结构尤其是所拥有的社会资本或者"关系"的影响，中国社会是以宗法群体为本位，人与人之间是以亲属关系为主轴的网络关系，Jacobs（1961）所研究的"网络"社会资本正是中国社会的人际关系网络，她认为"网络"社会资本是城市中不可或缺的社会资本，具有很强的经济效应，在促进就业、金融借贷、企业借贷、劳动力流动等方面扮演着重要的角色，社会网络分配的不均可能会拉大居民内部的收入差距。经Bourdieu（1986）、Coleman（1990）和 Putnam 等（1993）等人的研究和发展，社会网络乃至社会资本在经济增长和收入分配中的作用日益受到重视，这不禁使我们思考，社会资本对于城镇内部收入差距的影响究竟有多大，在市场化程度和经济发展水平不同的中国东部和中西部，社会资本对于城镇内部收入差距的贡献有何差异。

（二）研究思路与技术路线图

1. 研究思路

本文着眼于探讨社会资本对城镇收入差距的影响，包括：① 是否存在影响；② 对收入差距的影响是改善还是加剧；③ 如果影响确实存在那么对于收入差距的影响程度有多大；④ 社会资本的影响在不同地区是否存在差异。

为了回答上述问题，本文的主要研究思路是：第一，界定社会资本并确定其度量指标；第二，分析包括社会资本在内的微观因素对收入的影响，检测社会资本对城镇收入差距的影响是否存在以及影响的性质；第三，在上述分析的基础上选取特定的方法度量社会资本对收入差距的影响程度。

2. 技术路线图

本文的研究技术路线图如图 4－2 所示。

---

① 国际上一般认为：关系（guanxi）描述了人际网络的基础的动态变化而且是中国社会的一个核心（原文为 central）问题。

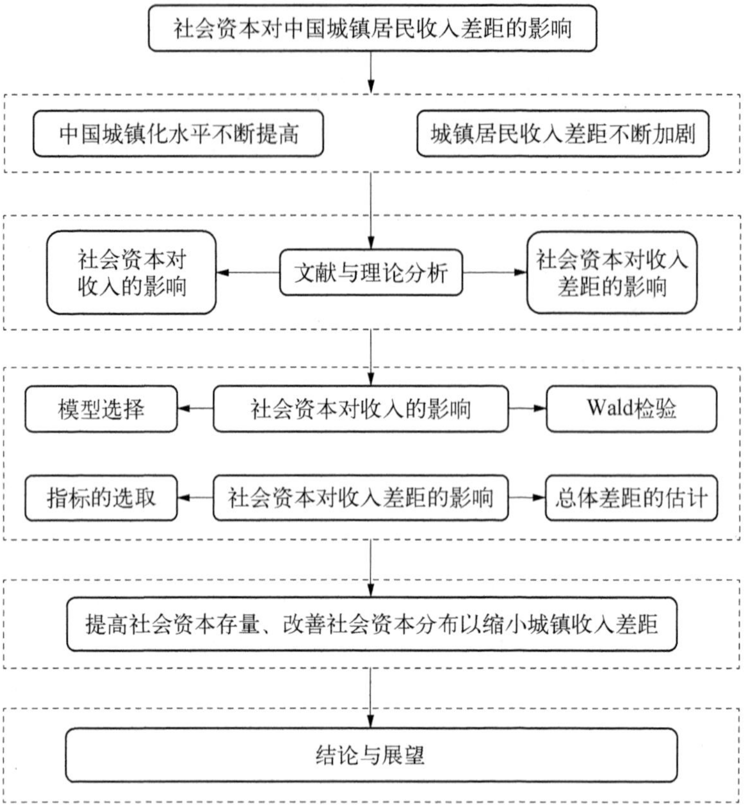

图 4-2 技术路线图

（三）研究方法与创新点

1. 研究方法

1）文献研究法

以数理研究方法为主，结合文献研究，综合解决问题。在提出问题后，采用文献研究的方法，通过查阅相关文献，总结国内外对相关问题的研究成果及结论，并予以对比和评价。

2）实证研究方法

采用计量模型进行实证研究是本文的主要研究方法。使用 Stata 统计软件，选取中国家庭收入调查（CHIP2008）城镇家庭数据，为了讨论社会资本对收入差距的影响，在最小二乘回归的基础上加入分位数回归以便对比社会资本对不同收入群体的收入的影响；接下来为了判断这种影响究竟是改善还是加剧收入差距，引入特定的统计指标，用于研究社会资本对不同群体收入的影响的差异是否存在统计学上的显著性；最后采用近年来应用范围不断扩大的夏普利值分解法对收入差距指标进行分解，探讨社会资本对收入差距的影响程度。

3）比较研究法

在实证分析部分，采用比较研究法对 OLS 和分位数回归的结果进行比较，同时对比总体样本和分地区样本下的实证研究结果，丰富研究结论，使之更加贴近现实。

2. 创新点

与现有研究相比，本文的创新点主要表现在如下几个方面。

（1）在研究视角上，将社会资本分解为强关系和弱关系两个维度，分别考察强关系和弱关系对收入和收入差距的影响。考虑到社会资本是个复合概念，有必要详尽考察其内部结构，同时按照已有研究，强关系与个人的家庭背景关系较强，显然个体间强关系的差异往往难以改变，但是弱关系则是可以通过努力后天获得的，如果弱关系对收入差距存在较大的影响，那么通过一些政策的制定和制度的改进改善弱关系的分布以改善收入差距就是有可能的。

（2）在研究方法上，本文在最小二乘方法的基础上加入分位数回归，以获得一个社会资本对收入差距影响的直观认识，同时通过构建 Wald 统计量来检验这种影响的差异是否存在统计学上的显著性。为了测定社会资本对收入差距的影响程度，本文引入近年来在经济增长和收入分配等领域得到广泛应用的基于夏普利值的分解方法。

二、文献综述

近些年国外学术界发现一些较注重人际关系（social network，又称社会网络）的国家（或地区），“关系”在居民收入分配中起到了重要作用。考虑到中国历来有重视人际“关系”的深厚传统，个体的行为决策都受到其所拥有的各种“关系”所影响，亲朋好友之间会互相帮助形成“利益共同体”，通过相互合作提高收入和福利水平。因此，这种存在于中国城镇居民间的复杂的社会网络在收入差距扩大中充当何种角色，影响程度如何，来自中国的经验令人期待，或能为政策制定提供新的思路与制度上的突破口。

（一）社会资本内涵的研究

社会资本是社会学领域非常重要的概念，自 Jacobs 于 1961 年首次提出社会网络并且认为社会网络是一种至关重要的社会资本以来，社会资本的研究受到了诸多学者的关注，不同学者对社会资本的认识不尽相同，主要出现以下几种社会资本理论。

1）社会规范学派

社会资本最初被认为是存在于某个集体中的具有互惠性质的规范，从而具有公共品的性质，Coleman(1988)的文章开始使社会资本受到重视，他认为社会资本是在社会网络中产生有利于个体进行经济活动的信任、互惠和社会准则，这些社会准则存在于社会网络内部，可以为其内部个体的行动提供便利。Putnam(1993)在Coleman 的基础上提出社会资本不仅包括维持社会网络的社会规范(如信任)，还包括社会网络本身。社会资本作用的实现需要借助社会网络，社会规范的程度和社会网络的大小共同决定社会资本的大小。Fukuyama(1999)认为群体成员之间共享的非正式的价值观念、规范，能够促进他们之间的相互合作。如果全体成员和其他人都采取可靠和诚实的行动，那么他们就会逐渐相互信任。信任就像是润滑剂，可以使人和群体或组织更高效的运作，进而提高群体成员总体收入。

2）网络镶嵌学派

与上述观点不同，有学者认为社会资本并不是公共品，对个体而言，基于社会资本获利需要个体的主观行动，如加入某个组织。Granovetter(1985)指出，无论在早期还是现代社会，个体的行为与制度都深受其所在社会关系的限制，经济行为会受到持续进行的社会关系的影响，故提出社会镶嵌概念。一直以来经济活动被认为是理性化主导的领域，特别是现代资本主义市场经济，但社会学者发现，非理性化的认知、人际牵绊、社会约定俗成或隐而不宣的习惯、法律规范等都会影响我们的经济决策跟行为，对经济组织与国家经济的面貌产生深远的影响，而非如古典经济学或新自由主义经济学所主张的供需法则及自我利益最大化决定一切，在此基础上，Granovetter 认为经济活动为社会网络所架构。Burt(1997)认为社会资本是指透过人际(朋友、同事、一般的接触)间镶嵌(embedded)关系的运用，达致个人社会资本与财富之创造。“结构洞”就是指社会网络中的空隙，即社会网络中某个或某些个体和有些个体发生直接联系，但与其他个体不发生直接联系，即无直接关系或关系间断，从网络整体看好像网络结构中出现了洞穴。如果两者之间缺少直接的联系，而必须通过第三者才能形成联系，那么行动的第三者就在关系网络中占据了一个结构洞。Burt 认为，个人在网络的位置比关系的强弱更为重要，其在网络中的位置决定了个人的信息、资源与权力。因此，不管关系强弱，如果存在结构洞，那么将没有直接联系的两个行动者联系起来的第三者就拥有信息优势和控制优势，从而能够为自己提供更多的服务和回报。也就是说，个人或组织要想在竞争中保持优势，就必须建立广泛的联系，同时占据更多的结构洞，掌握更多信息。

3）社会资源学派

有一些学者进一步认为，社会资本在个体间的分布是存在显著差异的，这与其家庭背景和后天成长过程有关，社会资本如人力资本和物质资本，均可以给个体带来较高收益，Loury(1977)分析种族间收入差距的文章指出，现有新古典经济学理论过分考虑个体特征，而人力资本并不能充分解释种族间的收入差距，现有理论无法反映个体的家庭和社区背景对其获取工作和工作技能的影响，他提出劣势族群可能面临更少的就业信息和社会资源。Bourdieu(1986)将资本划分为经济资本、文化资本和社会资本，并且认为社会资本是在拥有持续性的相互认同和熟悉的社会网络的基础上实际获得或者潜在的社会资源，个体加入某些组织后可以借由组织获得能够给个体带来收益的社会资源。Lin(1999)则认为社会资本是嵌入社会网络中能够为个体带来经济收益和社会地位的资源，社会网络中的个体进行信息共享，个体可借由弱关系突破自身所处网络的限制与外部网络的成员建立联系，基于其所独有的跨网络的人际关系，获得更高的收益和职位，Lin 强调这种资源仅存在于社会网络内部而非个人所有，但是处于网络中的个体可使用这种资源。

纵观上述三个社会资本学派的观点，我们可以发现虽然不同学者对于社会资本的定义存在差异，但是总体上社会资本在结构上表现为社会网络，其内容为信任和互惠等社会规范，效用是为网络内部的个体提供经济活动上的便利。这其中社会网络是信任和互惠存在的先决条件，所以现有研究一般认为社会网络是社会资本最重要的属性(边燕杰，2004)。

（二）社会资本维度的划分

社会资本可划分为两个维度："强关系"(strong ties)和"弱关系"(weak ties)①。强关系是指网络关系较为紧密的同质者间的连结，其具有较强烈的认

---

① Lin(1982)认为强关系代表具有相似特征的较亲密的个体之间的社会圈子，而弱关系代表存在特征差异的人们之间的不太频繁和比较外围的联系。Woolcock(1998)和 Paxton(1999)分别使用不同的术语但其内涵并没有脱离强弱关系的框架。

同感以及共同的目标，短时间内难以轻易获取，例如家庭成员、好朋友与邻居等，它能够较强地促进成员间的承诺与互惠，并强化团体内部的连结。然而强关系下的行动者们(actors)由于处于相似的社会环境中，相互之间的社会关系和社会信息外延重复度较高，缺乏互补性并存在一定的竞争关系，所以导致强关系对个体收入的影响虽然存在促进作用，但是其影响往往出于各种限制而偏小。弱关系是个人与其他社会网络连接起来的"桥梁"，主要系指网络关系较为疏远，但彼此拥有共同利益所形成的连结或者不同社会层级的个人或团体之间的关系，例如同事、社区团体、国家或大社会等，能够促进相对异质的人群或团体间的联系与互动，有助于外部资源的连结与资讯的畅通以获得更多的讯息和资源。能够为行动者带来多于强关系"圈子"里较难获得的有价值信息。Granovetter(1973)提出了著名的"弱关系的力量"(the strength of weak ties)假设，认为弱关系可以在由强关系构成的社会网络间建立，因此具有较多弱关系的个体相对于弱关系较少的个体具有更大的优势，同时随着社会分工的深入，个体日益专业化创造了更多的弱关系的需求，毕竟其他知识和信息都存在于主要由弱关系构成的巨大的社会网络中，认为在个人日常的交际网络中，更重要的是那些关系较疏远的人(弱关系)，而不是那些亲密或者熟悉的人(强关系)，借助弱关系的行动者得到工作尤其是高收入工作的机率更大，获取异质信息的机会更多，因此对于个体的发展更加重要。弱关系虽然可以使人们能够获得自己的社交圈以外的可用信息和资源，但是强关系有更大的动力去帮助，而且这种帮助通常更加容易获得。

在此基础上，Lin(1982)认为"强关系"代表具有相似特征的较亲密的个体之间的社会圈子，而"弱关系"代表存在特征差异的人们之间的不太频繁和比较外围的联系，与以往研究中认为强弱关系对个体收入的影响仅仅表现在找到工作的概率不同，相对于强关系，弱关系能够改善"工作机会的分布情况"，意即"弱关系"带来的工资分布更加的分散且优于"强关系"，个体相对更容易找到高收入的工作。

关系人推荐制度的引进使得弱关系的力量变得更强。Montgomery(1991)根据美国劳动市场的历史观察数据发现，员工更愿意推荐那些跟自己熟悉的能力相近的人，社会联系影响收入差距主要通过"推荐人效应"发生作用，从而将社会资本对就业、工资的影响引入经济学规范研究中，他把社会结构纳入了劳动市场经济学的逆向选择模型之中，在标准的劳动经济学假设下，两阶段逆向选择模型的均衡显示：工人们的收入水平与他们的社会联系存量以及种类有关。由于柠檬效应，那些缺少社会联系或者社会联系主要是较低能力者的工人，他们的工资水平较低，且工资和工人的能力并不存在一个直接的关系，因此他认为，"重要的是你认识谁而不是你懂什么”，解释了为什么通过社会网络推荐的雇员可以获得更高工资的工作，为什么雇佣熟人推荐人员的企业可以赚取更高的利润。使用关系人制度或者内部推荐制度可以有效降低企业招聘的成本。对个体而言，其社会网络规模越大，强度越高，其推荐和被推荐的概率就会越高，得到较高报酬职位的概率也会随之上升。CHIP2007 数据表明，有 1 854 名城镇居民是通过家人、朋友或熟人介绍得到的当前工作，占总观测量的 31%。Montgomery(1992)进一步扩展了上述模型，引入了社会网络密度变量，结果发现社会网络密度的上升会改变网络内部收入的分布状况，使得收入从被推荐人向推荐人转移。随后在 Granovetter“弱关系的力量”假设的基础上，认为弱关系的力量可以归结为以下两点：① 相对于强关系，弱关系可以显著地提供更多的工作机会；② 从弱关系中获得的工作其收入服从更优的分布曲线。可以通过检验求职者的心理预期工资来检验该假设是否存在：将社会网络规模作为控制变量后，观察心理预期工资是否随着社会网络中弱关系的比例的上升而提高。研究结果表明，与 Granovetter 理论的预期相反，社会资本的结构和求职者预期工资之间并没有发现较显著的关系。Bridges，Villemez(1986)和 Marsden，Hurlbert(1988)在控制了个体特征后同样未发现工资和弱关系之间的显著联系。

（三）社会资本对收入影响的传递途径与效应

目前，经典理论文献较少涉及社会资本与收入之间的关系，但已有研究表明，社会资本对于收入的影响是通过多种渠道共同发挥作用的，社会资本对收入产生影响主要是通过影响教育、就业、融资、健康、信息共享和降低社会交易成本等方面实现的。本文将依照这一机理对相关文献进行梳理。

1. 社会资本与教育

自 Becker(1964)以来，学术界关于人力资本对收入影响的认识日趋完善，教育及医疗保障无论是对个体还是国家均存在至关重要的意义，提高基础教育覆盖率这一举措已成为共识，国家经济总量与其国民平均教育程度存在显著正相关关系。教育可以提高个体收入，然而个体接受教育的决策却受到诸多因素的影响，如家庭背景，所处社区环境等。即使是在基础教育免费的前提下，接受教育依然存在机会成本，在一些贫困地区，适龄儿童可能需要面临接受教育和退学打工补贴家用的选择；同时家庭经济条件良好，适龄儿童接受教育的程度依然受到诸如家长及亲友对教育的认识和重视程度，其所处社区的氛围的影响。社会资本水平较高的家庭，有更大的机会受到亲朋好友的帮助，因此其遭遇较大经济挫折的概率较小，可以借助社会资本平滑其家庭收入，因此子女接受教育的概率较大且接受教育程度较高；同时，社会资本水平较高的家庭，有较广的人际网络，有更多机会接触到不同的观点，在此过程中，会逐步认识到教育的重要性。相对而言，人际网络比较封闭的家庭，更有可能存在贫穷的代际传递，个体难以认识到其贫穷的原因以及找到摆脱贫穷的手段；社会资本的社会准则和信任层面会对个体产生约束，从而使个体更加专注，会显著降低个体通过非正当手段获取财富的观念，因此增强个体接受教育的信念。Coleman 和 Hoffer(1987)在 1980—1987 年间从美国的 1 015 所公立高中、教会学校和私立学校中收集了 28 000 名学生的量化数据，通过这项调查研究，他们发现教会学校的学生的辍学率之所以显著低于公立学校学生是由于学生的家庭和社区背景不同。Teachman 等(1996)进一步发展了 Coleman 提出的家庭结构指标。Coleman 只使用家庭中的父母数量而忽视了更离散的维度，如继父母和不同类型的单亲家庭的不可见的影响。Teachman 等则考虑了家庭结构的详细结构，不仅包括两个父母或继父母家庭，还包括各种类型的单亲家庭(仅母亲，仅父亲，未婚，以及其他)。他们还通过父母和孩子讨论学校相关活动的频率的指标来衡量父母与孩子的相互作用。通过研究发现，家庭背景和社区情况对学生的辍学率存在显著的影响。Morgan 和 Sorensen(1999)在 Coleman 研究的基础上提出了一个明确的机制来解释为什么天主教学校的学生在标准化考试中表现优于公立学校学生。他们提出了两种可比较的社会资本效应模型对数学学习的影响，他们假定天主教学校强调规范，公立学校强调扩展学生的视野，研究发现社会资本虽然可以在一个强调规范的学校中带来积极的影响，它也会导致过度监督的负面后果。因此，创造力和卓越成就将受到压制。而在强调拓展学生视野的公立学校，规范的缺失对学生的数学成就产生了负面影响。这些学校探索了一种不同类型的社会资本，旨在促进有关机会的信息在父母和其他成年人的扩展的社交网络中传播的机会，结果是，学生的成绩比天主教学校的学生甚至还要好。总而言之，Morgan 和 Sorensen(1999)的研究表明，社会资本是情景化的，社会资本发挥的究竟是促进还是抑制作用需要结合特定的情境。

概括而言，上述文献表明，社会资本对教育既存在促进作用，也有一定的抑制作用。

2. 社会资本与健康

越来越多的研究发现，社会资本通过社会网络和社区的存在对健康具有保护性作用。社会资本可以通过提供嵌入在社会网络中的支持、社会信任、信息和规范对可能会危害健康的危险行为产生影响，是一种有助于实现健康目标的资源。Lin(1999)在他的文章中指出，患癌症的人可能会收到对于他需要忍受治疗和恢复至关重要的信息、金钱或道德支持。社会资本鼓励社会信任，可能阻碍个人从事危险的健康行为，如吸烟和酗酒(Bolin 等，2003)。此外，邻里社会资本也可以帮助缓解儿童和青少年之间的卫生水平差距。相反，缺乏社会资本可能会损害健康。例如，对瑞典 13 至 18 岁学生的调查结果表明，低社会资本和低社会信任与较高的心理问题、肌肉骨骼疼痛和抑郁症正相关(Aslund 等，2010)。

3. 社会资本与就业

劳动市场的就业分为正常渠道和特殊渠道(如内推)，掌握社会资本的个体往往可以通过类似老乡、校友或者其他途径认识的朋友获得内推机会，另外，对于企业往往也愿意招收内推的员工，因为受到内推的员工往往具有比其他求职者较高的技能，进行内推的员工给予其的帮助也可以降低企业招聘员工的成本。Montgomery(1991)根据美国劳动市场的历史观察数据发现拥有较高社会资本水平的人更容易取得工作且取得更高收入工作的概率更大，将之称为“推荐人效应”。Munshi(2002)采用“墨西哥移民计划”(Mexican Migrant Project)数据和美国劳动市场数据，考察了墨西哥移民种类与其收入的关系，研究发现，社会网络不仅有助于帮助其成员找到工作，还能够将他们导向收入较高的职业。王春超和周先波(2013)基于中国珠三角地区调查数据，采用有序相应模型研究了社会资本与农民工收入的关系，研究发现，农民工与当地员工建立友好关系比没有这种和谐协调关系将使农民工挣得中高收入的可能性增加 14%以上；来自南方和北方地区的农民工与来自广东及其邻省的农民工相比，其收入进入中高收入组的可能性要高出 11%以上。

4. 社会资本与融资

作为非正式制度的社会资本是正式制度的一个补充，在市场制度不完善的背景下，社会资本是正式制度的一个有效替代。社会资本水平较高的地区，其信任水平也较高，可以有效提高融资水平，我国江浙地区有深远的商会传统，商会内部成员间进行信息上的沟通，但是更加重要的一点是互相之间的融资支持使其组织内部的成员拥有其他人难以企及的社会资源。Grootaert(1999)在其考察印度尼西亚社会资本与贫困水平的文章中发现，具有金融组织会员身份的个体获得融资的机会比没有会员身份的个体高 13%，而且其预期获得的融资额也较高。同时更重要的是，在对其他组织成员的分析上也发现了类似的现象：拥有其他非金融组织身份的个体，其获得融资的概率也显著高于不具有相应会员身份的个体，这表明了社会资本的社会性，只要处于某个组织内部而不需要一定是金融组织，就能提高自己获得融资的相对概率，最后组织身份的异质性也会提高获取融资的概率，拥有异质组织身份的个体比拥有同质组织身份的个体更容易获得融资。Guiso(2004)以选举投票率和献血率考察了意大利社会资本水平与金融发展情况的关系，研究发现社会资本水平较高的地区家庭更愿意使用支票，同时具有更高的融资机会，这种关系在法律执行水平较低的地区和教育水平不高的人群内部更加显著。

5. 社会资本与信息共享

信息对于个体的重要性不言而喻，Coleman(1988)指出社会资本有助于获取社会关系网络中的信息，通常信息的获取是有成本的，个体需要保持专注或者亲自实践才能获取信息，但是当个体处于某个组织中时，就可以通过与组织内部其他成员之间的互动获取到自己没有直接接触的信息。Grootaert(1997)指出协会和组织提供了一种内部成员间的信息共享的非正式框架，个体可获得自身难以获得的各种消息，从而取得相对于非组织成员的竞争优势。

6. 社会资本与经济效率

一般认为，较高的社会资本意味着较高的社会信任和社会准则水平，现代社会和经济是建立在信任的基础上的，契约精神是现代商业的前提，在一个对专利和创新保护比较良好的社会内部，企业更加愿意进行创新，而信任水平会促进交易的发生，降低由于信任的缺失而产生的额外的交易成本，这些方面均可以极大提升总体经济运行的效率。Knack 和 Keefer(1997)利用世界价值观调查数据，以信任水平和市民规范[①]为社会资本的衡量指标，研究了社会资本水平与经济增长速度之间的关系，结果发现在控制其他变量的情况下，社会资本水平越高的国家，往往具有更高且更平均的人均收入和更高的公民受教育情况。他们认为这是由于信任水平较高的国家，经济主体间进行交易时不再需要严格的契约以保障自己的经济利益，不需要支付额外的资金维护自己的权益，不需要担心政府和银行会侵吞或没收自己投资的预期在将来会产生收益的财产，从而会提高投资个体的投资意愿，企业不需要花费大量的金钱对其员工的工作情况进行监督，不需要对其供货商的服务进行检查，经济主体间的交易成本和企业的运行成本更加低廉。对于企业而言，社会资本水平较高时，由于知识产权保护力度较高且

① 原文为“civic norm”，在 Coleman(1988)、Coleman(1990)和 Putnam(1993)等人的研究中，“市民规范”被看做是社会资本的一种表现形式，衡量的是个体对社区等组织等认同和参与程度。

剽窃发生的频率较低,其进行创新投资的意愿会更加强劲,持续且大范围的创新会给予经济增长源源不断的驱动力。Knack 和 Keefer 表示,社会资本水平较高的社会,交易主体之间较高的信任和市民规范可以使他们在面对囚徒困境式的选择时,双方均选择合作以获得共同的的帕累托改进,从而最终带来全社会的经济效率和人均收入水平的提升。Whiteley(2000)采用 1970—1992 年 34 个国家的数据,在修正过的新古典经济增长模型下检验了社会资本和经济增长的关系,研究发现社会资本对经济增长的促进作用同人力资本一样高,印证了一直以来的观点:社会资本有益于经济增长,对人均收入有较强的促进作用。

以上文献研究和分析表明,社会资本对收入的影响是通过多重渠道发生的,且不同渠道对收入影响的性质及程度存在差异,最终影响是多重因素复合的结果。虽然正向和反向同时存在,但是总体而言,社会资本对收入表现为正向促进作用。具体在中国城镇内部其影响如何,亟待实证研究加以佐证。

(四)社会资本与收入差距影响的机制与效应

社会资本,是一种特殊的社会资源,反映了一定的社会地位和整合资源的能力,可以给个体带来更高的预期收益。但是这类资源能否对收入差距造成影响,至今却并未形成共识。

目前关于社会资本对收入差距影响的研究主要有两类观点。一类观点认为社会资本可以起到减小收入差距的作用。实际经济周期理论是一类新的古典宏观经济学模型,认为经济周期在很大程度上可以由真实的冲击解释,经济周期是对实际经济环境中外生变化的有效反映。穷人家庭面临逆向冲击时,其抵抗冲击的能力较弱,家庭脆弱性[①]远高于高等收入者,社会资本所内涵的信任、规范和社会关系网络可以使穷人家庭集中借贷资源进而突破自身面临的借贷约束,

---

① 脆弱性的定义主要有以下三种。其一,将脆弱性定义为一个家庭或个人在未来陷入贫困的可能性:$V_{it}=E[P_{it+1}(z,c_{it+1})\mid F(c_{it+1})]$,该脆弱性的测量决定于四个因素:一是贫困线 z 的设定,在其他条件不变时,贫困线越高,脆弱性就越大,二是未来永久性收入的估计方法。假设消费取决于未来永久性收入,那么对永久性收入的不同估算方法将得到不同的脆弱性结果。三是期限的选择。不同的期限选择产生不同的脆弱性估计值,已有研究通常将未来消费的期限设定为一年或两年。四是脆弱线设定。其二,当一个家庭遭受负面冲击时,消费平滑能力低导致现有消费水平迅速下降,则称该家庭是脆弱的(Kurosaki, 2002)。何平等(2010)将家庭脆弱性定义为在应对社会经济、政治改革、灾害等负面冲击时,现有生活水平、社会地位下降的反应程度)。其三,将脆弱性定义为确定性等值消费的效用与期望效用之差(Ligon & Schechter, 2003):$V^i=U^i(z)-EU^i(c^i)$,其中,V^i 代表第 i 个家庭的脆弱性,z 为确定性等值消费。这种定义将脆弱性纳入到期望效用的框架内,将个人或家庭的主观偏好反映到对效用函数的选择中,并为其提供了可量化的实用方法(杨文等,2012)。纵观脆弱性的三个定义方法,均和家庭的收入水平存在密切联系,一般而言,收入水平越低,脆弱性越高。

面临健康和恶劣天气的影响时,集中财富资源对消费进行平滑。在中国社会广泛存在的"份子钱"便是一个具体体现。同时,是否属于某些社会组织的一员,在市场化程度不高的地区往往决定了低等收入者是否有机会创立企业增加收入。可以看到,社会资本对低收入群体存在一定的门槛效应,即是否拥有社会资本对于低收入群体往往是一个质的不同,永久收入理论强调全生命周期的收入,可是对于低收入群体,在面临冲击时无法平滑其消费,有时意味着永久的陷入贫穷,因此永久收入理论不再适用。基于此,部分学者认为,鉴于这种门槛效应的存在,社会资本对低等收入者的意义更加显著,而高等收入者所拥有的社会资本优势不再明显,所以社会资本整体而言有益于改善社会收入分配,缩小收入差距。

现有研究中,有多位学者研究发现社会资本有利于缩小收入差距。Knack 和 Keefer(1997)以信任和市民规范作为衡量指标,发现衡量收入差距的基尼系数与社会资本存在显著的负相关关系,从而提出在发展中国家通过提高社会资本水平来降低基尼系数改善收入分配的建议。当个体参与较多组织并且参与决策时,这种较为有利的地位通常可以为其带来额外的经济收益,Grootaert(1999)在研究印度尼西亚福利和贫困问题时借助分位数回归模型检验了社会资本与收入差距之间的关系,发现社会资本全部变量的回报率总体来说随着分位数的提高而降低,其中社会资本综合指标的系数值从 10 分位数的 0.009 6 降低到 90 分位数的 0.004 9,最低群体中的回报率是最高收入群体的两倍。同时对于较低收入群体,社会资本的回报率显著高于人力资本,这体现在对于低收入群体而言,社会资本有时是人力资本的前提,即:人力资本的投资是以一定的家庭财富为基础的,因此在家庭较为贫困时,社会资本可替代家庭财富的角色,为人力资本投资提供保障。在此基础上政府可以通过直接创立基层组织或者推出有利于基层组织组建的政策以提高全社会的社会资本水平,同时鉴于穷人的社会资本回报率更高,因此应该将提高穷人的社会资本作为降低贫困的一个重要组成部分。Grootaert(2002)在对布基法索福利和贫困问题的研究中发现,社会资本回报率对穷人更高,且随着地区收入水平的上涨,其回报率呈现出下降的趋势,这些都表明社会资本对穷人更有利,对收入差距存在改善作用。基于上述分析,社会资本有利于缩小收入差距,对穷人的作用更高,因此"社会资本是穷人的资本"。对于这一观点,周广肃等(2014)采用中国家庭追踪调查(CFPS)2010 和 2012 年的数据研究了收入差距、社会资本和健康水平之间的关系,结果表明收入差距的扩大对居民健康水平有显著的负向作用,社会资本对居民健康水平有显著正向作用,并且减轻了收入差距对健康的负面影响,这一结果尤其体现在保障机制不健全的农村地区。收入差距通过减少医疗资源的配置从而对健康产生负面影响，社会资本却通过其促进民间借贷和亲友间转移支付的作用，以及其对医疗资源获取和保健行为的正向作用，充当了收入差距扩大负面影响的"缓冲剂"。

然而另一类观点对此却并不认同，认为社会资本并不是穷人的资本。社会资本最显著的表现形式是社会网络，而社会网络具有丰富的内部结构。相对于低等收入者，高等收入者不仅拥有更大的社会网络，其往往出于社会网络的顶层结构。研究发现，社会网络存在规模递增效应：出于较小社会网络内的个体，其人际关系孤立且分散，同质性较高，难以协同作用获得较高收益，而较大的社会网络可以容纳具有较高异质性的个体，因此具备不同属性的信息和资源，更加容易被整合起来获得经济回报。另外，同样处于一个社会网络内的个体，由于其社会网络地位的不同，居于较高地位的个体有更多机会接触到其他社会网络，而地位较低的个体则只能处于这个社会网络内部，难以产生外延，因此地位较高的个体有更高的概率接触到该网络内部不存在的信息和资源，从而获得更高收益。在这种情况下，社会资本天然地对高等收入者更加有益，低等收入者的社会资本量少而分散，难以有效利用，因此社会资本会使富者更富，加剧收入差距。Gertler 等(2006)对许多理论模型预测的"社会资本会在家庭成员健康状况显著下滑的情况下保护家庭受到这一逆向冲击的影响"这一观点，采用印尼的家庭调查数据考察了社会资本对于家庭遭受逆向冲击后平滑其消费的能力的影响，声称并未发现社会资本对收入差距影响的明显证据。赵剑治和陆铭(2009)采用2004 年中国农村调查数据库研究关系与农村收入差距的关系时发现，关系确实对农村居民的收入确实存在显著的正向影响，然而分地区研究发现，社会资本对基尼系数的总影响在东部地区达到了 17.8%，在中西部地区却只有 12.9%，相应的对于 Atkinson 指数和 GE 指数的影响也表现出了相似的差异，表明社会资本在市场化和经济发展水平更高的东部，其回报率不仅没有下降反而大幅度提高而且这种回报率上的差异使得社会资本对于中国农村居民收入差距的贡献更高，在中国市场化发展的过程中，富人从社会资本中获得的收益将高于穷人，表明社会资本并不是穷人的资本。周晔馨(2012)采用中国家庭收入调查(CHIP) 2002 年数据，通过"资本欠缺"[①]和"回报欠缺"[②]两个渠道对"社会资本是穷人的

---

① 资本欠缺是指由于投资和机会的不同导致不同群体拥有不同质量和数量的资本。穷人是否存在社会资本的资本欠缺，其实就是社会资本保有量在不同收入群体中的分布问题。

② 回报欠缺是指由于群体间动员策略、行动努力或制度性反应的不同，引起的一定量社会资本对于不同个体产生不同的回报。穷人是否存在回报欠缺，其实就是社会回报率在不同收入群体中的分布问题。

资本”这一假说进行了检验，研究发现社会资本不同维度总体来说与收入存在较显著的正向相关关系，表明相较于穷人，富人拥有更多的社会资本，因此穷人存在资本欠缺；分位数回归结果表明，社会资本不同维度和总指数的回报率均随着分位数的上升而显著上升，表明富人可能在所在组织中拥有更大的话语权、能够更好地利用其拥有的社会资本，因此其社会资本回报率比穷人更高，研究结果再次表明，社会资本并不是穷人的资本。

通过上述分析可以看到，社会资本对收入差距的影响存在较大的分歧，由于社会资本维度较多且尚未形成一致的定义所以不同学者在选取社会资本的度量变量时难免存在较大的差异，这可能是社会资本效用不明朗的一个重要原因，同时已有研究在实证检验中将社会资本处理后作为一维变量看待，未能较清晰厘清对收入差距影响的作用机制。事实上，虽然社会资本的理论内涵较丰富，度量变量差异较大，需要细化并分别测度，但是纵观社会资本相关研究，社会资本的“强关系”和“弱关系”维度区分较明显，有可能会为本文研究带来更多的启示，避免了已有研究对于社会资本维度划分的主观性和不确定性。

根据已有研究，社会资本究竟是否是穷人的资本和“弱关系的力量”是否存在均有待进一步的研究。本文选取中国家庭收入调查(CHIP2008)数据，构建明瑟收入决定方程(Mincer earnings function)进行 OLS 和分位数回归，对比人际关系变量对不同分位数居民收入贡献率的差异，采用 Wald 检验方法对不同分位数的贡献率进行检验，确定是否存在统计差异；采用夏普利值分解的方法，对 Gini 系数、广义熵和 Atkison 指数三个收入差距衡量指标进行分解，对比强弱关系变量对收入差距的贡献程度，检验“弱关系的力量”假设在中国的存在性。

三、社会资本对收入差距影响的理论模型分析

社会资本分布上的差异将导致个体间市场竞争能力的不同，在其他特征保持不变时，引起收入的差异。对社会资本影响收入的分析框架一直是学术界关心的重要议题。Joste(2004)在内生经济增长模型的基础上，假定社会资本具有公共品的属性，讨论了社会资本和人力资本对国民收入及经济增长的关系。然而，社会资源学派认为，社会资本更加显著的特征是异质性而非公共品属性。因此，在社会资本异质性的假设下，本部分借鉴该模型的研究思路，建立社会资本理性获取的收入决定模型。模型包含两个部门：家户和厂商，其中家户内包含重叠的世代，家户间存在异质性；厂商生产单一产品。经济个体在商品市场、劳

动市场和信贷市场上发生经济联系。

（一）厂商和商品生产

厂商在生产商品时，将有效劳动（人力资本）转换为同质的商品，生产函数规模报酬不变，简化后的生产函数可以表示为

$$Y_t = A_Y H_t \tag{4-1}$$

其中，Y_t 表示产出，A_Y 表示全要素生产率，H_t 表示厂商雇佣的有效劳动。厂商在产品价格固定的条件下通过选择雇佣劳动的数量最大化其企业价值，劳动的需求与其价格呈反比，在最优条件下：

$$\forall t;\ \omega_t = \omega = A_Y \tag{4-2}$$

意味着在不同时期工资都将按照边际价值进行衡量，保持恒定为 A_Y。

（二）家户和人力资本积累

假设在每一期 $t=0,1,2\cdots$ 都存在两代个体：出生在前一期的年长的一代和出生在 t 期的年幼的一代。所有个体的预期寿命均为两期且个体总数量保持恒定。每一代中的个体均在人力资本禀赋上存在差异。

个体的效用函数表示为消费向量的 C－D 函数形式，具体来说，个体 i 在 t 期的效用函数为

$$U_t^i = lnc_{1t}^i + \beta lnc_{2t+1}^i \tag{4-3}$$

其中，c_{1t}^i 和 c_{2t+1}^i 分别代表其在生命第一和第二阶段内的消费，β 为非负的折现率。

1. 年幼个体

个体在初始人力资本禀赋上存在差异，其中个体 i 在时期 t 的人力资本禀赋 $h_{1t}^i = \varepsilon_t^i h_{1t}$，其中 ε_t^i 独立同分布标准化为 1，表征个体 i 接触到的知识水平，$h_{1t} \equiv E[h_{1t}^i]$。年幼个体需要对他们的可支配时间做出选择：是工作还是学习。学习将会提高他们的知识和技能存量，工作将会促进商品的生产。标准化个体的可支配时间为 1，假设个体将 v 单位时间用于工作，e 代表人力资本存量，则

$$e_t^i = (1 - v_t^i) h_{1t}^i \tag{4-4}$$

假设个体面对相同的人力资本转化率，即人力资本的积累只与个体投入学

习的时间有关，$t+1$ 期时由 t 期普通劳动力转化得到的有效劳动力（人力资本）为

$$h_{2t+1}^{i}=A_{h}(e_{t}^{i})^{\alpha}S_{t}^{i1-\alpha} \tag{4-5}$$

其中 $0<\alpha\leqslant 1$，A_h 表示不变的人力资本转化率，S_t^i 表示社会资本。由式(4)可知，个体可以通过对人力资本进行投资以提高自身的人力资本存量，同时，拥有更高的社会资本可以提高人力资本转化的速度。Coleman（1988，1990）和Putnam(2000)指出社会资本对于个人能力的提升具有显著的意义，家庭和社区对于正式教育的成功具有显著的促进作用，除去学校和家庭教育之外，社会网络、社会准则和信任都会对教育的效用产生较大影响。

除去工作收入外，假设个体可以在运行良好的借贷市场上以利率 r 借入或者贷出资金，b_t^i 表示个体借入的资金，那么个体将面临如下消费约束：

$$c_{1t}^{i}\leqslant \omega_{t}(h_{1t}^{i}-e_{t}^{i})+b_{t}^{i} \tag{4-6}$$

2. 年长个体

出生于时期 t 的家户 i 中的年长个体将会无弹性地把他的全部有效劳动用于商品生产，并且获得 y_t^i 单位的收入，此外根据他在前一期是借入还是贷出的情况，在本期他将获得或者支付本金及其利息，此时他面临的消费约束为

$$c_{2t+1}^{i}\leqslant y_{2t+1}^{i}-(1-r_{t+1})b_{t}^{i}=h_{2t+1}^{i}\omega_{t+1}-(1+r_{t+1})b_{t}^{i} \tag{4-7}$$

（三）个人、社会和社会资本积累

假设在时期 t 个体 i 所拥有的社会资本 S_t^i 由其所拥有的社会资源 S_t^{ij} 的加总：

$$S_{t}^{i}=\int_{j=1}^{n}s_{t}^{ij}\,\mathrm{d}j \tag{4-8}$$

其中，s_t^{ij} 表示个体拥有的不同类型的社会资本，如加入不同社会组织的数量，所处社区的诚信和社会准则水平。社会资本的获取有时伴随着一定的成本，如时间的投入，因此个体面临是否对某种社会资本进行投资的选择：理性的个体会权衡投资社会资本的收益和成本，做出理性的选择。当加入某个组织、进入某个社会网络，或者积极参与社区活动等活动的收益大于其成本时，可以预见其将有较高的激励对社会资本进行投资。

社会资本投资决策取决于多重因素，出于简化，我们假设社会资本的积累与人力资本有关。一般而言，人力资本不仅可以促使个体增加对社会的投资，还可以提供获取社会资本的渠道，因此社会资本的积累服从：

$$S_t^i = \gamma_t^i A_S h_{1t}^i \tag{4-9}$$

其中，$0 \leqslant \gamma_t^i \leqslant 1$ 表示个体的社会资本转化率，与其人力资本存量正相关。A_S 表示社会总体的社会资本转化率。基于上述分析，个体的人力资本积累可以表示为

$$h_{2t+1}^i = \gamma_t^{i\,1-\alpha} A_H (e_t^i)^\alpha h_{1t}^{i\,1-\alpha} \tag{4-10}$$

其中，$A_H = A_S^{1-\alpha} A_h$。

（四）个人决策

费雪分离定理表明个体的教育决策在于最大化其财富收入，因此个体的终身效用最大化问题可以通过两步解决。第一步，t 代的个体 i 通过选择其最优的人力资本投资以最大化其折现的永久收入：

$$max_{e_t^i} y_{L_t}^i = \omega_t (h_{1t}^i - e_t^i) + \frac{h_{2t+1}^i \omega_{t+1}}{1 + r_{t+1}}$$

$$s.t.\ 0 \leqslant e_t^i \leqslant h_{1t}^i,$$

$$h_{2t+1}^i = \gamma_t^{i\,1-\alpha} A_H (e_t^i)^\alpha h_{1t}^{i\,1-\alpha}$$

一阶条件为

$$\alpha \frac{h_{2t+1}^i}{e_t^i} \frac{\omega_{t+1}}{\omega_t} = 1 + r_{t+1} \tag{4-11}$$

式(4－11)表明个体通过教育决策达到在人力资本投资收益率和借入/贷出资金之间不存在套利机会。因此，个体最大化其终身效用的第二步为选择生命第一期净借入或贷出资金的数量 b_t^i。无论个体的人力资本禀赋如何，根据消费者决策理论，所有理性个体都会按照边际替代率决定其跨期决策，根据式(4－3)，这意味着：

$$\frac{c_{2t+1}^i}{c_t^i} = \beta(1 + r_{t+1}) \tag{4-12}$$

结合式(4-6)、式(4-7),以及一阶条件式(4-11),式(4-12)改写为

$$\frac{c_{2t+1}^{i}}{c_{t}^{i}}=\frac{\gamma_{t}^{i1-\alpha}A_{H}(e_{t}^{i})^{\alpha}h_{1t}^{i1-\alpha}\omega_{t+1}-(1+r_{t+1})b_{t}^{i}}{\omega_{t}(h_{1t}^{i}-e_{t}^{i})+b_{t}^{i}}$$
$$=\beta\alpha A_{H}\gamma_{t}^{i1-\alpha}\ \frac{\omega_{t+1}}{\omega_{t}}\left(\frac{h_{1t}^{i}}{e_{t}}\right)^{1-\alpha}$$

加总全部个体的借贷额,应用金融市场出清条件:

$$\int_{1}^{n}b_{t}^{i}di=0 \tag{4-13}$$

我们得到最优的人力资本投资:

$$e_{t}^{i*}=\frac{\beta\alpha}{1+\beta\alpha}h_{1t}^{i}=:uh_{1t}^{i} \tag{4-14}$$

对于个体而言,存在一个最优的人力资本投资水平,因此 $\gamma_{t}^{i*}=\gamma_{t}^{i}(h_{2t+1}^{i}{}^{*})=\gamma_{t}^{i}[h_{2t+1}^{i}(e_{t}^{i*})]$,在其人力资本水平较低时,随着人力资本投资水平的上升,其社会资本水平也在提高。

由式(4-9)、式(4-14),可得推论如下。

推论 1:e_{t}^{i} 先升后降,相应的社会资本投资收益曲线也呈现倒 U 形。

个体的收入为

$$y_{L_t}^{i}=\omega_{t}(h_{1t}^{i}-e_{t}^{i})+\frac{A_{h}(e_{t}^{i})^{\alpha}S_{t}^{i1-\alpha}\omega_{t+1}}{1+r_{t+1}} \tag{4-15}$$

一阶条件为

$$\frac{\partial y_{L_t}^{i}}{\partial S_{t}^{i}}=\frac{A_{h}(e_{t}^{i})^{\alpha}S_{t}^{i-\alpha}\omega_{t+1}}{1+r_{t+1}}\geqslant 0 \tag{4-16}$$

由式(4-16),可得推论如下。

推论 2:$\frac{\partial y_{L_t}^{i}}{\partial S_{t}^{i}}\geqslant 0$ 表明社会资本对收入存在促进作用。

在社会资本存量增加的时候,收入同时也会上升,但是由于社会资本的投资存在如时间之类的成本,社会资本存在一个最优水平,因此社会资本对收入的影响呈现倒 U 形,即随着社会资本的上升,其对收入先提升后抑制。

（五）理论模型评述

模型从个体跨时期决策问题入手，个体通过对人力资本投资水平的选择最大化其终身效用。综合跨时期消费约束、人力资本投资、社会资本积累和个体决策，计算得出个体最优人力资本投资水平，以及最优社会资本。结论表明社会资本存在最优水平，超过最优水平后，由于社会资本的投资存在成本，将会对收入的进一步上升产生抑制作用。所有会导致社会资本分布不均的因素都将最终造成收入的差异进而形成收入差距。

已有研究表明，社会资本对收入的影响是多维的，其中社会资本与不同个体微观特征存在相互影响。在当前对社会资本作用机制尚未完全明晰时，难以完整呈现社会资本对收入及收入差距的作用机制，因此本章仅仅选取了目前学术界认为最为重要的社会资本—人力资本—收入（及收入差距）这一渠道，更加多样、更加全面的理论模型仍然有待进一步研究。同时，本章在理论综述的基础上构建了理论分析模型，但该模型是否符合中国实际，如社会资本对收入的作用是否呈现倒U形，是否能够对我国逐步消除城镇居民收入差距提供政策指导仍然需要实证检验。

四、社会资本对收入差距影响的实证分析

本部分首先对计量模型进行介绍，随后结合采用的数据对主要解释变量进行界定和说明，并给出变量的描述性统计。最后，将分别给出收入方程的回归和分解结果。

（一）计量模型

本文采用 Shorrocks(1999)提出的基于夏普利值的分解方法对收入差距值进行分解，需要分为两步：第一，设定收入决定方程，估计各变量系数；第二，计算各变量对收入差距衡量指标的贡献度。本节采用 OLS 和分位数回归的方法，建立收入和个体微观变量的数量关系，随后在分位数回归的基础上进行变量系数差异的 Wald 检验。

在已有研究中，收入决定模型多采用半对数形式，无论是在拟合优度还是正态性方面都有较大优势(Morduch 和 Sicular，2000；赵剑治和陆铭，2009)。依据样本数据绘制城镇居民收入和对数化后收入的核密度图(图 4－3、图 4－4)。对

比发现，对数化后收入值的正态性明显提高，选取对数化后的收入值能够保证估计值的更好的有效性，提高检验的可信度。

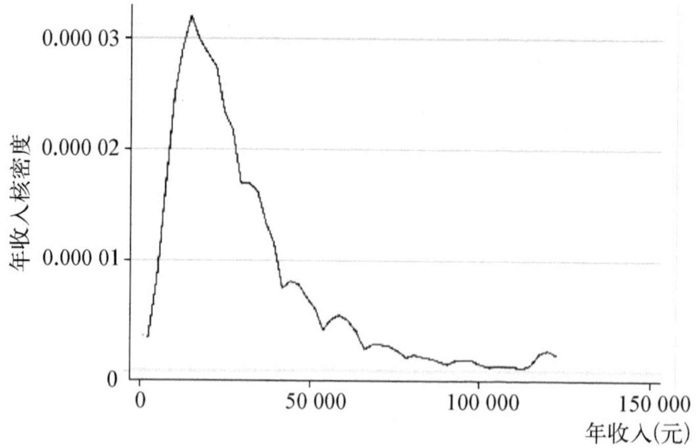

图 4-3 收入核密度图

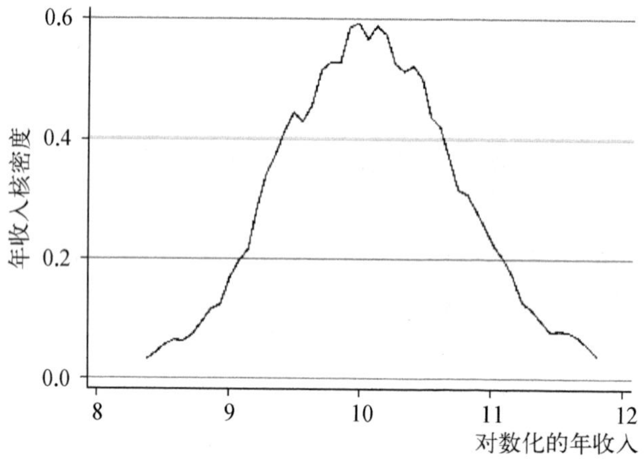

图 4-4 对数化的收入核密度图

基于上述分析，建立如下回归方程

$$Y = x'_i\beta + \mu_i \tag{4-17}$$

其中，向量 x 代表包括社会资本、人力资本、物质资本、金融资产以及其他控制变量在内的全部解释变量。

为检验各个变量之间是否存在多重共线性，表 4-1 报告了变量间的 Pearson 相关系数和方差膨胀因子。多数变量之间的 Pearson 相关系数都落在区间(0～0.2)，表明各个变量之间存在极弱的相关关系甚至无关系，少数变量落在区间(0.2～0.4)，表明各个变量之间存在极弱的相关关系；方差膨胀因子(VIF)值全部小于2，均值为1.17；结果表明变量之间不存在严重的多重共线性问题。

表4-1　变量之间相关系数及VIF

	fd	*debt*	*scnet*	*edu*	*health*	*estate*	*asset*	*loan*	*gender*	*age*
fd	1									
debt	0.07	1								
scnet	0.15	0.15	1							
edu	0.09	0.13	0.11	1						
health	0.04	0.12	0.10	0.07	1					
estate	0.17	0.02	0.09	0.08	0.00	1				
asset	0.21	0.05	0.12	0.09	0.02	0.31	1			
loan	0.06	0.03	0.06	0.05	0.02	0.12	0.01	1		
gender	0.00	−0.03	−0.01	−0.07	−0.05	−0.01	−0.01	−0.01	1	
age	0.00	−0.14	−0.11	0.08	−0.35	0.00	0.00	−0.03	0.00	1
VIF	1.13	1.06	1.22	1.31	1.09	1.39	1.19	1.07	1.05	1.26

1. 分位数回归模型

构建分位数回归模型，分析社会资本对不同收入水平个体的影响，考察自变量对不同分位点因变量的影响。假设收入分位数为q，回归模型如下：

$$\ln Y_i = x'_i\beta + \mu_{qi} \tag{4-18}$$

$$quant_q(\mu_{qi} \mid x_i) = 0,\ i = 1,\ 2,\ \cdots,\ n \tag{4-19}$$

β_q 的估计可以通过下面的目标函数得到：

$$\min_\beta \sum\nolimits_{i=1}^{n} [q - I(\ln Y_i \leqslant x'_i\beta_q)](\ln Y_i - x'_i\beta_q) \tag{4-20}$$

其中，$I(\cdot)$是示性函数，目标函数不可微，采用单纯形方法求解。为了避免异方差情形下无法得到优良的方差估计量，采用Bootstrap方法得到估计值的标准差，以及全部分位数回归模型的方差—协方差矩阵。其中不仅包含每一分位数模型下的方差—协方差矩阵，还可得到同一解释变量在不同分位数模型下系数估计量的协方差。

2. 收入决定方程

采用半对数模型，扩展并建立分位数模型如下：

$$\ln Y_{i,q}=\sum_{j=0}^{n}x_{ij,q}\beta_{j,q}+\sum_{k=1}^{m}Z_{ik,q}\beta_{k,q}+\mu_{i,q} \tag{4-21}$$

其中，被解释变量 $\ln Y_{i,q}$ 表示第 q 分位数上城镇居民年收入的对数，核心解释变量 x 包括社会资本、物质资本、人力资本、金融资产，控制变量 Z 包括性别、年龄、行业、地区，下标 q 为分位数，$\mu_{i,q}$ 是随机扰动项。

对于两个不同的分位数 q_i 和 q_j，提出原假设：

$$H_0:\hat{\beta}_{q_i}=\hat{\beta}_{q_j} \tag{4-22}$$

构造 Wald 检验进行统计推断，检验同一解释变量在不同分位数下的回归系数的差异是否具有统计显著性。检验统计量为

$$Wald\ 统计量=\frac{\hat{\beta}_{q_i}-\hat{\beta}_{q_j}}{var(\hat{\beta}_{q_i}-\hat{\beta}_{q_j})} \tag{4-23}$$

其中，$var(\hat{\beta}_{q_i}-\hat{\beta}_{q_j})$ 是 $\hat{\beta}_{q_i}-\hat{\beta}_{q_j}$ 的方差：

$$var(\hat{\beta}_{q_i}-\hat{\beta}_{q_j})=var(\hat{\beta}_{q_i})+var(\hat{\beta}_{q_j})-2cov(\hat{\beta}_{q_i},\hat{\beta}_{q_j}) \tag{4-24}$$

当 $\hat{\beta}_{q_i}=\hat{\beta}_{q_j}$ 时，Wald 统计量服从自由度为 1 的卡方分布。回归时采用 Bootstrap 方法可以求得全部分位数下的方差—协方差矩阵，式(4-24)中各项都可以通过方差—协方差矩阵计算得出。对于任意 $q_i\neq q_j$，若拒绝原假设，则表明社会资本对不同分位数个体存在显著不同的影响。

（二）数据说明及变量描述性统计

为了追踪中国收入分配的动态情况，中国家庭收入调查(CHIP)已经相继在 1989 年、1996 年、2003 年、2008 年和 2014 年进行了五次入户调查。它们分别收集了 1988 年、1995 年、2002 年、2007 年和 2013 年的收支信息，以及其他家庭和个人信息，分别编号为 CHIP1988、CHIP1995、CHIP2002、CHIP2007 和 CHIP2013。这几次调查是由中外研究者共同组织的关于“中国收入和不平等研究”的组成部分，所有的 CHIP 数据均包含针对城镇和农村住户的调查。

本文选取中国家庭收入调查(CHIP2008)的城镇家庭数据，该数据调查的重点是家庭收入及其决定因素。此项调查由中国社会科学院收入分配课题组组织，由国家统计局执行，调查了 5 000 个城镇家庭，涉及 14 859 位城镇居民，覆盖

了全国18个省(自治区、直辖市),空间上分布在东部、中部、西部地区经济和社会发展差异很大的省份。该调查数据属于微观调查数据,详细反映了个体的微观特征,如姓名,性别,出生日期,家庭成员情况,工作年限和收入水平,教育年限,健康情况,社会保障水平,家庭资产以及家庭社会关系和生活事件。

1. 主要变量的选取及说明

1) 社会资本

社会资本是社会经济学领域非常重要的研究领域,很多研究成果从概念定义方面做了很多探讨。Jacobs(1961)首次提出社会资本这个概念,她指出,"'网络'是一个城市不可替代的社会资本",社会资本受到广泛关注始于Coleman于1988年发表的文章,称社会资本为人力资本发展的重要条件,Putnam(1993)提出了社会资本最经典的的定义,即网络、信任和规范,他们可以通过促进、协调的行动来提高经济效率。一直以来社会资本的定义存在一些差异,但是多数学者均肯定社会资本的三个重要内涵:社会网络,信任和规范,促进合作以提高效率。Putnam(1993)指出,上述三个内涵中,社会网络无疑是最重要的,是信任和合作存在的基础。而在具体的实际研究中,学者采用的代理变量也是各种各样,并没有形成共识。边燕杰(2004)从社会网络的角度定义社会资本,采用春节拜年数据,从网络规模(拜年人数)、网顶(拜年的最高职业声望)、网差(拜年人的职业分布情况)以及网络构成(是否存在领导阶层、知识阶层、经理阶层到关系纽带)四个维度衡量社会资本。章元、陆铭(2009)使用农民家庭曾经赠送过礼品或金钱到亲友的数量作为家庭拥有亲友数量的代理变量。潘越等(2009)从信任的角度出发,以中国各省守信情况及各省人均无偿献血量为社会资本的代理变量,实证研究了我国各省社会资本水平差异对上市公司的对外投资决策、股权投资类型选择以及多元化投资决策的影响。赵剑治、陆铭(2009)采用亲友数和人情支出比度量农村居民的社会网络水平。Ishise和Sawada(2009)从信息共享和相互沟通的角度,采用人均邮件数量和人均收音机数量来衡量社会资本水平。叶静怡、周晔馨(2010)用同学数量、亲戚数量表示社会资本。叶静怡、衣光春(2010)以北京市农民工为样本,用在北京认识的人数、层次、频率、投入等代表社会资本。周晔馨(2012)采用村各小组关系是否融洽、家庭年送礼支出、全家村里亲邻年帮工时间、是否有关系较好的亲朋好友在城市或县城生活、是否有关系较好的亲朋好友在县以上城市当干部的以及参加过多少种类的经济组织作为对农村居民社会资本的度量。万建香、梅国平(2012)认为,公众参与是社会资本培育的重要途径,通过公众的各种参与活动促成社会资本的形成,因此选择群众来信来访的环境诉讼数，作为公众参与考核指标，以反映公众通过行使环境监督权激励企业以绿色发展为导向，进而形成社会资本形成的途径。

基于已有研究，我们认为社会网络是社会资本最重要的组成部分，不同学者选取的社会资本代理变量虽然各有不同但是其共同点是都涉及了社会网络这一维度。因此我们将基于社会网络角度度量社会资本。已有学者选取多个指标从不同角度度量社会资本，在此基础上将不同指标通过主成分分析或因子分析的方法将不同社会资本不同维度整合成单一变量，为了避免不同维度代理变量选取的随意性，我们严格从社会资本最公认的两个维度：强关系和弱关系角度度量社会资本。讨论两类社会资本变量对于个体收入的影响。Lin(2002)认为社会资本本身就是社会资源的一种特殊体现，强调个体的社会地位强度，以及亲友关系的密切程度都是其社会资源衡量变量。

(1) 强关系的度量。强关系通常被视为家庭内部比较紧密的联系，选择 *fd* 变量，即"去年你总共给他/她(户主或配偶的兄弟姐妹)多少钱和礼品/宴请(折算成现金)"(周晔馨，2012)。

(2) 弱关系的度量。从社会地位强度、社会网络大小角度度量弱关系。衡量指标上选取通过社会网络获取社会资源以促进自身收入的变量衡量弱关系，分别分别选取 *debt* 变量衡量社会网络地位，即"您会经常借钱或者借物给你的朋友或熟人吗"，*scnet* 变量衡量社会网络规模，即"春节期间，您通过各种方式(包括见面/打电话/写信/发电子邮件等)相互问候过多少人"。

2) 人力资本

一般指人的知识、经验、制度与习惯等。人力资本可以分成个人与社会两个方面，具备这些资本的劳工，拥有更高的生产能力，可以将这些资本转换成经济价值。Becker(1964)为人力资本建立了微观基础，即家户行为选择的一致性，将人力资本视为国民收入决定的一般性理论，使人力资本既包含教育与培训等传统要素，也包括健康水平、劳动力流动。Mincer(1958)构建收入方程研究了人力资本投资与个体收入水平的关系，表明人力资本对个体的收入存在一个正效应，个体选择接受教育或培训时，由于教育或培训存在差异，其生产效率、生产能力，进而经济效益能力存在差异：较高的人力资本投资水平会提高个体的创收能力，因此收入越高；反之，则收入越低。

本文分别度量人力资本最重要的两个方面：教育和健康水平。所选取的数据中，有如下两个问题："您所完成的最高教育程度"和"您所受正规教育年限"，由于一般认为教育存在门槛效应，两年的高中和三年的高中其对个体的影响存在较大差异，因此教育程度优于教育年限变量，为避免共线性问题，舍弃教育年限，采用教育程度作为教育人力资本变量。已有研究中，衡量健康时有学者采用身高和体重，但由于存在个体差异和区域差异，这一指标并不十分准确。本文采用的调查数据中有如下问题："您的健康状况"，鉴于本数据中样本人群居住于城镇，有较好的医疗卫生保障，其对自身健康水平的评价较可信，因此用其来度量健康人力资本。

3）金融资产

个体获取收入的途径主要有两个：资本与劳动。当前阶段，我国包括股市、债券市场在内的资本市场发展比较迅猛，且本文研究的城镇居民对资本市场的接触较农村居民普遍，故金融资产变量在个体收入的决定中不可或缺。

本文采用"2008 年底全家金融资产余额"作为金融资产的度量。金融资产余额中主要包括银行存款、债券和其他各种有价证券、借出款以及对其他企业的投资（不包含股票和债券），总体来说涵盖了我国城镇居民可以接触到的主要金融产品。

4）物质资本

随着各地工业化水平的不断上升和我国城镇化水平的不断深化，物质资本的需求逐渐低于其供给，导致物质资本的价格逐渐升高，具有较高的财富效应。

由于生产经营性固定资产价值保有量较低且分布不平衡，本文选取"2008 年底自有房屋估计市场现值"度量物质资本，对于普通家庭来讲，生产经营性固定资产是不多见的，相对地随着房地产价格不断攀升，越来越多的家庭开始选择投资房地产，因此自有房屋可以视作较好的物质资本衡量变量。

2. 变量描述性统计

将各变量汇总后进行描述性统计，见表 4－2。

表 4－2　变量描述统计和含义

类型	变量	定义及代理变量	均 值	标准差	观测值
收入	*income*	年纯收入（元）	29 765	21 892	6 824
社会网络	*fd*	家庭礼金等往来	1 527.9	2 830.4	14 323
	debt	借钱给其他人，从来不＝1，很少＝2，有时＝3，经常＝4	2.485	0.796	7 475
	scnet	节日期间相互问候的人数	34.550	47.156	14 323

续 表

类型	变量	定义及代理变量	均 值	标准差	观测值
人力资本	*edu*	所完成的最高教育程度，不识字=1，识字班=2，小学=3，初中=4，高中=5，专科=6，大学及以上=7	5.078	1.877	14 008
	health	目前的健康状况，非常不好=1，不好=2，一般=3，好=4，非常好 5	3.708	0.757	14 116
物质资本	*estate*	自有房屋(万元)	44.745	46.848	4 997
金融资产	*asset*	金融资产余额(万元)	7.460	13.223	4 999
	loan	金融资产负债(万元)	1.529	9.915	4 999
个体特征	*gender*	性别，男=0，女=1	—	—	14 323
	age	年龄	39.9	19.2	14 323
控制变量	*region*	区域代理变量，虚拟变量	—	—	14 323
	industry	行业代理变量，虚拟变量	—	—	

注：对数据异常值进行缩尾处理，即用样本中 5%和 95%分位数据替换这两个百分位以外的数据。

（三）收入差距的分解

本节采用基于夏普利值的分解方法对收入差距指标进行分解，从而得到各微观变量对收入差距的贡献程度，同时鉴于我国东部和中西部在经济发展水平和市场化程度上存在较大差异，为使研究更加贴近现实，在全样本分解的基础上，本文分别对东部、中部和西部地区的样本进行分解，以研究变量在不同区域的贡献是否存在差异。

收入差距指标①有不同的测量与分解方法，为保持稳健性，将常用的收入差距指标进行分解后对比是较好的处理方法。分解方法主要包括两种：其一，按照人群特征对收入差距进行分解。依据目标变量对总样本分组，如男性和女性，

① 衡量收入差距的指标通常有基尼系数、对数方差、相对平均偏差、广义熵和 Atkinson 指数等，对应于不同的福利函数，赋予洛伦兹曲线的不同部分以不同的权数。本文选取比较常用的三个指标：基尼系数、广义熵和 Atkinson 指数。

城镇和农村，然后再估计组内与组间收入差距变量的影响差异①。其二，对收入决定方程的分解。借助夏普利值分解法对收入决定方程进行分解，适用于多数收入决定函数和度量收入差距的指标，能够更好地处理常数项和残差项的贡献大小(Shorrocks，1982；Wan，2004)。

收入差距的影响因素作用大小主要取决于：该因素与收入的相关程度，即偏效应系数的大小；该因素自身分布的不平等程度。给定一个因素与收入的偏效应系数，分布不均程度越严重作用则越大；而给定一个因素的分布不均程度，它对收入的偏效应越大作用则越大。当一个因素对收入的偏效应趋近于零或者自身分布完全平等时，该因素对收入差距的作用等于或接近零。

对式(4-25)两端进行指数化处理②：

$$Y_i = e^{\beta_0} \cdot e^{\sum_{j=1}^{n} X_{i,j}} \cdot e^{\sum_{k=1}^{m} z_{i,k}} \cdot e^{\mu_i} \tag{4-25}$$

其中，e^{β_0}为常数，消去不会对结果产生影响，e^{μ_i}为模型无法解释的部分。

对于残差的影响。采用残差与总收入差距比值表示没有被解释的收入差距部分，1减去该差值即是全部解释变量可以解释的部分，被解释比＝1－残差/总系数，反映了模型中全部解释变量对于收入差距的影响程度，残差是由初始收入差距与假设$\hat{\mu}=0$时收入差距之间的差值衡量。

(四) 社会资本对收入影响的实证分析

分别采用最小二乘和分位数回归实证分析包括社会资本在内的微观变量对收入的影响，并通过Wald检验来确定社会资本对不同收入群体收入影响的差异是否显著。同时，对收入决定方程的回归是进一步采用基于夏普利值的分解方法的必要步骤。

1. 最小二乘法回归结果

采用最小二乘法，对式(4-17)进行回归，结果如表4-3所示。

---

① Morduch和Sicular(2002)指出这种方法主要存在三个缺陷：首先，这种方法无法对一些连续变量的贡献做分解，其次，当需要同时考虑多个变量时，该分解方法会导致分组数量呈几何级数上涨使估计变得困难，最后，无法处理解释变量和被解释变量之间的联立内生性问题，因为该方法先验认为目标变量是外生变量，对总体样本进行分组后该变量并不进入收入决定方程。

② 分解时需要将衡量收入差距的指标应用于收入决定方程的两端，由于采用半对数模型，因此常数项将转化为一个常数乘积项，对收入差距的贡献率没有影响；回归方程采用了收入的对数形式，在分解时会造成收入变量分布的扭曲。

表 4-3 最小二乘回归结果

解释变量	(1)	(2)	(3)	(4)
fd	0.043 6*** (0.007 1)			0.041 4*** (0.009 3)
debt		0.082 3*** (0.012 2)		0.071 4*** (0.012 3)
scnet			0.071 2*** (0.008 6)	0.068 9*** (0.011 5)
edu	0.165 5*** (0.005 0)	0.167 1*** (0.006 5)	0.160 6*** (0.005 7)	0.157 2*** (0.006 6)
health	0.059 8*** (0.010 5)	0.049 5*** (0.013 7)	0.059 9*** (0.010 9)	0.044 3 (0.013 7)
estate	0.001 5*** (0.000 1)	0.001 6*** (0.000 2)	0.001 5*** (0.000 2)	0.001 4*** (0.000 2)
asset	0.006 8*** (0.000 5)	0.006 0*** (0.000 6)	0.007 0*** (0.000 6)	0.005 3*** (0.000 6)
loan	0.004 1*** (0.000 7)	0.007 5*** (0.001 2)	0.004 1*** (0.007)	0.006 9*** (0.001 2)
gender	−0.279 5*** (0.014 1)	−0.255 9*** (0.018 6)	−0.279 9*** (0.015 6)	−0.259 5*** (0.018 6)
age	−0.003 6*** (0.000 7)	−0.000 1 (0.001 0)	0.003 7*** (0.000 7)	−0.000 5 (0.001 1)
cons	8.414 9*** (0.082 3)	8.331 7*** (0.111 8)	8.217 2*** (0.083 7)	8.333 8*** (0.107 7)
控制变量	Yes	Yes	Yes	Yes
调整 R^2	0.379	0.371	0.380	0.401

注：1."***"、"**"、"*"分别表示在1%、5%、10%水平下显著，下同；2. 标准误采用异方差稳健标准误；3. 控制变量指行业和区域，篇幅所限其结果不做汇报，下同。

根据表 4-3 中模型(1)～(3)，社会资本强弱关系诸变量的系数值均高度显著，且为正，表明社会资本对个体的收入存在促进作用，推论 2 得到验证。由模型(4)，社会资本全部变量的系数值仍然高度显著，且为正，表明社会资本强弱关系均对收入存在显著促进作用，本文将社会资本强弱关系同时纳入考虑是有必要的。这一结果印证了社会资本与收入的关系，即社会资本对于收入存在促进效应，拥有更多社会资本的个体，随着其人际网络的扩展，在网络中所处的位置的改善，其所占有的社会资源更多，相应的拥有更高的收入，表明本文将社会资本纳入考虑并且分为强弱关系是合理且有必要的。

2. 分位数回归结果

采用分位数回归，检验社会资本对不同分位数水平个体的影响。

根据收入决定方程式(4-21)回归，回归结果见表 4-4。

表 4-4 收入方程分位数回归结果

解释变量	OLS 回归	分位数回归		
		Q25	Q50	Q75
fd	0.041 4*** (0.009 3)	0.034 4*** (0.011 3)	0.036 2*** (0.010 3)	0.034 0*** (0.011 5)
debt	0.071 4*** (0.012 3)	0.065 6*** (0.014 9)	0.070 8*** (0.013 6)	0.060 2*** (0.015 2)
scnet	0.068 9*** (0.011 5)	0.044 6*** (0.013 9)	0.064 4*** (0.012 8)	0.072 2*** (0.014 3)
edu	0.157 2*** (0.006 6)	0.169 8*** (0.008 0)	0.167 1*** (0.007 4)	0.153 0*** (0.008 2)
health	0.044 3 (0.013 7)	0.049 5*** (0.016 6)	0.040 8*** (0.015 2)	0.038 6 (0.017 0)
estate	0.001 4*** (0.000 2)	0.001 1*** (0.000 2)	0.001 7*** (0.000 2)	0.002 4*** (0.000 3)
asset	0.005 3*** (0.000 6)	0.004 7*** (0.000 8)	0.006 7*** (0.000 7)	0.007 2*** (0.000 8)
loan	0.006 9*** (0.001 2)	0.007 4*** (0.001 5)	0.007 4*** (0.001 4)	0.007 1*** (0.001 5)
gender	−0.259 5*** (0.018 6)	−0.243 4*** (0.022 8)	−0.274 8*** (0.020 7)	−0.288 3*** (0.023 1)
age	−0.000 5 (0.001 1)	−0.000 2 (0.001 3)	0.001 9 (0.001 2)	0.005 5*** (0.001 3)
cons	8.333 8*** (0.107 7)	7.982 9*** (0.138 5)	8.180 1*** (0.126 8)	8.459 5*** (0.142 0)
控制变量	Yes	Yes	Yes	Yes
调整 R^2	0.401	0.243	0.253	0.260

注：分位数回归报告的是 Bootstrap Standard Erros，抽样 200 次。

由表4-4可知,模型调整后的R^2值均在25%以上,模型具有一定的解释力,除年龄外所有变量都高度显著;社会资本各变量对收入均产生显著正向影响,且不同变量的影响存在差异。

社会资本对城镇居民收入存在正向影响。不过与Montgomery(1992)结论不同的是,强关系显著提高个体收入,对中国城镇居民收入的促进效用大于已有研究样本,"好"的家庭背景显著提高个体的预期收入水平。与OLS只能得到变量对收入均值的影响系数不同,分位数回归结果刻画了社会网络三个代理变量对不同分位点收入组的促进作用存在差异,对比25、50和75分位数的回归系数可以发现,社会资本各变量对收入的促进作用存在明显差异,随着分位数的上升,fd变量和debt变量的系数值先上升后下降,其走势呈现倒U形,推论1得到验证,而scnet变量表明社会网络不同维度对收入的影响存在异质性。强关系双方背景相似,能力和资源相近,即使个体可以通过强关系提高自身的收入,这种促进作用也会随着收入的上升而大幅下降;而社会网络存在规模递增以及门槛效应,随着网络规模绝对值的上升,往往使个体更加轻易地进入先前未涉足的社会网络,从而达成质变,相对于强关系的规模递减,社会网络变量对个体收入的促进作用更加强劲。弱关系debt变量表明随着收入的上升,个体面临的金融约束逐渐解除,因此社会网络通过缓解其面对的金融约束而提高其收入的作用逐渐下降,当收入上升到一定水平时,事实上金融约束已不再是限制其收入进一步增长的因素。

人力资本是影响工资收入的重要因素。教育人力资本对收入存在显著的正向促进作用,且其对不同分位点收入组的促进作用存在递减趋势,教育年限的提高会显著提高个体收入;健康人力资本(health)对个体收入的促进作用主要发生在中低收入个体内部,可能是由于中低收入个体更多的是从事体力劳动相关的工作,对于健康水平要求较高,因为一旦健康出现问题,医疗等开支对收入影响较大。

性别变量(gender)系数显著为负,表明在城镇内部,对于全部收入层次的个体,男性的收入水平均高于女性,因此性别差距并不仅仅存在于农村或农民工群体内部。

物质资本(estate)和金融资产(asset和loan)与个体收入均存在显著的正向促进关系。地区和行业控制变量系数显著,表明地区收入差距和行业间的收入差距依然存在。

3. Wald 检验

考察个体微观特征对不同收入组影响差异是否具有统计显著性，引入 Wald 统计量检验社会网络和人力资本的回归系数在不同分位数之间是否相等的原假设。

利用式(4－23)、式(4－24)，基于分位数回归得到的方差协方差矩阵，计算得到 Wald 检验值，如表 4－5 所列。

表 4－5　不同分位数下社会资本和人力资本回归系数差异的 Wald 检验

变　量	$H_0: \beta_{25} = \beta_{50}$	$H_0: \beta_{50} = \beta_{75}$	$H_0: \beta_{25} = \beta_{75}$
	$H_1: \beta_{25} \neq \beta_{50}$	$H_1: \beta_{50} \neq \beta_{75}$	$H_1: \beta_{25} \neq \beta_{75}$
fd	28.92***	−41.12***	−5.45
debt	72.99***	−17.63***	11.88***
scnet	141.16***	46.39***	78.92***
edu	−27.58***	−246.35***	−171.05***
health	−34.91***	−12.73***	−20.78***

由表 4－5 可知以下几点。

(1) 提升教育与健康水平有助于缩小城镇居民收入差距。教育人力资本(edu)变量的三个系数差均显著地小于零，表明学校正规教育有利于缩小城镇居民收入差距；健康人力资本(health)变量的 3 个系数差同样显著地小于零，表明健康人力资本同样有利于缩小居民收入差距。

上述结果支持了新经济增长理论观点，即知识或技术进步只有内生于人力资本，才能导致收入水平的提高。中国城镇低收入居民人群教育和健康人力资本存量较低，较难有机会获取新知识和新技术，容易陷入“贫困陷阱”(poverty trap)。为此，需要提高基础教育和高等教育的覆盖范围，改善教育质量，提高教育水平；优化城镇医疗格局，提高居民健康水平，不仅有利于提高居民收入水平，还有利于缩小城镇内部收入差距。

(2) 社会网络对收入差距的作用存在差异。强关系及家庭关系变量(*fd*)的系数差在 25 和 50 分位数之间为正且显著，在 50、75 分位数之间为负且显著，*fd* 扩大了中、低收入居民间的收入差距，缩小中、高收入居民的收入差距。低收入者由于物质和非物质财富存量均较低，强关系存量较低，因此预期收入较低。当前多数城镇居民处在较公平的竞争环境中，强关系对中等收入组居民的影响最大，高收入者多数是通过个人努力积累大量财富；同时，弱关系社会网络地位变量（debt）的效应和 *fd* 变量类似，对高收入者收入提高的促进作用较小，可能是由于高收入者需要担负较大的责任，不仅要资助亲朋好友，同时要承担借贷给他人的压力，所以遏制了高收入者收入递增的趋势。表 4-4 中高收入者的弱关系社会网络规模变量（scnet）系数为正且逐步递增，表 4-5 中的系数差均显著为正，表明高收入居民的社会网络投资收益率显著大于其他收入组，扩大了收入差距幅度。高收入居民可以更好地利用社会网络，提高他们的金融资产和人力资本的收益，社会网络存在一个规模效益递增的趋势。因此，提高社会最低保障即提高低收入者收入水平，促进信息公开透明以及改善低收入组居民获取信息的机会，缩小低收入组居民和高收入组居民间的收入差距。

（五）社会资本对收入差距贡献程度的实证分析

1. 总体收入差距的分解

选取基尼系数、广义熵和 Atkinson 指数，以及自变量和残差解释的部分，计算收入差距被自变量解释的部分（表 4-6）。

表 4-6　收入差距程度及解释的比例

度量指数	影响程度			被解释比
	总系数	自变量	残差	
基尼系数	0.398 2	0.174 1	0.224 1	0.44
广义熵	0.276 7	0.089 5	0.187 2	0.32
Atkinson 指数	0.133 5	0.043 1	0.090 4	0.32

由表 4-6 可知，基尼系数为 0.398 2，略高于胡志军（2012）测算的 0.34，略低于国家统计局公布的 0.491[①]，广义熵和 Atkinson 指数分别为 0.276 7 和 0.133 5，虽然绝对数值上存在差异，但通过被解释比指标可以看到，自变量对于收入差距的解释程度均在 30%以上，具有较好的解释度。

本节采用基于夏普利值的分解方法，在回归分析的基础上对收入差距指标进行分解，计算出各变量对收入差距贡献的绝对值、相对值，并且按照相对值进

---

① 国家统计局数据为全国居民收入的基尼系数。

行排序(表 4-7)[①]。

第一,社会网络三个变量排序基本相同,体现了选取的收入差距指标有合理性。社会网络各变量贡献率排序在第 5—7 位之间,总和在 14%以上。弱关系变量 debt 和 scnet 分别排在第 5 位和第 7 位,*fd* 变量在第 6 位,弱关系贡献率总和是强关系贡献率的 2 倍左右,与 Beugelsdijk 和 Smulders(2009)的结论一致,即:弱关系对收入差距的影响大于强关系。

第二,人力资本变量对收入差距的贡献均稳定在 35%以上,继续支持了人力资本对收入差距的重要影响作用;物质资本和金融资产分别排在第二和第三位,成为仅次于人力资本的力量;性别变量在三个指标中的贡献基本都在第四位次左右,从政策意义上,需要继续推进男女平等,保障女性的教育、就业等权利。

表 4-7　总体收入差距的分解

变量	贡献度			相对影响(%)			排序		
	基尼系数	广义熵	Atkinson	基尼系数	广义熵	Atkinson	基尼系数	广义熵	Atkinson
fd	0.009 2	0.005 3	0.002 565	5.29	5.92	5.95	6	6	6
debt	0.007 4	0.003 1	0.001 495	4.25	3.46	3.46	7	7	7
scnet	0.014 1	0.005 7	0.002 757	8.1	6.62	6.39	5	5	5
edu	0.064	0.031 9	0.015 44	36.76	35.64	35.82	1	1	1
estate	0.031 3	0.019 6	0.009 464	17.98	21.89	21.83	2	2	2
asset	0.020 4	0.013 5	0.006 509	11.71	15.08	15.11	4	3	3
gender	0.023 4	0.009 1	0.004 392	13.44	10.17	10.19	3	4	4
age	0.004 3	0.001 1	0.000 541	2.47	1.22	1.25	8	8	8

2. 分地区收入差距分解的结果

中国东部、中部和西部经济发展水平、市场化程度等存在较大差异,而社会资本这一非正式制度与市场化水平是否相关需要通过相应的研究才可以确定,这里按照统计局公布的东中西部及东北地区划分方法将数据划分为东部、中部和西部,分别对收入差距指标进行分解,以考察各变量对不同地区收入差距的贡献是否存在差异,结果如表 4-8 所列。

① 由于夏普利值分解所涉及的运算量非常大,每增加一个变量,运算量都将呈几何级数增加。为简化计算,结合表 3 和表 4 的回归系数和显著性情况,在分解时将变量进行了合并。

表 4-8 分地区收入差距指标的分解

变 量	贡献度			相对影响(%)			排序		
	基尼系数	广义熵	Atkinson	基尼系数	广义熵	Atkinson	基尼系数	广义熵	Atkinson
东部									
fd	0.006 7	0.005 6	0.002 4	3.82	6.23	4.19	6	6	6
debt	0.006 1	0.003 7	0.001 4	3.48	4.12	2.44	8	7	7
scnet	0.018 7	0.009 8	0.005 6	10.6	10.9	9.79	4	3	3
edu	0.082 3	0.040 1	0.029 1	46.9	44.6	50.8	1	1	1
estate	0.014 6	0.009 6	0.005 2	8.33	10.7	9.09	5	4	4
asset	0.018 9	0.011 6	0.007 1	10.7	13.0	12.4	3	2	2
gender	0.021 7	0.007 9	0.005 0	12.3	8.79	8.74	2	5	5
age	0.006 2	0.001 5	0.001 2	3.5	1.6	2.09	7	8	8
中部									
fd	0.014 0	0.008 8	0.006 5	7.67	8.60	7.35	6	5	6
debt	0.010 7	0.005 0	0.003 0	5.86	4.88	4.47	7	7	7
scnet	0.016 1	0.007 2	0.005 6	8.82	7.04	8.35	5	6	5
edu	0.051 4	0.025 6	0.018 0	28.1	25.0	26.9	1	2	1
estate	0.040 1	0.027 5	0.016 8	21.9	26.8	25.1	2	1	2
asset	0.018 7	0.014 1	0.008 3	10.2	13.7	12.35	4	3	4
gender	0.028 0	0.012 9	0.008 3	15.3	12.6	12.36	3	4	3
age	0.003 3	0.000 9	0.000 5	1.8	0.87	0.74	8	8	8
西部									
fd	0.008 0	0.004 7	0.002 6	5.91	10.8	7.97	7	5	6
debt	0.014 5	0.005 6	0.003 4	10.7	12.87	10.4	4	4	4
scnet	0.012 7	0.003 9	0.003 0	9.38	8.96	9.20	6	6	5
edu	0.048 1	0.011 8	0.011 0	35.5	27.1	33.7	1	1	1
estate	0.020 7	0.009 2	0.006 1	15.3	21.1	18.7	2	2	2
asset	0.014 1	0.006 0	0.004 1	10.4	13.8	12.6	5	3	3
gender	0.014 9	0.001 6	0.001 9	11.0	3.67	5.82	3	7	7
age	0.002 1	0.000 4	0.000 2	1.55	0.91	0.61	8	8	8

由表4-8可知，社会网络变量在三个收入差距指标下的排序基本一致。社会网络贡献率小于人力资本，但是也达到了15%～30%。虽然强关系(*fd*)变量贡献度在东部、中部、西部排序一致，但从相对影响角度来看，在中部、西部的作用明显大于东部，表明市场化程度越低，强关系的影响越大；弱关系社会网络规模变量(*scnet*)则相反，在东部的排序为第三，在中部为第五，在西部为第六，表明市场化程度越高，经济越发达，scnet的影响越大；弱关系社会地位变量(*debt*)在东部和中部的排序大致都在第七，而其在西部的排序一跃而升至第四，可能由于西部地区借贷渠道紧缺，而东部和中部地区借贷约束情况相近，导致在西部地区，社会网络地位高对个体收入存在较高的影响。通过纵向对比发现，在东部，中部和西部，弱关系变量的贡献率稳定在14%以上，强关系则在8%左右，弱关系的贡献率显著高于强关系，与全样本结果基本一致，支持了Granovetter(1973)提出的"弱关系的力量"假设。

总体而言，虽然不同变量在东部、中部和西部排名次序相差接近，但是变量相对影响的绝对值却存在较大差异。比如，在东部地区人力资本(*edu*)的影响均在44%以上，而在中部和西部则分别为25%和30%，表明在东部地区受教育程度对于收入差距的影响更大，高校毕业生选择在经济发达地区就业是利益最大化的理性决策；物质资本(*estate*)变量在中部和西部相对影响的绝对值明显大于其在东部的相对影响，物质资本在中部的相对影响和排序在广义熵指标下甚至超过了人力资本跃升至第一位，但是在东部地区的排序只能达到第四和第五位左右；金融资产(*asset*)的排序在东中西部三个指标下几乎稳定在第三位，表明金融约束在各地区都是一个比较严重的问题，推进金融领域改革，降低居民面临的金融约束非常必要；年龄(*age*)在东中西部的排序均在第八位，且相对影响在1%左右，是由于本文样本数据个体年龄跨度较大，导致年龄在分解中并不显著；与全样本结果不同，性别(*gender*)在东中西部的影响差异较大，但是结果均表明，性别对个体的收入仍然存在较高影响。

五、提高社会资本存量，改善社会资本分布的政策建议

为进一步促进社会资本总量的提升和改善社会资本的分布，从而减小中国城镇居民收入差距提出如下政策建议。

(一) 完善社会领域的制度设计

现代经济通常也意味着国家成员间的分工与协作。在理想状态下，参与现

代经济的个体各自基于自身特殊禀赋所形成的具有差异性的比较优势为所有人带来了较高的经济收益，社会分工由此形成，然而现实情况是，社会实践并不总是如理论所描述的那样理想，比较优势的形式通常也需要一定的先决条件，如教育和医疗水平，信息的获得和透明程度。

社会资本这一可以带来较高经济收益的资源，是一种在人力资本和物质资本等因素之外的新型比较优势，其在总量上依然偏低，在分布上远达不到均匀，在我国社会和经济快速发展的同时，社会资本在总量和分布上虽然也取得了长足的进步，但仍有较大的改进空间。

在全社会层面，重点是全力营造社会资金均匀分布的局面。第一，推动民间社会团体的发展，尤其是促进社会网络规模较低人群如体力劳动者、女性等社会弱势人群的保护，提升弱关系总量的同时改善其分布情况。社会团体如商会、基金会的出现可以大幅提高社会网络规模，进一步提升我国经济的运行效率，当前在经济较发达的省份，如浙江和广东，均存在非常发达的社会团体和民间借贷互助，遍布的商会在为其会员提供资金支持的同时，也带来了只有其会员才能够接触到的信息资源。同时，对于某些特定人群，政府要着重加强其组织水平，如农民工和女性。随着我国城镇化的不断推进，越来越多的农村居民离开农村进入了城镇，可由于个人禀赋等原因，其往往只能从事体力劳动，加上对契约的认识不足，依然存在议价能力低和讨薪难的问题。这一问题的解决有赖如互助组织的成立，组织成员可以共用其法律和人脉资源，切实保障其收益。女性在就业市场上面临的隐性性别歧视甚至于性骚扰难以维权等问题，同样可以通过提高她们的组织程度得到缓解。女性群体的权益在受到侵犯时，一个人的力量是弱小的，但是组织起来后，就可以极大提高对自身维权的本领。

第二，提高高等教育水平的同时，仍然要切实加强基础教育的覆盖程度，保障基础教育质量。教育不仅通过人力资本的形成对个人的收入存在显著影响，同时也会显著提高个人的弱关系存量。在强调高等教育水平的同时，要注意到我国基础教育水平的发展仍然存在不均衡的现象，优质的基础教育资源不断向一线城市以及城市中心地区集中。进一步提高对基础教育的保障力度，提高全社会的基础教育质量，对个体强关系和弱关系均存在显著意义。考虑到当前我国城镇化进程，在原有城镇居民的基础上，同样有大量新进入城镇的原农村居民，为保障其在进入城镇后能够获得更高的收入，消除其在城镇就业市场上面临的劣势，职业培训至关重要。

第三，推进基本公共服务均等化。党的十八大报告明确提出了基本公共服务均等化总体实现的目标，我国的公共服务在范围上逐渐从社会保障、公共卫生体系、基本医疗保障等物质领域向公共博物馆、纪念馆体育馆等精神文化领域延伸，公共服务的质量也得到了极大的发展。基本公共服务其人文关怀的属性对社会资本的形成具有重要的促进作用，但是当前我国基本公共服务不足、分配不均的矛盾依然突出。这导致了不同区域和地区社会资本分布的不均。由于我国经济社会二元结构的长期存在，基本公共服务供给的数量、质量等优势资源都往发达地区聚集，东部地区显著高于中西部地区。而根据我们的研究，社会网络规模存在规模报酬递增的性质，因此东部较高水平的社会资本存量更加剧了东部和中西部间的收入差距。要实现基本公共服务均等化的目标，需要着力解决以下三方面的问题：① 健全制度安排，公共服务由于其非排他性和非竞争性，更需要良好的制度安排。② 加快政府职能转变，构建公共服务型政府。过去我国政府主要注重经济调控和市场的职能，下一步政府需要给予社会管理和公共服务更高的优先级。③ 完善投入机制，形成并健全多样化的公共服务供给体系，除政府外，还要鼓励非政府组织、个人和企业等多个供给主体共同发挥作用。

第四要改革户籍制度，保障个人自由流动。我国东部地区经济发展水平较高，其内部社会网络规模远高于中西部，社会准则较成熟，同时我们的研究表明弱关系对于低收入群体赶超高收入群体具有重要意义。但是由于户籍的限制，外来人口进入东部地区的成本较高甚至于难以进入最终只能离开，这显然不利于全社会社会资本总量的提升，最终只能形成富者更富穷者更穷的局面。当前阶段，加快推进户籍制度改革，需要解决以下几个问题：① 公共服务与社会福利政策长期与户籍政策挂钩。户籍在人口管理功能之外，还代表着利益，这是户籍改革的难点所在。城市居民尤其是东部发达地区城市居民在教育、医疗等方面拥有着非常大的优势，在进行户籍改革时，由于地区间社会保障存在显著差异，人口的市民化将需要巨额的财政投入，并加剧大城市的“大城市病”，因此必然要改革与户籍制度相关的利益分配制度，平衡区域间的利益分配，引导一部分资源向相对欠发达地区倾斜。② 户籍制度改革需要中央政府的顶层设计，给予地方政府更多的政策激励。地方政府考虑的主要是当地的经济发展和本地人口的就业问题，往往会忽视外来人口所遭受的不公平待遇。因此，中央政府需要从全局着眼，对外来人口在大中城市的落户提出明确要求，可以把城市对外来人口提供的公共服务水平纳入当地政府官员的政绩考核指标，指导并激励地方政府逐步放松户籍管制，对长期居住在当地的外地户籍人员给予落户。

第五，完善就业政策。社会资本对收入的促进作用一方面是通过“内部推荐”实现的，在社会资本分布不均的前提下，往往会引起收入差距。对于这一问题，政府和社会要督促用人单位对招聘信息在更大范围进行公开，降低就业成本，消除不同个体在就业信息方面的劣势。同时，要对垄断企业和国有企业的招聘进行规范，要求其公开、公正地进行招聘，由于其薪资待遇较高，福利比较好，极易发生权力寻租，拥有更多社会资本的个体在发生权力寻租时更容易靠关系而不是能力取得职位，因此要规范其招聘过程，保障社会资本水平较低的个体。

（二）加强城镇基层建设

城镇基层是城镇的基础组成部分，与个人的生活息息相关，全社会社会资本总量增加分布改善目标的达成与基层建设具有重要的关系。在城镇基层，要特别注意完善社区建设，提高社区成员的公共事务参与度。第一，要加强城镇社区建设，随着我国新型工业化、新型城镇化的加快推进，城镇基层利益主体日趋多元，居民服务需求更加多样，公共服务供给存在一定不足，在此背景下，基层社区需要为成员提供更加多样化的文化艺术服务，通过开展文化活动，提高社区成员的认同感，搭建成员间沟通和合作的桥梁；同时伴随着人口结构的大幅变化，社区要注重提供更高水平的医疗服务，提高成员生活水平，防止因病致贫，这对其强关系的积累和发展具有重要的意义。

第二，引导和发展社区基层组织的成立，提高成员的组织水平。基层组织无论是在促进内部成员比较优势的实现还是在信息的获取和信贷的支持方面均具有重要的意义，对其收入具有显著的提升作用。当前我国民间组织发达的地区通常其经济水平也比较高。基层政府要引导基层群众成立一些协会和合作组织，并给予认可，组织的建立有助于集中社区成员的各方面资源，从而帮助其突破个人无法逾越的壁垒和障碍；同时，政府的承认可以帮助这些基层组织留住人才，获得社会的资源。

第三，基层政府要促进民众的公共事务参与度。参与公共事务表达自身意见不仅有利于提高全社区内部成员与成员及成员与政府的信任程度，还可以提高社区成员获取信息的能力。基层是我们社区的基础单元，基层范围内的社会准则和信任关系到全社会的社会准则和信任的提高，基层政府需要转变工作方针，加强对于公共事务的内容和意义的宣传，鼓励群众参与的积极性，同时严格议事程序，保障参与成员表达意见的权利，充分考虑其诉求，并建立事后的反馈机制，对社区成员的意见和诉求做出回应。同时，社区成员在参与公共事务的过程中，可以更好地了解到国家和地方的政策方针，丰富其信息获取渠道，有利于其更好的把握住机会，享受到国家和地方发展的成果。

（三）进一步推进财政、金融领域的改革

自凯恩斯学派出现以来，政府对于收入分配的影响和干预日益受到重视，凯恩斯主张用收入再分配的方法来解决收入分配不平等问题，即把富人收入的一部分用累进税的方法集中于国家手中，再通过政府转移支付的方法分配给穷人或者通过政府投资促使供求平衡增加就业。改善财政政策的收入分配效应，通过财政政策缩小收入差距，对于优化个体的强关系分布具有非常明显的意义。强关系作为个体难以通过自身努力改善的因素，需要国家通过财政政策的改革加以调节。改革的重点在于改革税种。首先，在个人所得税的基础上，开征资本利得税。个人所得税在收入分配上为人所诟病的一点是对于高收入群体的资本收入和隐性收入调节能力不足，对资本利得进行征税有利于改善我国的收入分配差距。

其次，开征遗产税。在现行体制和格局下，收入分配不均已经带来社会阶层固化、社会矛盾显化等负面作用，机会不公逐渐形成向二代三代传导的趋势，一方面富有阶层子女在财富、教育和机会方面具有领先优势，另一方面低收入群体后代在经济能力和素质教育方面的弱势，如不能及时消除，这可能会演变为矛盾和对立，破坏我国和谐的市场环境和社会秩序，在这种情况下，遗传税制度可以起到独特的、定向调节和校正作用，对于阶层间强关系分布的改善具有重要的意义。

改革开放以来，我国的市场化程度不断提高，但仍然存在改进的空间，在金融领域，包含银行在内的各类金融机构对低收入群体以及个人依然存在不同程度的歧视，其获取资金支持的难度依然较大。面对金融约束时，具有较高社会资本的个体往往更有可能通过自身的关系资源获得借贷，从而对他人形成竞争优势。因此通过金融领域的改革尽量消除低社会资本存量个体的劣势显得很有必要。如开展社会征信，降低社会大众尤其是中低收入者面临的金融约束。信用制度的缺位以及偿贷能力的模糊，使银行等金融机构对于面向低等收入者和中等收入者的贷款持谨慎态度。征信体系建成后，金融机构在面对这类群体时将会做到有“信”可依，这将极大地鼓励金融机构对中低收入群体发放贷款，必要时甚至可对其实行利率优惠等措施，帮助其在自己的努力下富裕起来。另外，可进一步推进金融改革发展新型金融组织，促进小额贷款公司的发展。家庭借贷约束是制约中低收入群体提高其收入的一个重要因素，而当前阶段包括银行在内的金融机构对其发放贷款持谨慎态度，因此通过相关政策提高其获取贷款的机会显得至关重要。

社会资本对中国社会与市场制度有较好的补充作用，有助于更好地推动社会治理与市场化改革工作。一般而言，基于家庭背景的强关系是个体难以改变的既成事实，但弱关系则可以通过制度建设得以改善。对个体而言，弱关系对缩小收入差距的作用更大，期望通过制度完善建成平等竞争，所有个体不论出身均能通过努力得到公平回报的社会。

六、结论及展望

（一）主要结论

近年来，在我国城镇化水平不断提高的同时，城镇居民收入差距也在快速拉大。在当前我国经济进入新常态的背景下，收入差距问题将会对社会稳定产生不利影响，同时收入差距引起的边际消费倾向过低等问题将会严重影响我国经济的发展和经济结构转型。党的十八大以来我国政府提出 2020 年全面建成小康社会，而缩小社会收入差距，形成橄榄型分配格局是实现贡献发展成果的重要途径。本研究围绕社会资本是否有助于缩小我国城镇居民收入差距进行了深入的实证分析，采用理论分析、分位数回归和基于 Shapley 值的分解方法，分别研究了社会资本对收入和收入差距的是否存在以及存在何种影响，以及社会资本对收入差距的贡献水平，得到的结论主要从以下三个方面进行概括。

(1) 从全样本来看，社会资本能够提高收入，表现为：强弱关系对不同分位数个体均存在显著正向促进作用，表明全部个体无论收入水平如何均可在社会资本上受益。这主要是因为社会资本有助于个体与其他社会成员建立联系、在正式制度不够完善的前提下可以作为正式制度的一个补充，社会资本拥有者在诸如信息、借贷能力和人际关系等方面相对他人存在一定的优势。分区域回归结果表明，社会资本的强关系、弱关系无论是在东部还是在中部和西部，都会显著提高收入水平，但同时也注意到变量在不同区域对收入的影响水平存在差异，不同地区在市场化程度和经济发展水平上均存在显著差异，会对强弱关系的效用产生影响。

(2) 强关系变量和社会网络地位变量对收入差距的影响表现为倒 U 形，对收入差距存在抑制作用，而社会网络规模呈现出规模递增的性质，高等收入者的社会资本回报率显著高于低等和中等收入者。中低收入者社会网络规模较低，难以充分发挥其社会网络的效用，高收入者则相反，其社会网络规模较广、在社会网络中地位较高，拥有网络内其他成员所不具有的优势，可以借助社会网络资源提升收入水平，从而导致社会收入差距扩大。放松金融约束后中等收入者的收入上升幅度最大，这是由于高等收入者本身已经突破了金融约束，而低等收入者财富存量过低，即使放松金融约束也难以将资本用于投资，因此中等收入者的收益最大。

(3) 弱关系对收入差距的贡献高于强关系，同时在社会资本三个维度中，社会网络规模变量的贡献最高。结论表明，后天培养可以获得的弱关系对收入差距的影响更高，这意味着家庭背景虽然重要，但是个体依然通过后天的努力消除家庭背景上的优势。然而，分地区的分解结果表明，强关系在中部和西部对收入差距的贡献程度几乎与社会网络规模持平，家庭背景对收入差距存在显著的影响。在市场化水平较高的东部地区，社会网络规模对收入差距拥有最高的贡献，且此时家庭背景的贡献达到最低。市场化程度越高，弱关系对收入的贡献越大，在经济较发达的省份如浙江、广东、福建，其民间均存在大量的强有力的社会组织和团体，如行业协会、商会等，团体内部成员间进行信息共享，资本帮扶。

（二）研究展望

社会资本概念来自社会学，目前尚未纳入标准的经济学理论，学界对社会资本的认识仍然存在差异，对社会资本作用于收入和收入差距的机制依然缺乏清晰的论证，从本文社会资本度量变量选取部分可以看到，不同学者选取的指标存在非常大的差异，希望后续研究能够对社会资本提供更加详尽的分析和论证，帮助我们更好地认识其在收入差距的形成中所发挥的作用。

在实证分析部分，不同于金融交易数据和工业企业数据，主流收入分配数据主要是微观调查数据。微观调查的设计由于个体特征的复杂性难以完整反映个体的差异，同时由于微观调查数据花费比较巨大，调查样本存在损耗等问题，虽然有微观调查数据选取了不同年份进行调查可以组成面板数据，但最可信的处理方法仍然是选取其中某个年份的数据将其看作截面数据。因此本文的实证结果主要受到内生性和社会资本衡量变量选取准确性的影响，在此笔者希望将来能够出现更多高质量的微观调查数据，以最大限度避免内生性和变量选取准确性的问题。

参考文献

[1] ASLUND O, SKANS O N. Will I See You at Work? Ethnic Workplace Segregation in Sweden, 1985-2002 [J]. ILR Review, 2010, 63(3): 471-493.

[2] BEUGELSDIJK S, SMULDERS S. Bridging and Bonding Social Capital: Which Type is Good for Economic Growth? [C]//ERSA, European Regional Science Association, 2003.

[3] BOLIN K, LINDGREN B, LINDSTRÖM M, et al. Investments in Social Capital — Implications of Social Interactions for the Production of Health [J]. Social Science & Medicine, 2003, 56(12): 2379-2390.

[4] BOURDIEU P. The Forms of Social Capital [M]. Westport, CT: Greenwood Press, 1986.

[5] BRIDGES W P, VILLEMEZ W J. Informal Hiring and Income in the Labor Market [J]. American Sociological Review, 1986, 51(4): 574-582.

[6] BURT R S. The Contingent Value of Social Capital [J]. Administrative Science Quarterly. 1997, 42(2): 339-365.

[7] COLEMAN J S. Foundations of Social Theory [M]. Cambridge, MA: Harvard University Press, 1990.

[8] COLEMAN J S, HOFFER T. Public and Private High Schools: The Impact of Communities [J]. The American Sociologist, 1987, 18(3): 296-299.

[9] COLEMAN J S. Social Capital in the Creation of Human Capital [J]. American Journal of Sociology, 1988, 94: 95-120.

[10] FUKUYAMA F. The Great Disruption: Human Nature and the Reconstitution of Social Order [M]. New York, NY: Free Press, 1999.

[11] GETLER P, LEVINE D I, MORETTI E. Is Social Capital the Capital of the Poor? The Role of Family and Community in Helping Insure Living Standards Against Health Shocks [J]. CESifo Economic Studies, 2006, 52(3): 455-499.

[12] GRANOVETTER M. Economic Action and Social Structure: The problem of embeddedness [J]. American Journal of Sociology, 1985, 91(3): 481-510.

[13] GRANOVETTER M S. The Strength of Weak Ties [J]. American Journal of Sociology, 1973, 78(6): 1360-1380.

[14] GROOTAERT C. Does Social Capital Help the Poor? A Synthesis of Findings From the Local Level Institutions Studies in Bolivia, Burkina Faso, and Indonesia [R]. Washington, DC: World Bank, 2001.

[15] GROOTAERT C, OH G, SWAMY A. Social Capital, Household Welfare and Poverty in Burkina Faso [J]. Journal of African Economies, 2002, 11(1): 4-38.

[16] GROOTAERT C. Social Capital, Household Welfare and Poverty in Indonesia [R].

Washington，DC：World Bank，1999.
[17] GROOTAERT C. The Determinants of Poverty in Coted'Ivoire in the 1980s [J]. Journal of African Economies，1997，6(2)：169 - 196.
[18] GUISO L，SAPIENZA P，ZINGALES L. The Role of Social Capital in Financial Development [J]. The American Economic Review，2004，94(3)：526 - 556.
[19] ISHISE H，SAWADA Y. Aggregate Returns to Social Capital：Estimates Based on the Augmented Solow Model [J]. Journal of Macroeconomics，2009，31(3)：376 - 393.
[20] JACOBS J. The Death and Life of Great American Cities [M]. New York，NY：Random House，Inc，1991.
[21] JOSTEN S D. Social Capital，Inequality，and Economic Growth [J]. Journal of Institutional and Theoretical Economics，2004，160(4)：663 - 680.
[22] KNACK S，KEEFER P. Does Social Capital have an Economic Payoff? A Cross-country Investigation [J]. The Quarterly Journal of Economics，1997，112(4)：1251 - 1288.
[23] KUROSAKI T. Consumption Vulnerability and Dynamic Poverty in the North-West Frontier Province，Pakistan [J]. Journal of Development studies，2006，42(1)：70 - 89.
[24] LIGON E，SCHECHTER L. Measuring Vulnerability [J]. The Economic Journal，2003，113(486)：95 - 102.
[25] LIN N. Building a Network Theory of Social Capital [J]. Connections，1999，22(1)：28 - 51.
[26] LIN N. Social capital：A Theory of Social Structure and Action [M]. Cambridge：Cambridge University Press，2002.
[27] MARSDEN P V，HURLBERT J. Social Resources and Mobility Outcomes：A Replication and Extension [J]. Social Forces，1988，66：1038 - 1059.
[28] MARSDEN P V，LIN N. Social Structure and Network Analysis [M]. Beverly Hills：Sage，1982.
[29] MINCER J. Investment in Human Capital and Personal Income Distribution [J]. Journal of Political Economy，1958，66(4)：281 - 302.
[30] MONTGOMERY J D. Job Search and Network Composition：Implications of the Strength of Weak-ties Hypothesis [J]. American Sociological Review，1992，57(5)：586 - 596.
[31] MONTGOMERY J D. Social Networks and Labor-market Outcomes：Toward an Economic Analysis [J]. American Economic Review，1991，81(5)：1408 - 1418.
[32] MORDUCH J，SICULAR T. Politics. Growth and Inequality in Rural China：Does it Pay to Join the Party? [J]. Journal of Public Economics，2000，77(3)：331 - 356.
[33] MORDUCH J，SICULAR T. Rethinking Inequality Decomposition，with Evidence from Rural China [J]. The Economic Journal，2002，112(476)：93 - 106.
[34] MORGAN S L，SØRENSEN A B. Parental Networks，Social Closure，and Mathematics Learning：A Test of Coleman's Social Capital Explanation of School Effects [J].

American Sociological Review, 1999, 64(5): 661 - 681.
[35] MUNSHI K. Identification of Network Effects: Mexican Migrants in the US Labor market [C]. Boston, MA: InNEUDC conference, 2001.
[36] PAXTON P. Is Social Capital Declining in the United States? A Multiple Indicator Assessment [J]. American Journal of sociology, 1999, 105(1): 88 - 127.
[37] PUTNAM R D. Bowling Alone: America's Declining Social Capital [J]. Journal of Democracy, 1993, 6(1): 65 - 78.
[38] SHORROCKS A F. Decomposition Procedures for Distributional Analysis: A Unified Framework Based on the Shapley Value [J]. Journal of Economic Inequality, 1999, 11(1): 1 - 27.
[39] SHORROCKS A F. Inequality Decomposition by Factor Components [J]. Econometrica, 1982, 50(1): 193 - 211.
[40] TEACHMAN J D, PAASCH K, CARVER K. Social Capital and Dropping out of School Early [J]. Journal of Marriage and the Family, 1996, 58(3): 773 - 783.
[41] WHITELEY P F. Economic Growth and Social Capital [J]. Political Studies, 2000, 48(3): 443 - 466.
[42] WOOLCOCK M. Social Capital and Economic Development: Toward A Theoretical Synthesis and Policy Framework [J]. Theory and Society,1998, 27(2): 151 - 208.
[43] 边燕杰.城市居民社会资本的来源及作用：网络观点与调查发现[J].中国社会科学,2004(3): 136 - 146+208.
[44] 钞小静,沈坤荣.城乡收入差距、劳动力质量与中国经济增长[J].经济研究,2014(6): 30 - 43.
[45] 陈斌开,杨依山,许伟.中国城镇居民劳动收入差距演变及其原因：1990—2005[J].经济研究,2009(12): 30 - 42.
[46] 陈斌开,张鹏飞,杨汝岱.政府教育投入、人力资本投资与中国城乡收入差距[J].管理世界,2010(1): 36 - 43.
[47] 陈钊,万广华,陆铭.行业间不平等：日益重要的城镇收入差距成因——基于回归方程的分解[J].中国社会科学,2010(3): 65 - 76+211.
[48] 程名望,Jin Y,盖庆恩,史清华.农村减贫：应该更关注教育还是健康？——基于收入增长和差距缩小双重视角的实证[J].经济研究,2014(11): 130 - 144.
[49] 何平,高杰,张锐.家庭欲望、脆弱性与收入—消费关系研究[J].经济研究,2010(10): 78 - 89.
[50] 胡志军.基于分组数据的基尼系数估计与社会福利：1985—2009 年[J].数量经济技术经济研究,2012(9): 111 - 121.
[51] 雷根强,蔡翔.初次分配扭曲、财政支出城市偏向与城乡收入差距——来自中国省级面板数据的经验证据[J].数量经济技术经济研究,2012(3): 76 - 89.
[52] 李实,罗楚亮.中国收入差距究竟有多大？——对修正样本结构偏差的尝试[J].经济研究,2011(4): 68 - 79.
[53] 李实,宋锦.中国城镇就业收入差距的扩大及其原因[J].经济学动态,2010(10): 4 - 10.

[54] 罗楚亮.经济增长、收入差距与农村贫困[J].经济研究，2012(2)：15－27.
[55] 潘越，戴亦一，吴超鹏，等.社会资本、政治关系与公司投资决策[J].经济研究，2009(11)：82－94.
[56] 万广华.解释中国农村区域间的收入不平等：一种基于回归方程的分解方法[J].经济研究，2004(8)：117－127.
[57] 万建香，梅国平.社会资本可否激励经济增长与环境保护的双赢？[J].数量经济技术经济研究，2012(7)：61－75.
[58] 王春超，周先波.社会资本能影响农民工收入吗——基于有序响应收入模型的估计和检验[J].管理世界，2013(9)：55－68.
[59] 杨娟，Démurger S，李实.中国城镇不同所有制企业职工收入差距的变化趋势[J].经济学(季刊)，2012(1)：289－308.
[60] 姚洪心，王喜意.劳动力流动、教育水平、扶贫政策与农村收入差距——一个基于multinomial logit 模型的微观实证研究[J].管理世界，2009(9)：80－90.
[61] 叶静怡，衣光春.农民工社会资本与经济地位之获得——基于北京市农民工样本的研究[J].学习与探索，2010(1)：143－147.
[62] 叶静怡，周晔馨.社会资本转换与农民工收入——来自北京农民工调查的证据[J].管理世界，2010(10)：34－46.
[63] 章元，陆铭.社会网络是否有助于提高农民工的工资水平？[J].管理世界，2009(3)：45－54.
[64] 赵剑治，陆铭.关系对农村收入差距的贡献及其地区差异——一项基于回归的分解分析[J].经济学(季刊)，2009(10)：363－390.
[65] 周广肃，申广军，樊纲.收入差距、社会资本与健康水平——基于中国家庭追踪调查(CFPS)的实证分析[J].管理世界，2014(7)：12－21.
[66] 周晔馨.社会资本是穷人的资本吗？——基于中国农户收入的经验证据[J].管理世界，2012(7)：83－95.

第五篇

上市家族企业公司治理结构对企业绩效的影响

——基于中小板的经验数据的实证研究

王琪瑶

一、引言

（一）研究背景

家族企业在欧美发达国家的发展中一直扮演着重要的角色。虽然我国的家族企业从改革开放时期起才开始起步，但是后来者居上，其在我国随后的经济发展历程中的角色感和价值更加凸显。根据国家工商总局2013年统计数据显示，民营企业数量已占据企业总数近80%[①]。在非公有制经济数量中，家族企业又占据着十足分量。这些家族企业为社会提供了有效供给，并且提供就业岗位以降低社会失业率，在推动我国经济发展的同时，也在推进国际收支平衡方面发挥着重要作用。

（二）研究意义

家族企业具有利他主义行为、家长权威、家族信任以及所有权结构相对或绝对集中等特征，因此，早有国外学者认为相比于非家族企业，家族企业面临的治理结构更为复杂（Neubauer F 和 Lank A G，1999）。也就是说，在家族企业的治理结构中除了传统意义上公司的治理结构之外，还包含了家族关系的治理，这种关系包括家族内部和外部的成员关系。我国的家族企业按照现代企业管理制度，采用"金字塔"状的治理结构，然而这种持股结构容易导致家族企业的实际控制者以较低的成本获得较高的控制权，从而侵蚀损害其他非家族成员股东的利益，最终导致企业绩效下滑，对家族企业的稳定发展产生负面影响，因此高效的治理结构是家族企业可持续发展的核心。基于此，本文选取了家族企业较为集中的中小板企业市场中的家族企业作为研究样本，通过分析上市家族企业的内外部治理结构，运用合适的指标体系，建立理论模型，以期找出影响上市家族企业绩效的关键因素，来提高企业绩效。

---

① 数据来源：中华人民共和国国家工商行政管理总局 http://www.gov.cn/gzdt/2013-04/19/content_2382198.htm.

（三）相关文献综述

1. 关于家族企业治理结构与企业绩效的研究

储小平(2004)基于我国当前的家族企业发展情况，将家族企业的治理结构分成三个维度，即控制权维度、企业形态维度、管理岗位维度。其中，控制权维度是家族企业的治理核心，其他维度由其控制决定。因此，研究家族企业治理结构的核心即为研究家族企业的股权集中度与公司绩效的关系。而在2010年，王明琳、陈凌、叶长兵从家族所有、家族控制和家族管理三个维度考察了民营上市企业家族治理对企业价值的影响，并且认为家族企业的治理结构在一定程度上对家族企业的价值产生负面影响。但由于此三维度存在特异性，进而三个维度的不同组合方式以及相互作用模式会共同对治理结构产生影响。

2. 关于家族企业股权集中度对企业绩效的影响

Shleifer和Vishny(1986)通过对1980年的财富500强中的456家公司的大股东价值进行分析后，建立了只有一个风险中立的大股东以及其余全为小股东的公司模型。该模型以大股东的持股比例作为控制变量。他们观察到该指标的数值与公司价值成正比关系，即提升大股东的股权集中度的同时，公司的经营绩效也会提升，并且会降低股权分散情况下的存在于小股东的“搭便车”风险。与之类似，Lins和Servaes(1995)对18个新兴市场国家的上市家族企业进行实证性研究，发现证实大股东有利于家族企业的经营绩效的提升。同样，国内的研究学者陈小悦和徐晓东(2001)亦从实证分析的角度研究了上市公司的第一大股东的股东控制与企业绩效的关系，发现股权集中度与企业绩效存在正相关关系。而李春玲、王化成在2004年通过分析上市家族企业治理中控制性大股东的影响，发现大股东利用高度集中的股权获得“控制权共享收益”和“控制权私人收益”，从而对小股东的利益造成侵蚀。2003年，通过研究S&P 500，Anderson和Reeb发现家族企业的整体表现要明显优于非家族企业，同时他们研究发现，以1/3的家族持股比例是一个临界值，当持股比例小于1/3时，家族企业的绩效能够提高，反之则下降，这也是符合利益相关者理论的。从实际控制权的角度，治理结构对于企业绩效的影响也产生了一定的突破。周海霞和汤小华(2014)认为实际控制人持股比例的提升有助于促进股权激励效应，这在一定程度上有助于培养强化股权实际控制人的责任感和使命感，从而促进公司企业的可持续发展。然而，他们同时也认为股权集中必须坚持适度原则，即实际控制人的持股比例应保持在适当水平。

从以上研究文献可以看出，国外研究学者对于家族企业治理结构中的股权集中度对企业绩效影响的研究相较于国内学者起步较早，也对这方面的实证研究比较重视。

3. 关于家族企业独立董事比例对企业绩效的影响

从关于董事会的特征方面来说，Tricker（1984）以及 Sehulze 和 Lubatkin（2001）均认为在董事会中引入外部独立董事可以增加董事会判断决策的客观性和独立性，有助于提高家族企业的决策质量和决策效率。而国内学者杨龙志在 2007 年则通过实证分析的方法，采用回归估计和多模型比较方法，提出家族企业的独立董事参与决策的比例在 0.3～0.5 时，能够提高家族企业的决策效率和质量的观点。同时，2008 年，赵昌文、唐英凯、周静和邹晖通过对 2006 年 A 股上市的 392 家家族企业进行了独立董事对企业价值影响的研究，认为家族类上市公司中外部董事比例的提高有利于家族企业经营绩效的提高，并且有着较高学术背景、较深行业研究经验以及较好社会关系的独立董事有助于企业价值的提升。

4. 关于家族企业董事会规模对企业绩效的影响

外国学者对于董事会规模这一变量具有不同的看法，但大多数都集中于公司规模与公司绩效呈负相关的观点。在 1992 年，Lipton 和 Lorsch 即较早地提出了许多公司的治理效率低下的主要原因即是公司规模过大的观点。他们建议董事会的规模应该控制在 5～10 人，因为人数众多所带来的沟通成本会相应增加，沟通效率会相应降低。而曾任美国金融学会会长的 Jensen 于此基础上，于 1993 年也提出了小规模董事会有利于改善公司的绩效的观点。他认为董事会人数至多为八个，以七个最优，如果突破此临界值，董事会内部成员就会因为个人利益冲突而出现恶性竞争，从而导致董事会的监督作用减弱。较早观点的提出仅限于理论层面，但都缺乏实证分析的支持。David Yermaek 于 1996 年创新性地用实证分析方法研究了董事会规模与公司绩效之间的关系。以 7 年中美国 452 家大型工业企业作为分析样本，以托宾 Q 值作为公司价值的近似值，通过实证分析发现董事会规模与公司绩效之间呈负相关的 U 形曲线关系。作为之后的补充，Pablo de Andres，Valentin Azofra 和 Felix Lopez 在 2005 年也通过对西欧和北美国家的 450 个非金融企业进行实证分析，得出了董事会规模对公司价值产生负面影响。虽然大部分研究学者认为董事会规模与公司绩效呈负相关，但还是有相当一部分国内外学者认为董事会的规模与公司绩效正相关。比如在 2003 年，Kiel 和 Nicholson 以 348 家澳大利亚上市公司为研究样本，实证分析发现董事会规模的扩大有助于促进公司的经营绩效。

国内学者孙永祥、章融在2000年观察到董事会规模过大致使董事会在功能发挥上会产生机能障碍，因而得出民营上市公司精简董事会有利于公司绩效提高的结论。与之相同，沈艺峰、张俊生在2001年提出了支持董事会规模与公司绩效负相关的观点，他们创新性地从一些失败的董事会案例中发掘ST董事会治理失败的原因并得出了结论。同时，朱杏珍在2002年提出了董事会群体的规模以5人为宜的建议，并且也支持了董事会的合理规模对企业绩效具有激励作用。2008年，曾江红、丁宁认为，之所以在后期会出现绩效的增长是因为增加董事会成员所带来的知识、经验以及社会资源有利于中小上市公司的成长，有利于公司价值的实现。同样，于东智、池国华(2004)也支持了相同的观点，并且将实证结论与《公司法》联系了起来，认为《公司法》对董事会规模的规定具有有效性。与以上研究结论相反，胡铭(2002)则认为董事会规模与公司绩效之间存在不确定关系。

总结国外学者的研究结果，董事会规模对家族企业绩效的影响主要表现为正向影响、负向影响和曲线影响，但是不同的国家面临的实际情况不同导致结论不同。反观国内对于此方面的研究，则起步较晚，但是与国外学者的研究结果也基本一致，即存在着董事会规模对公司绩效相关性的争议。国内学者的研究主要集中在了三种方面：一是董事会规模应当控制在一定范围内，否则一味地增加董事会内部人数会造成公司利益受损。二是董事会规模与公司绩效呈倒“U”形曲线关系。也就是说在前期，董事会规模的扩大会损害公司利益，但当超过一定的临界值时，董事规模与公司绩效存在正相关关系。在我国也有学者认为董事会规模与公司绩效之间存在不确定性的关系。

(四) 研究内容

本文共分为六个部分，以下是各部分的主要内容介绍。

第一部分是引言，主要论述家族企业治理结构对企业绩效影响的研究背景和研究意义，阐述了本文的研究目的。第二部分是相关文献综述，梳理了国内外学者对于家族企业治理结构整体对企业绩效影响的相关研究文献，也梳理了家族企业治理结构的关键因素对企业绩效影响的文献，为接下来的深入研究以及实证性分析提供理论依据。同时还阐述了本文的研究内容、研究思路和研究方法以及本文创新之处。第三部分是概念、理论基础和研究假设。

针对家族企业进行了概念界定，并且整理了家族企业治理结构的相关理论，同时整理出家族企业治理结构对于企业绩效的影响机制。该部分最后针对家族企业的概念界定提出了本文研究模型的假设。第四部分是实证研究部分，通过国泰君安数据库和在中小板上市的家族企业的公开年报获得数据，运用统计软件 SPSS 23.0 分别建立短期绩效和长期绩效回归模型，得出结论并进行分析。第五部分是结论与启示。通过分析实证研究的结果并结合我国的实际情况，为家族企业的治理提出建议。第六部分是结束语，总结本文以及对进一步研究进行展望。

（五）研究方法

本文根据研究背景、研究意义和研究目的，在梳理总结相关理论的基础上，通过文献资料法和实证分析法，将理论分析与实证分析相结合，定性、定量地分析和研究了上市家族企业的治理结构对企业绩效的影响。

本文主要运用了两种研究方法：文献资料法和实证分析法。

1. 文献资料法

本文通过查阅大量资料，梳理相关文献，创新地选取适当的企业绩效评价体系，深入研究了家族企业的治理结构问题以及其对绩效影响的问题，从而归纳出本文的研究思路。

2. 实证分析法

基于规范研究的理论分析，本文运用理论与实证分析相结合的方法。通过设置变量，对数据进行多元回归分析，定量验证本文所做假设。

（六）本文的创新之处

国内对于家族企业治理结构对企业绩效的影响的研究并不多，且多数研究集中于对非上市中小企业以及沪市 A 股的家族企业的研究，而针对大部分家族企业所集中的中小企业板的情况涉及甚少，因此本文选取的是中小板上市家族企业作为研究样本。同时，国内外文献中对于一些重要变量如董事会规模、董事或总经理学历等对于公司绩效的影响存在着相当大的争议，且大都基于发达国家制造业背景。因此，本文基于中国中小家族企业的背景，通过建立多元回归模型进行实证分析，找出此背景下能够改善家族企业治理结构、提高治理效率的依据。

二、相关概念、理论基础与研究假设

（一）家族企业的概念界定

在研究家族企业治理结构对于企业绩效的影响时，重点应明确家族企业的概念，尤其是明确家族企业的特殊性。然而，家族企业这一概念至今仍处于众说纷纭的状态，家族企业概念界定的不明确性直接导致结果的不科学性和低可信度。从临界控制权比例角度，苏启林和朱文(2003)研究认为，家族企业是最终控制者能追踪到作为家族成员的自然人或家族，最终控制者(直接或间接持有的公司股份)必须是被投资上市公司的第一大股东的企业。从嵌入视角，周生春和陈倩倩(2013)将家族企业定义为家族与企业组织相互嵌人、以家族性为基本特征的企业形式。基于此，本文对家族企业的定义是家族企业是最终控制者能追踪到作为家族成员的自然人或家族，最终控制者(直接或间接持有的公司股份)必须是被投资上市公司的第一大股东的企业，并且家族成员的控股权大于10%。

（二）家族企业治理结构的相关理论

家族企业治理结构是指家族企业如何将企业所有权与控制权在企业主、家族成员、非家族成员之间进行有效配置并且降低代理成本的一系列机制和制度安排的总和。伴随着家族企业由初创期到发展成熟期再到转换期，家族企业的治理结构也在不断演进。这些变化可以用家族企业治理结构的四个相关理论来解释，分别是契约理论、委托代理理论、交易费用理论和利益相关者理论。

1. 契约理论

契约理论全称为不完全的契约理论，它是现代企业治理理论中的核心，以科斯为代表，该理论认为企业是个人或者组织之间进行产权交易的方式，本质上企业是一系列不完全的契约的有机组合，只有在理想化的环境中完全的契约才会存在。在家族企业的初创期，古典家族企业的组织形态是家族企业的主要治理模式。在这个阶段，家族企业由家族式业主治理，所有权结构单一，且由于家族成员有着共同的价值观和信仰而形成的高度凝聚力，家族的利益和目标无法独立于企业的利益和目标，并且与之高度统一，在此条件下，家族企业存在着完全的契约关系，包括唯一且单一的剩余控制权和剩余索取权。然而现代家族企业很难再维持通过家族式权威来治理企业的形势，由于交易费用、有限理性、机会主义以及行为和信息的不对称性的存在，现代家族企业的企业契约是不完全的，而不完全的契约使得家族企业本来唯一的产权和剩余索取权都需要重新配置。根据科斯的现代产权理论，对资源的有效配置会使企业产生巨大的交易成本，而为了降低交易成本，就必须明确产权边界，规范产权交易，进行产权的变迁。这种变迁的核心是将家族企业的控制权从家族成员向非家族成员转移，从而优化家族企业治理结构。

2. 委托代理理论

通常认为，家族企业有别于传统的公司治理的委托代理模式，因为家族企业一般都是“两职合一”，即企业的所有者和经营者身份重合，这使得家族企业并不符合现代企业治理模式中的所有权和经营权的分离的情况，进而家族企业的治理结构中也就不存在代理成本和监督成本。然而，对于当前我国的上市家族企业来说，随着企业的规模扩大和业务发展，需要专门的管理人员来管理企业，职业经理人制度的存在使得家族企业都存在着程度不同的所有权和经营权的分离。然而由于委托人和代理人之间存在着信息不对称，他们追求的目标不一致，在对剩余利益的分配上有冲突，势必导致委托代理问题。总的来说，家族类上市企业中的内外部家族成员关系可以分为两类，第一类是持股比例较高并实际控制家族企业的家族式股东与外部中小股东之间形成的委托代理关系；第二类是家族企业业主与非家族雇员（职业经理人）在管理层面形成的第二重委托代理关系。

3. 交易费用理论

根据交易费用的观点，在契约理论的基础上，企业更是一系列契约的统一与结合。企业产生于社会的根本原因在于，相比于市场的交易费用，企业内部的交易费用会大大降低。这是因为在企业内部产生的交易受到了契约的影响与制约，而此类契约约束不存在于市场的组织交易，因此在市场交易时所产生的交易费用远高于企业内部交易产生的交易费用。交易费用理论解释了企业组织结构的发展问题：企业治理结构设计合理可以节约组织内部的管理费用，使内部的交易费用达到最低。基于交易费用的高低，交易费用理论对处于不同企业发展阶段的家族企业设置实施合理的治理结构有着很好的指导性作用。在家族企业的初创时期，由于企业发展目标较为单一，企业运作规模较小，企业治理结构的特点是所有权和控制权的集中，使得企业的内部交易费用很低，具有一定的结构合理性；但是随着企业规模的不断壮大，家族企业内部的交易费用不再能够保持优势，而是可能会高于市场的交易费用，因此原来的企业治理结构已不再是最经济的选择，企业需要变革旧的落后的家族治理体制，以现代企业管理体制取而代之。

4. 利益相关者理论

区别于委托代理理论，利益相关者理论认为，公司的经营状况不仅仅与公司的实际控制者和股东有关，与企业的其他利益相关者也有关系。利益相关者不仅包括家族企业的家族成员，还包括了职业经理人、员工、债权人等其他任何被企业所影响的个体和集体。随着家族企业社会化和公开化的程度不断提高，家族企业的组织结构也不断完善，这使得家族企业的利益主体和治理主体不再单一。各个利益相关者不仅通过分配企业的剩余索取权来获取利益，也通过分配企业的剩余控制权来互相制约监督，通过这样的方式，企业的利益才能得到合理的分配。从这一方面来讲，除股东外，其他利益相关者也要参与公司生产经营活动的决策和治理，因为现代家族企业与古典家族企业的治理模式的区别之处就在于现代家族企业的家族利益和企业利益不再高度重合。所以在保护股东利益的基础上，还需要保护利益相关者的利益，从而使利益相关者的共同利益最大化，以实现公司治理结构的有机整合。

（三）家族企业治理结构对企业绩效的影响机制

公司的治理结构包括正式的、内部治理结构，也包括非正式的、外部治理结构。"用手投票"或者"直接控制"是公司内部治理结构的典型特色，法人治理企业的治理结构即归为此类，这属于企业内部治理的一种制度安排。在这种内部治理结构中，董事会制度的监督作用、独立董事制度的监督作用以及增加家族成员在家族企业内部的持股比例等都是更加直接的治理手段。"用脚投票"或者"华尔街法则"则是公司外部治理的典型特色，是指市场对企业的治理，通过市场竞争来激励和约束企业与经营者的行为。在外部治理结构中，股票市场的约束和职业经理人的名誉都是对经理人员的有效约束手段。

1. 股权集中度对家族企业绩效的影响

股权集中度对家族企业经营绩效的影响机制在于其通过影响家族企业的权力结构和安排来间接影响家族企业的企业绩效。那么，根据适度原则，一个合理有效高效的治理结构产生于合理的股权集中度，而这个有效的治理结构进而会提升家族企业的经营绩效。具体来说，过度的股权集中会使得家族企业的实际控制者拥有决策层的绝对控制权，那么公司的决策就可能因为过多的个人决策而产生较大的波动性，也会使得家族企业面临决策风险。相比于集体决策，个人决策的波动性反映至企业绩效上，就会造成企业的经营风险增大，风险收益反而下降。过于分散的股权集中度虽然不会出现个人决策的主观性导致的决策风险，却使得过于分散的权力主体为了集体决策而错过有利的投资机会，由此家族企业同样不能够提高企业绩效。因此，在此二者之间，最合理的股权集中度才能产生最优的决策群体。正是通过这样的公司治理结构与机制，股权集中度会对企业产生或正面或负面的影响。

股权集中度对绩效可能产生正面影响。家族企业的主要特征之一是股权的高度集中，家族成员作为实际控制者，需要直接或间接地控制着家族企业，这是因为过度分散的股权很容易使得股东实施监督所得利益小于其实施监督付出的成本，以至于出现严重的"内部人控制"和"搭便车"问题。因此，大股东在较高的股权集中度下才会得到充足的利益激励对经理层进行监管，从而提高企业的决策效率和运行效率。此外，作为家族成员的大股东或实际控制人能够直接委派自己信任的代表，这就使得股东和经理层的利益一致，产生利益趋同效应，最终使得企业价值获得提高。

然而，股权集中度也有可能对家族企业的绩效产生负面影响。家族企业的控股结构呈"金字塔"状，大股东掌握了家族企业的绝对控制权，"一股独大"的现象导致家族控股股东出现"隧道行为"，家族控股股东很可能为了自身的利益将公司的资源转移出去，或者进行非法的内部人交易、秘密并购，使用不当手段侵蚀，甚至掏空中小股东的利益。

2. 董事会特征对家族企业绩效的影响

董事会特征是指董事会的结构，包括董事会规模、独立董事比例等。董事会有三个基本功能，分别是控制功能、战略功能和服务功能，根据家族企业治理结构的相关理论，董事会特征正是通过董事会的这三个功能来影响家族企业的绩效的。

控制功能是指董事会行使权力来遴选管理者、监督管理者并对管理者的业绩进行评估以及支付相应报酬、保护股东利益。作为董事会成员的家族成员通过行使控制功能，可以使所遴选的职业经理人或外聘的高级管理者的利益与家族成员的利益趋同。根据委托代理理论，"趋同效应"的存在使得代理成本大大减少，这样一来，家族企业的董事会和管理层对于追求利润最大化的目标达成了一致，在此激励下，也就能够提高企业绩效。战略功能是指家族企业的董事制定公司战略决策，包括设定发展目标、选择制定公司战略方针等。由利益相关者理论可知，董事会不仅要保护股东利益，还要保护其他利益相关者的利益，那么董事会通过行使战略功能，能够增强企业的竞争力，从而实现股东和利益相关者的利益最大化，来提高企业绩效。服务功能具体是指董事会代表公司利益参与社会活动，以及参与主持公司的股东大会等。通过行使服务功能，董事会能够提升其在社会上的名誉和地位，并且能够在公司决策中考虑到社会利益，从而使企业更能够适应外部环境。对于上市家族企业来说，独立董事的存在就是董事会行使服务功能的具体体现。由于独立董事多为某一领域的专家，引入独立董事能够增强人们对企业的信任，由此会提高家族企业财务报表的可信度，进而提高企业绩效。

3. 监事会对家族企业绩效的影响

监事会的基本职能是代表股东和其他利益相关者监督企业的重大经营活动。一方面，有效的监事会通过提高公司财务报表的透明度和信息披露质量来影响企业绩效。监事会发挥有效的监督作用也能够提升企业的声誉，提高企业在人们心中的诚信度。另一方面，当董事、职业经理人或其他管理者做出损害公司利益的行为时，有效监事会需做出相应措施对有关不利行为予以纠正，并且必要时向股东大会报告，检举侵蚀公司利益的管理者。通过这样的方式，也会使得家族企业的董事和管理者的利益趋于一致，而根据委托代理理论，这样也能够降低代理成本，提高企业绩效。

（四）本文研究假设

1. 董事会规模对家族企业绩效的影响

虽然较大的董事会规模能够帮助企业增加获取有利信息的渠道，能够增加企业发展所需要的人脉关系，但是针对比较特殊的中小板家族企业来说，由于它们自身的规模限制，它们更加迫切需要的是一个灵活多变、能够适应激烈的市场竞争的治理结构。对于尚处在成长期的家族企业来说，由于决策的科学性和正确性至关重要，较大的董事会规模会使决策过程更加复杂，造成董事会内部沟通效率的降低，并且可能会在反复的决策斟酌中失去更为有利的投资机会。同时，较大的董事会规模会引起相关董事“搭便车”的问题，即相关董事依赖于他人的决策，以最少的成本获取最大的利益，而基于经济人假设，如果董事会内部成员皆依赖于此而实现自身的利益最大化的话，那么决策效率将会大大降低。那么，较大的董事会规模可能不利于企业的发展。基于此，本文提出第一个假设：董事会规模负向影响家族企业绩效。

2. 独立董事比例对家族企业绩效的影响

独立董事是公司企业聘请的在重大决策中能够进行独立客观判断的董事。并且，在中小板上市的家族企业需要通过不断创新、不断突破以更好地适应竞争激烈的外部市场，而企业聘请的独立董事通常都是某些行业、某些领域的专家，他们通常具有董事会其他成员所不具备的专业素质，能够为这些家族企业提供合适的建议，帮助企业提高治理效率，这对家族企业来说至关重要。再者，独立董事对于决策的判断独立于其他董事会成员，并且独立董事在企业内不会兼任其他职务，因此具有一定的客观性，这能帮助企业的决策更加具有科学性，减少武断决策带来的负面影响。基于此，本文提出第二个假设：独立董事比例正向影响家族企业绩效。

3. 监事会规模对家族企业绩效的影响

监事会在提高公司信息披露质量上发挥着巨大作用，但是由于家族企业多数是金字塔状的组织结构，很容易出现家族成员以较小的成本掌握了整个企业的控制权，从而侵蚀中小股东利益，以致家族企业在社会股东中失去信任的情况。因此，过小的监事会规模使得监事会容易受到董事会的影响，从而导致监事会成员不认真履行监督责任，监督作用有限，容易造成监督的缺失。基于此分析，本文提出第三个假设：监事会规模正向影响家族企业绩效。

4. 资产负债率对家族企业绩效的影响

企业债务融资不仅仅是企业的一种融资方式，也是企业的一种治理机制。多数家族企业的控股结构呈金字塔状，企业的资产负债率与金字塔层级的数量成正比。较低的资产负债率不能够对债务人起到约束作用，也不能够抑制企业过度的风险投资，也就不能约束管理者的行为，从而对企业绩效产生负面影响。并且，根据 MM 理论，负债具有节税作用，能够为企业带来利益，因此负债越多，企业的价值就越大。同时，负债融资具有传递企业积极信号的作用，外部投资者认为家族上市企业的股权融资是传递财务情况恶化的消极信号，当企业绩效变好时，债权人才会借债给企业。基于此分析，本文提出第四个假设：资产负债率正向影响家族企业绩效。

三、上市家族企业治理结构对企业绩效影响的实证分析

（一）变量的选取

1. 模型的定义

1）被解释变量

企业绩效可分为长期绩效和短期绩效，短期指标可通过财务指标资产收益率(ROE)来衡量，但是 ROE 只反映了当年的收益能力，体现的是短期内公司价

值的增长，并且财务指标还可能具有一定的人为因素。因此，本文还选用了能够描述公司持续价值增长的市场指标托宾 Q 作为被解释变量来衡量企业的长期绩效。托宾 Q 的运用在一定程度上弥补了净资产收益率这样的财务指标对企业能力如无形资产等难以量化的因素的忽视的缺点。

对净资产收益率的计算公式如下：

净资产收益率(ROE)＝报告期净利润÷平均净资产

对托宾 Q 值的计算公式如下：

托宾 Q 值＝年末流通市值＋非流通股份占净资产的金额＋长期负债合计＋短期负债合计)÷年末总资产

2) 解释变量

本文根据公司治理结构的内部治理结构和外部治理结构，设置了八个解释变量。

根据所整理的文献综述，内部治理结构可以从董事会特征、内部监督和股权集中度三个方面来描述，因此本文将解释变量分别设置为能够描述董事会特征的董事会规模(BN)、独立董事的比例(ID_P)，能够描述内部监督情况的监事会的规模(SS)、年度董事会议次数(MT)，能够描述股权集中度的家族持股比例(FP)、董事长持股比例(DP)和总经理持股比例(MP)。外部治理结构则用债权人治理(LEV)来进行描述。

3) 控制变量

考虑到上市家族企业可能具有规模效应，企业绩效可能受到企业规模的影响，本文引入企业总资产的自然对数(Lnta)和营业收入(BR)作为控制变量来描述上市家族企业的规模。各变量的定义如表 5－1 所列。

表 5－1　变量的定义

变量类型	变量描述	变量名称	变量符号	变量定义
被解释变量	短期企业绩效	净资产收益率	ROE	报告期净利润÷平均净资产
被解释变量	长期企业绩效	托宾 Q	TobinQ	(年末流通市值＋非流通股份占净资产的金额＋长期负债合计＋短期负债合计)÷年末总资产

续　表

变量类型	变量描述		变 量 名 称	变量符号	变 量 定 义
解释变量	内部治理结构	董事会特征	董事会规模	BN	董事会人数
			独立董事的比例	ID_P	独立董事人数÷董事会人数
		内部监督	监事会规模	SS	监事会人数
			年内董事会会议次数	MT	年内董事会会议次数
		股权集中度	家族持股比例	FP	家族成员的持股比例
			董事长持股比例	DP	董事长的持股比例
			总经理持股比例	MP	总经理的持股比例
	外部治理结构		债权人治理	LEV	公司本年末的总资产负债率
控制变量	企业规模		总资产的自然对数	Lnta	公司本年末的总资产的对数
			营业收入	BR	公司本年末的营业收入

2. 样本的选取和来源

本文选取2015年在深圳交易所中小企业板上市的家族控股企业作为研究样本。根据所梳理的相关文献，本文对于家族控股的定义是实际控制人或最终控制人必须归结到身为家族成员的自然人或家族，同时，最终控制人直接或间接持有的公司必须是被投资上市公司的第一大股东。基于以上标准，剔除存在以下几种特殊情况的公司：金融保险类上市公司，数据缺失的公司，经营状况异常(ST、PT或资产负债率超过100%)的公司，发行B股、H股、S股、N股等的公司，在当年进行过并购、重组或者进行过较大资产置换的公司。最终，本文确定了71家上市家族企业作为研究样本。

本文所有的数据均来源于：国泰君安数据库、2015年各上市公司年报、深交所官方网站信息。

3. 各变量的描述性统计

针对所选的样本数据进行描述性统计，如表5-2所列。

表5-2　描述性统计

	个案数	平均值	中位数	众 数	标准差	最小值	最大值
董事会规模(BN)	71	8.197	9	9	1.369 3	5	11
独立董事的比例(ID_P)	71	0.374	0.333	0.333	0.062	0.3	0.6

续 表

	个案数	平均值	中位数	众 数	标准差	最小值	最大值
监事会的规模(SS)	71	3.225	3	3	0.614 1	3	5
年度董事会议次数(MT)	71	9.775	9	9	3.780 4	4	29
家族持股比例(MP)	71	42.44%	42.12%	41.40%	14.84%	14.01%	74.93%
董事长持股比例(DP)	71	25.38%	22.66%	0.00%	15.33%	0.00%	66.80%
总经理持股比例(MP)	71	11.23%	4.72%	0.00%	13.00%	0.00%	41.38%
债权人治理(LEV)	71	42.60%	38.74%	7.23%	19.76%	7.23%	88.20%

1) 关于董事会规模

在对所选样本数据的董事会规模的统计中，可以看出所选取的上市家族企业平均设置 8.197 人规模的董事会，而大部分企业设置 9 人规模的董事会，同孙永祥、章融在 2000 年得出的研究结论“董事会规模一般为 9 人”的结果一致。其中最小规模的董事会由 5 位董事组成，符合我国学者朱杏珍 2002 年提出的董事会群体的规模以 5 人为宜的建议。然而董事会规模的最大值也达到了 11 人，过大的规模可能会导致这些企业出现国内外学者认为的董事会规模过大造成群策困难以及沟通效率降低，从而降低治理效率的问题。

2) 关于独立董事的比例

独立董事的比例中位数和众数都是 0.333，这说明大部分企业的董事会中有 1/3 的独立董事，这个比例与中国证监会在 2001 年颁布的《关于在上市公司建立独立董事制度的指导意见》的比例要求相符合，其要求 2003 年 6 月 30 日前各上市公司董事会成员中至少应包括 1/3 的独立董事。但是也观察到，独立董事比例的最小值为 0.3，而在李常青的《上市公司董事会特征及改进建议》(2004)中，得出了以上海证券交易所上市的公司为样本得到的独立董事比例不足 1/3 的结论，这说明中小板中的部分上市家族企业的独立董事比例一般要高于主板企业。

3) 关于家族持股比例、董事长持股比例和总经理持股比例

家族持股比例的平均数达到了 42.44%，接近 50%，最大值达到了 74.93%。由于本文所选取的家族企业的第一大股东都可归结到来自家族成员的自然人，因此家族持股比例的描述性统计结果说明了家族企业仍然有第一大股东支配董事会和监事会的情况，家族企业的持股集中度相较而言较高。同时，董事持股比例出现了 0%的情况，这反映出了家族企业的传承情况，通常股权由其后代继承。总经理的持股比例也出现了 0%的情况，这可能与控制性更加意识到职业

经理人的重要性从而委托职业经理人有关。

(二) 模型的设定

在梳理的相关文献中,虽然有少部分学者认为家族企业的特殊性使得家族企业的治理结构在对企业绩效的影响中,呈现出复杂的非线性关系,但是大部分中外学者得出了家族企业治理结构与企业绩效呈正相关或者负相关。基于此,本文采用普通最小二乘法对财务指标净资产收益率(ROE)和市场指标托宾Q(TobinQ)与前述所设定的被解释变量进行回归拟合。因此,本文设定以下两个基本模型:

$$\mathrm{ROE}=\alpha+\beta_1 BN+\beta_2 \mathrm{ID\_P}+\beta_3 SS+\beta_4 Times\_ID+\beta_5 FP+\beta_6 DP+\beta_7 MP+\beta_8 LEV+\varepsilon_i \tag{5-1}$$

$$\mathrm{TobinQ}=\alpha+\beta_1 BN+\beta_2 ID\_P+\beta_3 SS+\beta_4 Times\_ID+\beta_5 FP+\beta_6 DP+\beta_7 MP+\beta_8 LEV+\varepsilon_i \tag{5-2}$$

在确定参数的显著性时,本文采用标准参数检验:T 检验和 F 检验来进行。

(三) 实证结果及分析

本文运用统计分析软件 SPSS 23.0 对变量进行线性回归。表 5-3 显示了所有被解释变量和解释变量的皮尔逊相关性。

表 5-3　变量的皮尔逊相关性

	ROE	TobinQ	BN	ID	SS	MT	FP	DP	MP	LEV
ROE	1		0.052	−0.076	0.069	−0.033	0.13	0.208	−0.109	−0.148
TobinQ		1	−0.04	−0.019	0.106	−0.064	0.162	−0.089	−0.055	−0.564
BN			1	−0.758	0.23	0.141	−0.113	−0.306*	−0.201	0.038
ID				1	−0.229	−0.135	−0.044	0.161	0.259	0.009
SS					1	−0.004	−0.382	−0.165	−0.047	0.083
MT						1	0.021	−0.044	0.098	0.369**
FP							1	0.326	0.114	0.025
DP								1	0.18	0.162
MP									1	0.13
LEV										1

* 表示在 5%水平(双侧)上显著相关,** 表示在 1%水平(双侧)上显著相关。

从表 5－3 中可以观察到，除了董事会规模和独立董事比例的相关性系数达到了－0.758，债权人治理和托宾 Q 的相关性系数达到了－0.564 之外，其他的相关性系数都不超过 0.37。而通常认为当皮尔逊相关性达到 0.9 时，两个变量具有共线性；当皮尔逊相关性达到 0.8 时，两个变量可能具有共线性。所以可以初步认为本文所设定的解释变量的共线性较低。同时，运用容差和 VIF 也可以检验模型是否具有共线性。一般认为当模型的容差大于 0.1，而 VIF 小于 10 时，该模型变量之间的共线程度较低。从表 5－4 中可以观察到，解释变量的容差都大于 0.37，而 VIF 都小于 2.7，因此可认为本文所设置的解释变量之间的共线性较低。

表 5－4　解释变量多重共线性诊断表

	容　差	VIF
BN	0.376	2.657
ID_P	0.371	2.695
SS	0.775	1.29
MT	0.821	1.218
FP	0.731	1.368
DP	0.773	1.294
MP	0.878	1.139
LEV	0.805	1.243

1. 企业短期绩效回归模型

运用最小二乘法对模型(1)的回归结果如表 5－5 所列。

表 5－5　模型(1)的回归结果

模型(1)	未标准化系数		标准化系数	t	显著性
	B	标准误差	Beta		
(常量)	－12.483	24.581		－0.508	0.614
BN	0.826	1.28	0.155	0.646	0.522
ID_P	12.146	33.999	0.086	0.357	0.723
SS	1.811	1.804	0.168	1.004	0.321

续　表

模型(1)	未标准化系数		标准化系数	t	显著性
	B	标准误差	Beta		
MT	0.099	0.256	0.063	0.387	0.701
FP	0.07	0.084	0.142	0.827	0.413
DP	0.134	0.078	0.286	1.715	0.094
MP	−0.079	0.09	−0.137	−0.877	0.386
LEV	−0.075	0.055	−0.223	−1.364	0.18
模型(1)	R	R^2	调整后 R^2	显著性 F	德宾-沃森
	0.37	0.137	−0.035	0.61	1.906

从模型(1)的回归结果得出模型的 R^2 为 0.137，且调整后的 R^2 为−0.035，为负值，表明该模型的拟合度非常低。同时，可以看到该模型的显著性为 0.61，远大于能够拒绝不显著假设的显著性水平 0.05，无法通过 F 检验，因此也可以初步判断该模型不具有统计学意义。同时，表 5 中显示了各个变量的回归系数，各解释变量的回归系数的显著性都远大于显著性水平 0.05，没有表现出足够的显著性，也就是说各个自变量对因变量的解释程度很低。综合表 5 - 5 中的回归结果，该模型从整体角度以及各解释变量的角度都无法很好地解释被解释变量 ROE，因此模型(1)不具有统计学意义。

2. 企业长期绩效回归模型

运用最小二乘法对模型(2)的回归结果如表 5 - 6 所列。

表 5 - 6　模型(2)的回归结果

模型(1)	未标准化系数		标准化系数	t	显著性
	B	标准误差	Beta		
(常量)	−0.413	4.675		−0.088	0.93
BN	−0.037	0.243	−0.029	−0.152	0.88
ID_P	2.86	6.466	0.086	0.442	0.661
SS	0.757	0.343	0.296	2.207	0.033
MT	0.071	0.049	0.189	1.452	0.154
FP	0.036	0.016	0.306	2.218	0.032

续 表

模型(2)	未标准化系数		标准化系数	t	显著性
	B	标准误差	Beta		
DP	−0.005	0.015	−0.043	−0.324	0.748
MP	−0.004	0.017	−0.029	−0.232	0.818
LEV	−0.052	0.01	−0.655	−4.985	0
模型(2)	R	R^2	调整后 R^2	显著性 F	德宾-沃森
	0.666	0.444	0.333	0.001	1.448

从模型(2)的回归结果表 5-6 中可以看出，该模型的拟合优度 R^2 为 0.444，调整后的拟合优度 R^2 为 0.333，拟合度并不是太高，但相较于 ROE 作为被解释变量的模型(1)来说，拟合度有相当大的提高。同时，拟合优度 R^2 这个指标并不能够单独用来评判模型的合理与否，其不是主要指标，还要看其他指标的回归结果。该模型的显著性水平为 0.001，因此通过了 1%水平的 F 检验，说明了模型(2)的拟合程度较好，具有一定的统计学意义。

表 5-6 中同时显示了模型(2)中各个解释变量的系数及其显著性水平。同样的，也能够观察到模型(2)中各个解释变量对于被解释变量的解释力度相较于模型(1)有了较强的提高。从表 5-6 中可以得出，董事会规模、董事长持股比例、总经理持股比例和债权人治理变量对被解释变量托宾 Q 具有负面影响，其他变量对解释变量托宾 Q 有正面影响。并且监事会的规模、家族持股比例这两个变量通过了 5%水平的 F 检验，债权人治理通过了 1%水平的 F 检验，这三个自变量对因变量具有显著的影响。

从表 5-6 中可以观察到，独立董事的比例并没有显著影响公司绩效，造成本文原假设 2 并不成立，这可能是因为独立董事在部分家族企业中只是一个提高家族企业名誉的摆设，并没有真正发挥其监督作用。并且独立董事由于脱离公司的实际治理情况，只能依赖经理报告，从而降低了其决策的独立性和客观性。

监事会的规模与企业价值呈正相关，符合本文所做原假设 3，这说明在我国上市家族企业中，监事会真正发挥了监察督促的作用，并发挥着监督家族成员合理有效地治理家族企业的作用。家族控股比例与企业价值呈正相关，说明虽然家族企业的“金字塔”治理结构使得实际控制者能够以较小的成本获得较高的控制权，存在者为自己谋求私利的条件，但是当家族控股比例控制在一定范围内时，家族实际控制者通过其超额控制权获得的收益小于正常收益，因此会放弃为自己谋求私利的条件，全心全意投入到提高企业绩效中。因此，家族企业绩效与家族控股比例呈正比。债权人治理与企业价值呈负相关，与本文所做原假设 4 相反，这可能是因为在我国中小企业板上市的这些家族企业的总资产负债比率略高，从而一定程度上导致家族企业在资本市场上的融资困难，进而导致企业价值的降低。

考虑到上市家族企业可能具有规模效应，本文还设置了能够描述企业规模的两个控制变量：营业收入和总资产的自然对数，同时设定模型(3)如下，模型(3)的回归结果见表 5-7。

$$\text{TobinQ} = \alpha + \beta_1 BN + \beta_2 IDP + \beta_3 SS + \beta_4 Times_{ID} + \beta_5 FP + \beta_6 DP + \beta_7 MP + \beta_8 LEV + \beta_9 Ln\text{ta} + \beta_{10} BR + \varepsilon_i \quad (5-3)$$

表 5-7　模型(3)的回归结果

模型(3)	未标准化系数		标准化系数	t	显著性
	B	标准误差	Beta		
(常量)	−1.823	4.471		−0.408	0.686
BN	0.05	0.231	0.04	0.219	0.828
ID_P	7.929	6.291	0.237	1.26	0.215
SS	0.784	0.319	0.306	2.457	0.019
MT	0.087	0.046	0.232	1.899	0.065
FP	0.035	0.015	0.301	2.337	0.025
DP	−0.003	0.015	−0.03	−0.222	0.826
MP	−0.018	0.017	−0.132	−1.077	0.288
LEV	−0.033	0.012	−0.42	−2.709	0.01
Lnta	−2.20E−07	0	−0.106	−0.708	0.483
BR	−0.124	0.045	−0.374	−2.752	0.009
模型(3)	R	R^2	调整后 R^2	显著性 F	德宾-沃森
	0.738	0.544	0.425	0.000	1.581

在加入了控制变量的模型(3)中，拟合优度 R^2 为 0.544，调整后的拟合优度 R^2 为 0.425，相较于模型(2)中的拟合优度 R^2 有一定程度上的提升。因此，可以得出模型(3)在整体上对被解释变量托宾 Q 有着更强的解释力度的结论。同时，模型(3)通过了 1%水平的 F 检验，因此应选择模型(3)作为最终的回归

模型。

同时,通过表 5 - 7 可以观察到,尽管总资产的自然对数并未通过 F 检验,但是营业收入这个控制变量的显著性通过了 1%水平的 F 检验,因此营业收入对企业绩效有着显著的负向影响。这可能是由于越大的营业收入反映出越大家族企业规模,而这些大规模的家族企业由于治理机制的不健全,过大的企业规模反而致使企业治理效率降低,从而导致了企业绩效的降低。

四、结论与启示

(一) 本文主要研究结论

本文选取中小企业板市场上 71 家上市家族企业作为实证研究的样本,利用 2015 年的数据,采用财务指标 ROE 和市场指标托宾 Q 值作为衡量企业短期绩效和长期绩效的指标,构建了多元线性回归方程模型,对变量之间的关系及整体回归方程分别进行了相关分析、回归分析和显著性检验,进而研究上市家族企业的特殊治理结构对几组企业绩效产生的影响。

回归结果显示,以财务指标 ROE 作为解释变量的企业短期绩效模型并不具有统计学意义,治理结构各影响因素未对 ROE 呈现显著的正向或负向的影响。但是以市场指标托宾 Q 值作为解释变量的企业长期绩效模型具有统计学意义,并且监事会的规模和家族控股比例对企业价值呈正向影响,资产负债率对企业价值呈负向影响。

(二) 对中小板上市的家族企业提高企业绩效的建议

基于实证分析结果,上市家族企业可以通过改变其特殊的治理结构的几个方面,来推动企业进行有效且有力地改革,从而改善企业经营状况,提高企业高管的运作能力,并且促进企业更好地可持续发展,为我国企业的多元化发展开创更好的局面,为我国经济发展填上浓墨重彩的一笔。

1. 培养科学的家族企业观

由于上市家族企业治理结构的特殊性,相比于非家族企业,家族企业面临着更多的决策风险。因此,上市家族企业应注重培养企业文化,树立自己的家族企业观,摒弃内部人管理外部人的思想,淡化以家族权威和内部忠诚来治理公司的思想。这是家族企业迸发企业活力的根本措施。同时,家族企业可以聘请经验丰富的职业经理人,以此培养成熟的家族企业治理模式,这样可以避免家族大股东任人唯亲,防止“家长式”的作风和“亲缘治理”造成的不理性治理行为。

同时,企业的独立董事发挥出的监督作用也能够使得持股比例高的内部家族成员放弃为自己谋求私利的可能性。因此家族企业需要完善独立董事制度,确保独立董事的“独立性”,使得独立董事的专业才能和社会关系充分发挥出来,以提高家族企业的经营绩效,并且使其不仅能够监督董事会的运行,还能够积极地为企业的发展建言献策。

2. 完善家族企业信息披露制度

需要进一步完善家族企业的信息披露制度。大量的事实证明,信息披露对证券市场效率的提高起着至关重要的作用。家族企业的“一股独大”的不合理情况和过高的持股比例造成的决策成本提高,而企业内外部股东的信息不对称,则会加剧这种状况。因此改善信息的不对称性是家族企业良好发展的前提。除了独立董事之外,监事会在家族企业中可以起着比较好的监督作用,能够督促家族企业提高信息披露质量,同时在一定程度上约束着作为高管的家族成员的为自己谋取私利而对家族企业的不利行为,因此公司应确保监事会发挥其监督作用。

可以从以下几个方面对上市家族企业重点披露:一是强制披露上市家族企业和其控股公司之间的控股状况,这有利于证券监管部门对上市家族公司重点审查其治理结构的交叉状况;二是对属于同一上市家族企业的上市公司间的技术转让和利益转嫁重点披露,并在一定程度上将独立董事的审查意见公布给大众;三是强制性定期公布公司的财务状况,降低中小股东的信息不对称程度。

3. 保持合理的融资结构

为了使家族企业避免短融长投导致的偿债风险或者短投长融造成的非效率融资现象,家族企业应当保持适当的资产负债比率,不合理的债权结构会造成企业的融资困难或者缺乏活力,从而从长远来看,对家族企业的发展造成负面的影响。

4. 完善家族企业相关法律法规制度

适当增强家族控股比例,提高股权集中度。家族成员是家族企业治理过程中的灵魂人物,而提高家族高管的股权集中度,从一定程度上将大部分家族利益相关者紧紧联系了起来。家族成员在公司担任要职,家族企业所有者和经营者身份的重合能够降低企业管理层的代理成本,但是需建立在上市家族企业拥有比较健全的法律法规制度和监管环境以及活跃的控制权市场的前提条件下,否则“一股独大”现象会使得企业面临巨大的决策风险。因此,完善家族企业的法律法规制度,增强家族成员的法律意识,才能提高其决策质量,降低企业治理的代理成本。

五、结语

在中国,民营企业的发展直接关系国家经济增长的速度和质量,这其中,更加不可忽视的是占有相当大比重的家族企业。近些年来,家族企业的角色感和价值更加凸显,为社会提供了有效供给,增加了就业岗位,成为推动我国经济发展的生力军,同时在推进国际收支平衡方面也起着重要作用。然而,从企业治理角度来看,家族因素的存在使得家族企业面临着更为复杂的治理结构。一方面,我国的家族企业按照现代企业管理制度,普遍采用"金字塔"状的治理结构,然而这种持股结构容易导致家族企业的实际控制者以较低的成本获得较高的控制权,从而损害其他股东的利益;另一方面,家族企业仍然具有"亲缘治理"的特点,这可能导致家长独裁、产权不清晰等问题的出现。这些问题最终对企业绩效产生负面影响,影响了家族企业的可持续发展,所以家族企业建立有效高效的治理结构是极其必要的。因此,本文的研究目的就是找出对绩效产生显著影响的家族企业治理结构的关键因素,力求为上市家族企业的治理提供有参考价值的建议,进而提高企业绩效。

基于此研究目的,本文选取了在中小企业板上市的 71 家家族企业 2015 年的数据作为研究样本,分别以 ROE 和托宾 Q 作为被解释变量建立了企业短期绩效模型和长期绩效模型。利用统计软件 SPSS 23.0 进行回归分析,结果显示,企业短期绩效模型并不具有统计学意义,但是企业长期绩效模型具有统计学意义。同时,分析回归结果发现监事会的规模和家族控股比例对企业价值呈正向影响,资产负债率对企业价值呈负向影响。在此结论的基础上,从家族企业治理结构角度,本文认为:家族企业应当适当增加监事人数,以加强监事会的监督作用,从而增强企业的透明度,以提高大众信任度;适当提高家族控股比例,家族控股股东拥有绝对的控制权会使得家族利益与企业利益高度一致,从而有利于企业更好的发展;适当降低上市家族企业的资产负债率,否则过高的资产负债率会使得家族企业继续融资困难。

同时,本文的研究具有一定的局限性。因为数据来源的局限性,所选样本数量较少,可能不能够代表所有整体的情况。同时,在指标体系的选择上,本文选用了市场指标托宾 Q,由于企业治理结构本身具有滞后性的特点,可能会在一定程度上造成统计的不科学性。

对具体细致的问题还有待于做进一步的研究。在内部治理变量中每一方面本文仅涉及了一两个变量，还有一些因素没有涉及，如果进行更深层次的研究将会使结论更具说服力。并且，在我国中小企业板上市的家族企业也会因为不同的行业背景而具有其特殊的特点，如果要较为准确地得出更为真实的情况，还需要以不同行业的样本为研究对象，以增加本文结论的可靠性和科学性。

参考文献

[1] ANDERSON P, REED D. Founding Family Ownership and Firm Performance: Evidence from the S&P [J]. Journal of Finance, 2003, (58): 1301 - 1308.
[2] JENSEN. The Modern Industrial Revolution, Exit and the Failure of Internal Control Systems [J]. Journal of Finance, 1993, (48): 831 - 880.
[3] LINS R A SERVAES. The Family Business: Toward Definitional Clarity [J]. Family Business Review, 1995, 8(2): 71 - 81.
[4] LIPTON LORSCH. A Modest Proposal for Improved Corporate Governance [J]. Business Lawyer, 1992, (48): 59 - 77.
[5] NEUBAUER F, LANK A G. The Family Busines [M]. London: Kogan Page Limited,1999.
[6] NICHOLSON GAVIN J, KIEL GEOFFREY C, TUNNY JENNIFER ANN. Board evaluations: Contemporary thinking and practice [M]//Clarke Thomas, Branson Douglas. The Sage Handbook of Corporate Governance, United Kingdom: SAGE Publications, 2012.
[7] PABLO DE ANDRES, VALENTIN AZOFRA, FELIX LOPEZ. Corporate Boards in OECD Countries: Size, Composition, Functioning and Effect [J]. Corporate Governance An International Review, 2005, 13(2): 197 - 210.
[8] SEHULZE W S, LUBATKIN M H. Agency Relationships in Family Firms: Theory and Evidence [J]. Organization Science, 2001, 2(12): 99 - 116.
[9] SHLEIFER A, VISHNY R W. Large Shareholders and Corporate Control [J]. Journal of Political Economy, 1986, 94(5): 461 - 488.
[10] TRICKE M P. Performance Management and Accountancy in Complex Public Programmes [J]. Financial Accountability and Management, 1984, 15(2): 214 - 220.
[11] YERMACK. Higer Market Valuation of Companies with a Small Board of Directors [J]. Journal of Financial Economics, 1996(40): 185 - 211.
[12] 陈小悦，徐晓东.股权集中度、企业绩效与投资者利益保护[J].经济研究，2001，(11)：3 - 5.
[13] 储小平.家族企业的成长与社会资本的融合[M].北京：经济科学出版社，2004.
[14] 杜胜利，翟艳玲.总经理年度报酬决定因素的实证分析——以我国上市公司为例[J].管理世界，2005，(8)：114 - 120.

[15] 胡铭.我国上市公司董事会与经营绩效的实证分析[J].吉林工商学院学报,2002,(4):46-49.
[16] 李常青.上市公司董事会特征及改进建议[J].商业时代,2004,(24):16-17.
[17] 李春玲,王化成.家族性控股股东资本运营策略研究——对许荣茂家族套取上市公司收益的案例分析[J].财经问题研究,2004,(4):86-92.
[18] 刘学方,王重鸣,唐宁玉,等.家族企业接班人胜任力建模——一个实证研究[J].管理世界,2006,(5):96-106.
[19] 马丽波,付文京.产权契约与家族企业治理演进[J].中国工业经济,2006,(5):120-126.
[20] 冉光圭,方巧玲,罗帅.中国公司的监事会真的无效吗?[J].经济学家,2015,(1):73-82.
[21] 沈艺峰,张俊生.ST 公司董事会治理失败若干成因分析[J].证券市场导报,2002,(3):21-25.
[22] 苏启林,朱文.上市公司家族控制与企业价值[J].经济研究,2003,(8):36-45.
[23] 孙永祥,章融.董事会规模,公司治理与绩效[J].企业经济,2000,(10):13-15.
[24] 王明琳,陈凌,叶长兵.中国民营上市公司的家族治理与企业价值[J].南开管理评论,2010,(2):61-67.
[25] 杨龙志.家族企业外部顾问董事制度的效率和绩效分析[J].统计与决策,2007,(14):125-126.
[26] 于东智.董事会、公司治理与绩效——对中国上市公司的经验分析[J].中国社会科学,2003,(3):29-41.
[27] 曾江洪,丁宁.董事会治理对中小上市公司成长性影响的实证研究[J].求索,2008,(5):29-31.
[28] 赵昌文,唐英凯,周静,等.家族企业独立董事与企业价值——对中国上市公司独立董事制度合理性的检验[J].管理世界,2008,(8):119-126.
[29] 周海霞,汤小华.家族控股上市公司实际控制人权力集中度对公司价值的影响[J].浙江社会科学,2014,(9):29-37.
[30] 周生春,陈倩倩.基于家族性和嵌入视角的家族企业定义新探讨[J].河北经贸大学学报:综合版,2013,(4):45-48.
[31] 朱杏珍.董事会的规模与效能探析[J].当代财经,2002,(6):68-70.

第六篇

艺术品在投资组合管理中的应用初探

吴　悦

一、引言

近年来，中国艺术品市场发展迅猛，艺术品成为继证券、房地产后新的投资热点。文化部发布的《2013艺术品市场年度报告》显示，2013年我国艺术品市场交易额达2 003亿元，同比增长12%。在这样火热的行情之下，艺术品自然就成为了众多投资者在投资组合管理中的“标配”。

那么艺术品是否真的具有超出其他金融资产的投资吸引力？中国艺术品加入到资产组合中能否改善资产组合的风险收益状况？在艺术品市场投资环境分析和艺术品定价分析的基础上，本文试图从实证的角度解答以上问题，并提出艺术品市场的投资策略，以期给投资者在制定投资决策时提供一定的理论依据和参考。

（一）马科维茨投资组合管理理论概述

1952年，马科维茨教授在其《资产组合选择》一文中，首次以资产的收益率与风险之间的关系为出发点，系统阐明了如何通过分散投资来选择最优的资产配置，以达到降低风险的目的，从而开创了现代资产组合理论的先河。由此建立的马科维茨均值—方差模型，是本文进行实证分析所运用的主要工具，在这里对该理论进行一下梳理。

1. 基本假设

(1) 每一种投资都可由一种预期收益的可能分布来代表。

(2) 投资者都利用预期收益的波动来估计风险。

(3) 投资者仅以预期收益和风险为依据进行决策。

(4) 投资者都是理性的。在相同风险水平下，追求收益最大；或者在相同收益水平下，追求风险最小。

(5) 所有资产均无限可分且完全可流动。

(6) 不考虑交易费用和个人所得税等因素的影响，即市场无摩擦。

2. 风险与收益的度量

在一定时期内,某项资产的收益率可以计算为

$$r_{i,t}=\frac{p_{i,t}-p_{i,t-1}+d_{i,t}}{p_{i,t-1}} \tag{6-1}$$

其中 $r_{i,t}$ 是资产 i 在 t 时期的收益率,$p_{i,t}$ 是资产 i 在 t 时期的价格,$d_{i,t}$ 是在 t 时期投资资产 i 获得的红利。

那么,这项资产的平均收益率和方差就可以计算为

$$\mu_i=E(r_{i,t})=\frac{1}{T}\sum_{i=1}^{T}r_{i,t} \tag{6-2}$$

$$\sigma_i^2=var(r_{i,t})=\frac{1}{T}\sum_{i=1}^{T}(r_{i,t}-\mu_i)^2 \tag{6-3}$$

接着,由 n 项资产组成的投资组合 p 的收益率和方差可以计算为

$$\mu_p=\sum_{i=1}^{n}x_i\mu_i \tag{6-4}$$

$$\sigma_p^2=\sum_{i=1}^{n}\sum_{j=1}^{n}x_ix_j\sigma_i\sigma_j\rho_{i,j} \tag{6-5}$$

其中,x_i 代表资产 i 占整个投资组合的比重,σ_i 是资产 i 的收益率的标准差,$\rho_{i,j}$ 是资产 i 的收益率与资产 j 的收益率的相关系数。

3. 模型构建

根据假设 4,我们投资组合的选择原则是根据任意给定的期望收益率水平,所得到的方差最小的资产组合即最优的资产组合。那么资产组合的选择问题便可表示为以下模型的求解:

$$\min\sigma_p^2=\sum_{i=1}^{n}\sum_{j=1}^{n}x_ix_j\sigma_i\sigma_j\rho_{i,j} \tag{6-6}$$

$$\text{s.t.}\begin{cases}\mu_p=\mu_p^*\\ \sum_{i=1}^{n}x_i=1\end{cases} \tag{6-7}$$

其中 μ_p^* 为给定的收益水平。对此模型的数学求解过程不在本文的探讨范围之内。在实证章节中将用 Matlab 软件进行求解。

从图形的角度看,如图 6-1 所示,根据之前投资组合的选择原则选出的各

个投资组合在均值—方差坐标系中表现为一条双曲线，拥有最小方差的投资组合点上方的曲线被称为“有效前沿”。投资者在有效前沿上具体选择哪个投资组合，依赖他的风险厌恶程度。不同的风险厌恶系数对应不同的无差异曲线形态。无差异曲线和有效前沿的切点，即最佳资产组合点。

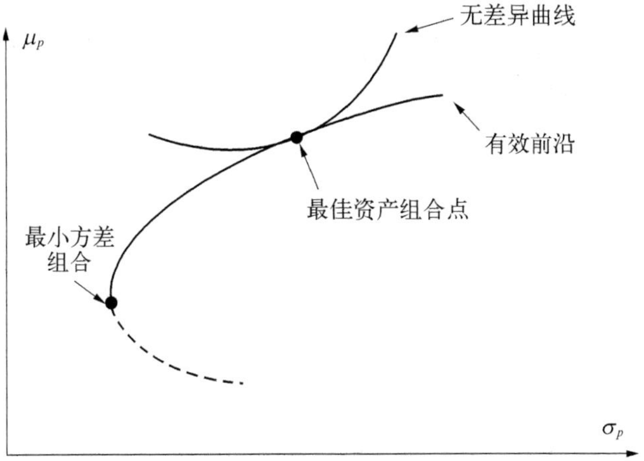

图 6-1　资产组合的有效前沿示意图

4. 允许无风险借贷的均值—方差模型

在资产组合中加入无风险资产后，投资者可以购买一定数量的无风险资产，或者说贷出无风险资产；也可以卖空一定数量的无风险资产，或者说借入无风险资产。现在我们来讨论无风险资产对资产组合选择的影响。

在均值—方差坐标系下，风险资产与无风险资产的投资组合在图像上表现为两点间的线段(在允许无风险资产卖空时，表现为向右延伸的射线)，即资本配置线(Capital Allocation Line)。因此，加入无风险资产后的“投资组合有效前沿”在图像上表现为一条从位于纵轴的无风险利率点出发，与有效前沿相切的射线，切点是最优风险资产组合。

但是在现实生活中，无风险资产的借入利率往往高于无风险资产的贷出利率。这时，“实际投资有效前沿”就由如下三部分构成：允许贷出无风险资产的有效前沿(线段 $r_l p_1$)、不允许无风险资产借入或贷出的有效前沿(曲线 $p_1 p_2$)以及允许借入无风险资产的有效前沿(不包含线段 $r_b p_2$ 的射线 $r_b p_2$)，如图 6-2 所示。最终的最佳资产组合点是无差异曲线和上述实际投资有效前沿的切线。

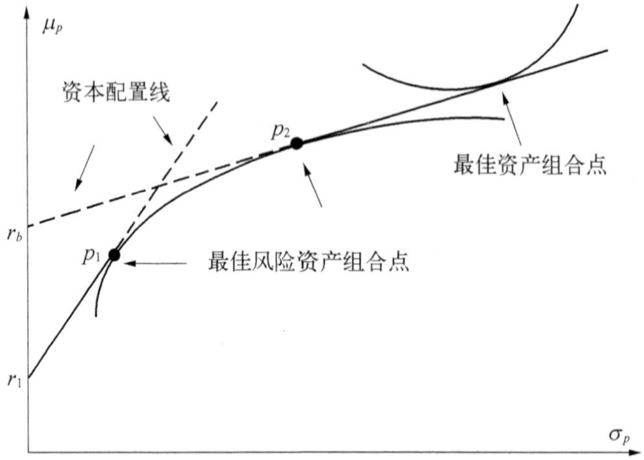

图 6-2　考虑无风险借贷的资产组合有效前沿示意图

（r_l—贷出无风险资产利率，r_b—借入无风险资产利率）

同样，对加入无风险资产后的最优资产配置的数学解法不在本文的讨论范围内，实证中将用 MATLAB 软件进行求解。

（二）相关研究综述

1. 关于艺术品市场的风险收益特征

Stein(1977)研究了 1946—1968 年英国和美国两个国家的油画（作为投资品）的风险收益特征。他采用了平均价格法（作品成交额/成交作品的面积）编制了油画价格指数，来度量两个国家油画市场的价格水平。通过他的测算，英国油画作品的年均收益率为 10.38%，美国油画作品的年均收益率为 10.47%。进一步地，考虑到艺术品既是一个耐用消费品（consumer durable）——能给人带来视觉上的享受，又是一项金融资产——能带来经济上的增值，他又将上述收益分为艺术品作为消费品所带来的收益（即美学价值）以及艺术品作为金融资产带来的收益，并研究它们各自所占的份额。最后他得出结论：艺术品作为资产表现平平。在考察期内，艺术品的收益率不及股票。再考虑到艺术品市场特有的风险，艺术品并不能成为一个有吸引力的投资标的。即使艺术品能够有超出股票的收益率，那也是全部来自其欣赏价值。而在他的研究中，他认为油画的美学价值能给投机者带来的收益率为 1.6%。

之后，许多学者的研究都支持了 Stein 的观点。Baumol(1986)研究了 1652 年至 1961 年在英国伦敦拍卖的艺术品的收益。他采用重复销售回归法

(Repeat-Sales Regression),即根据一件艺术品重复多次的交易价格,构建艺术品指数。最后他得出艺术品在考察期内仅有0.55%的年收益率,甚至低于债券收益率,并认为艺术品价格的波动规律类似于掷骰子游戏(A Floating Crap Game),毫无规律。从研究方法上看,Baumol的重复销售模型很好地解决了艺术品的异质性问题,从而使得不同时期的收益率可以做比较。但其缺点也很明显,即重复销售的艺术品在数量上不是很多,而且往往只有名家名作才会被再次销售,这就导致样本的选取产生了偏误,不能反映市场的总体水平。Pesando(1993)采用了同样的方法研究了1977年至1992年间美国近现代油画的收益情况,发现年收益率为1.51%,低于美国国债收益,但同时风险也比较低。此外,Pesando还研究了艺术品市场的"杰作效应",即大师之作的收益率是否高于市场平均水平。他将价格水平前20%的作品定义为"杰作",结果发现杰作的收益非但没有超越市场,甚至还低于市场,从而否定了市场上普遍存在的"艺术精品具有高回报"的观点。Mei和Moses(2002)对杰作效应的研究也证实了Pesando的观点,他们的研究发现艺术品的购买价格每增加10%,年化收益率会降低0.1%。对此,Mei和Moses(2005)提出一个解释:艺术品经纪人为获取更高佣金等收入会高估艺术品价格,导致一些轻信的投资者过度投资,推高价格,结果透支了作品的升值空间,降低了未来的回报。

石阳和李曜(2013)研究了我国艺术品的收益特征和"杰作效应"。他们同样运用重复销售法,得出结论:其一,2000年至2011年中国艺术品市场整体的名义年化收益率约为18.8%,收益波动率较高;其二,艺术品市场存在杰作效应,最知名艺术家作品的收益超过市场均值,但艺术品价格越高收益越低。由此他们提出了"为了获得更高收益,投资者应该购买最知名艺术家的相对低价作品"的投资建议。

2. 关于艺术品在投资组合管理中的应用

国外学者在艺术品应用于投资组合管理的可行性上有很多研究。总的来说,学者们大都对艺术品在投资组合管理中的作用持肯定态度,本文收集到的文献中仅有国外的一篇文献持否定态度。

1) 肯定态度

Goetzmann(1993)研究了美国从1715年到1986年间被重复销售过的油画作品,利用重复销售模型构建艺术品价格指数,并对艺术品市场的收益率、风险以及与股票、债券的相关性进行分析。他发现,从整个考察期来看,债券的收益率高于艺术品。但去掉1850年之前的数据,艺术品投资收益的回报比债券和股票都要高，虽然这也伴随着高波动率。他的研究成果显示：20 世纪以来艺术品投资的平均收益率为 17.5%，远远高于债券（收益率为 4.8%）和股票（收益率为 4.9%）；以标准差来衡量投资的风险，艺术品投资的风险为 0.528，远远大于债券的 0.106 和股票的 0.219；艺术品与债券和股票的相关性分别为 0.54 和 0.78。虽然如此高的正相关性表明很难通过艺术品与股票债券的投资组合来规避风险，但艺术品还是具有一定投资价值。

Pesando（1993）对 1977 年至 1992 年现代油画价格数据进行了分析。他通过重复交易回归模型研究艺术品、股票和债券的收益和风险状况。其研究表明艺术品投资的实际平均收益率为 1.51%，低于同期短期国债的收益率 2.23%和长期国债的收益率 2.54%，远低于标准普尔 500 指数的收益率（8.14%）。但是艺术品投资的风险较低，标准差为 0.199 4，低于股票 0.233 8 的标准差。艺术品与股票的相关系数为 0.3，与债券的相关系数为−0.73。所以将艺术品引入资产组合是具有一定价值的。进一步来说，由 94%的债券和 6%的艺术品构建资产组合最为理想，可以得到 2.19%的期望收益和 0.031 9 的标准差。

Tucker，Hlawischka 和 Pierne（1995）运用 1981 年至 1990 年期间苏富比艺术品指数研究了艺术品在资产组合中的作用。他们选择每年 6 月底和 12 月底的苏富比艺术品指数值以及对应时间的 S&P500 指数、中长期政府债券指数和 COMEX 黄金指数作为研究对象。其研究表明艺术品与股票、债券之间具有负相关性，和黄金具有较低的正相关性。利用马克维茨的均值方差模型，他们得到最佳的资产配置为艺术品占 36.49%、国债占 55.62%、普通股占 7.89%。他们的研究结果表明，加入艺术品可以有效地改善资产组合质量。

Mei 和 Moses（2002）通过计算 1900 年到 1999 年期间艺术品市场、S&P500 指数、道琼斯工业指数、政府债券和公司债券的收益率、标准差以及它们之间的相关系数，表明考察期内艺术品市场的收益率（5.2%）高于债券市场（政府债券收益率为 1.4%，公司债券为 2%），但低于股票市场（标准普尔 500 指数收益率为 6.7%，道琼斯工业指数为 7.4%）。从风险来看（用标准差衡量），艺术品风险最大，为 35.5%，接下来是道琼斯指数（为 22.2%）、S&P500（为 19.8%）、债券市场（约 8%）。但当作者将考察期缩短至 1950 年至 1999 年时，虽然艺术品市场风险仍旧最大，但其收益有了很大的提高，达 8.2%，与标准普尔指数和道琼斯指数的 9%左右的收益率差了不到 1%，同时也扩大了在收益率方面对债券市场的优势。从相关性来看，1950 年至 1999 年间艺术品与股票市场呈弱相关性，与债券市场呈负相关性。因此，艺术品是一种相对高收益、高风险，并且与其他金融产品相关性低的投资品种。

Worthington 和 Higgs(2004)以及 Campbell(2008)也分别运用了梅摩指数和 AMR 艺术品指数研究艺术品市场与其他主流金融市场(如股票、短期和长期公司债券、短期国债)的收益、风险和相关性。他们的研究均得出结论：不同艺术品子市场之间具有较低的相关性，而且，艺术品与其他金融资产的相关性也较低，这都使艺术品成为风险分散的很好选择。

贺雷(2010)以雅昌指数、上证综合指数、恒生指数和黄金价格指数作为研究对象，也同样证明了中国艺术品市场与其他金融市场和实物资产市场具有的相关性，加入艺术品有助于改善投资组合。并且考虑无风险借贷，风险厌恶系数取 3 时，最优资产组合的比例为：股票市场 0.1%，黄金市场 84.6%，艺术品市场 15.3%。

2) 否定态度

Frey 和 Pommerehne(1989)使用 1635 年至 1987 年间美国、英国、瑞士、法国和德国的拍卖数据，运用重复交易模型，得到在这 350 年的考察期内艺术品的平均收益率为 1.5%，风险为 5%，而相同时期内英国无风险政府债券的收益率更高，为 3%，却有着更低的风险，为 1.7%。所以他们认为艺术品具有收益低而风险大的特性，并不比其他投资产品有更多的优势。

二、艺术品市场投资环境分析

研究将艺术品加入投资组合管理的首要条件是艺术品投资在现实上具有可操作性，即艺术品市场具备足够完善的投资环境以支持投资者涉足该领域。本章将从外部环境和内部环境两方面论述我国现阶段艺术品市场已初步具备支持投资者投资艺术品的条件。

(一) 艺术品市场界定

根据 2004 年文化部发布的《美术品经营管理办法》，艺术品主要是指绘画作品、书法篆刻作品、雕塑雕刻作品、艺术摄影作品、装置艺术作品、工艺美术作品等及上述作品的有限复制品。因此，从交易品种看，我国艺术品市场可以看作是上述几种艺术品的交易场所的总和；从交易层次来看，我国艺术品市场可以分为以画廊、展览会为代表的一级市场、以拍卖会为代表的二级市场以及以艺术品商人和文化商品店为代表的场外市场。由于本文主要是从投资的角度研究艺术品市场，因此，从投资品种的角度而言，本文主要围绕艺术品投资活动密集的中国书画和油画市场进行研究；而从交易层次的角度而言，本文提到的艺术品市场则是特指一级市场（画廊、展览）和二级市场（拍卖行）。

（二）市场外部环境分析

1. 政治法律环境

我国文化产业发展仍处于成长期。在这个时期，如果能得到来自国家层面的政策支持和法律规范，就更有利于其理性发展并迈向成熟，也有利于整个产业投资环境的改善。自 2000 年中国共产党第十五届五中全会首次在中央正式文件中提出“文化产业”概念以来，国家对文化产业的发展开始逐年重视。尤其在最近五年，相关支持政策和法律密集出台，将文化产业发展提升到了前所未有的国家战略高度。

从表 6－1 我们可以看到，我国文化产业政策的发展历程是一个逐渐深入、逐渐细化的一个过程。2009 年，我国第一部文化产业专项规划——《文化产业振兴规划》由国务院常务会议审议通过，标志着文化产业已经上升为国家战略性产业；2011 年党的十七届六中全会通过了《中共中央关于深化文化体制改革、推动社会主义文化大发展大繁荣若干重大问题的决定》，文化产业发展成为国民经济支柱性产业的目标首次被中央以文件形式确立；2013 年，文化部发布了《文化部“十二五”时期文化产业倍增计划》明确了“十二五”时期文化产业的发展目标、主要任务、重点行业和政策措施。其中针对艺术品市场也专门提出了“到 2015 年艺术品市场交易总额达 2 000 亿”等发展目标和“鼓励原创艺术创作，推动画廊业发展，鼓励各地结合自身资源建立艺术产业集聚区”等政策举措；到 2014 年，政策期限进一步细化到一年，《2014 年文化系统体制改革工作要点》及其《分工实施方案》具体部署了 2014 年文化系统体制改革重点工作任务，将责任落实到了文化部各局司。

表 6－1　我国文化产业政策发展历程

年份	会议或文件	内容
2000 年	党的十五届五中全会	首次提出“文化产业政策”的概念
2009 年	《文化产业振兴规划》	文化产业上升为国家战略性产业
2011 年	党的十七届六中全会	加快发展文化产业，推动文化产业成为国民经济支柱性产业

续　表

年份	会议或文件	内　　容
2013 年	《“十二五”时期文化产业倍增计划》	明确了“十二五”时期文化产业的发展目标、主要任务、重点行业和政策措施
2014 年	《2014 年文化系统体制改革工作要点》及其《分工实施方案》	具体部署 2014 年文化系统体制改革重点工作任务

与此同时，文化部等主管部门也积极发挥着艺术品市场监管和市场建设的功能。2011 年《文化部关于加强艺术品市场管理工作的通知》发布，传递了支持画廊业发展以及推动艺术品市场诚信制度建设和艺术品行业协会建设的积极信号；2013 年 12 月，国家艺术基金成立，资助范围包括艺术创作生产、宣传推广、征集收藏、人才培养四个方面，对艺术品市场的繁荣发展意义重大；2014 年 9 月，中国拍卖行业协会发布了艺术品拍卖《从业人员职业守则》《标的审定规范》和《标的保存管理规范》三项新规，首次将艺术品拍卖市场的法律规范体系延伸细化至从业人员操守、审件、保管等具体业务环节，从而使得艺术品拍卖市场环境在已有《拍卖法》和《艺术品拍卖规程行业标准》基础上得到了进一步的完善。

此外，近年来政府还特别强调文化产业与金融业的对接，这对艺术品投资无疑是一个更大的利好消息。文化部、中国人民银行、财政部等部委分别在 2010 年和 2014 年联合出台了《关于金融支持文化产业振兴和发展繁荣的指导意见》以及《关于深入推进文化金融合作的意见》，指出金融部门要把推动文化产业发展作为拓展业务范围、培育新的盈利增长点的重要努力方向，积极开发适合文化产业特点的信贷产品以及文化消费信贷产品，加强和改进对文化产业的金融服务；2014 年 8 月，证监会正式发布实施《私募投资基金监督管理暂行办法》，将艺术品私募基金纳入监管，这被视为官方鼓励发展艺术品私募基金的信号，投资者投资艺术品的渠道由此进一步被拓宽。

总而言之，文化产业发展战略的驱动作用、金融支持文化产业的政策以及法律法规的出台不断推动着艺术品市场走向规范，走向成熟，这样一来，我国的艺术品市场作为一个投资平台就拥有了巨大的发展空间和潜能。

2. 宏观经济环境

艺术市场是受宏观经济影响非常显著的市场，经济下行会对艺术市场的短期行情造成打击；而在经济繁荣、资金充裕的时期，艺术市场往往欣欣向荣。

从 GDP 角度看，文化部发布的《2012 中国艺术品市场年度报告》指出：“按照国际通行的划分标准，当一个国家或地区的人均 GDP 达到 1 000 至 2 000 美元的时候，艺术品购买力开始启动，达到 8 000 美元的时候，艺术品购买力将推动艺术品市场进入繁盛期。”根据国际货币基金组织和国家统计局公布的数据，2013 年我国人均 GDP 达到 6 958 美元[①]；北京、天津、上海分别达到 94 648 元（约合 15 274 美元）、100 105 元（约合 16 155 美元）以及 90 993 元（约合 14 685 美元）[②]。总体来讲，我国艺术品市场的购买力仍处于起步阶段，但在我国一些发达城市的居民已经拥有了很强的消费和投资艺术品的能力。因此，在我国的发达地区，艺术品市场的繁荣已经具备了强大的购买力基础，而宏观经济的稳定和社会财富的增长也势必推动艺术品交易更趋活跃，从而支撑整个市场未来稳定的发展。

货币供应量对艺术品市场也有显著影响。为了抵御货币增长带来的通货膨胀，流通中的货币会积极地去寻找收益高、安全性又好的投资标的，这时艺术品就是一个很好的选择。由图 6-3 可看出，艺术品市场的整体走势和狭义货币供应量 M1 有着密切的趋同性：当市场流动性减少时，艺术拍卖市场的成交规模就会减少；当市场资金面趋于充裕时，艺术市场也会出现回暖的迹象。展望未来，继 2014 年 11 月后 2015 年 3 月和 5 月央行两次宣布降息，2 月和 4 月进行了两次降准，流动性宽松的环境有望进一步得到加强，艺术品市场的资金环境就有望得到改善。但值得注意的是，2014 下半年股市迎来一波牛市，吸引了很多资金。如果牛市继续，那么股市就会与艺术品市场资金形成竞争关系，甚至会有艺术品投资者立即套现而转向股票市场。这可能是对艺术品市场不利的因素。

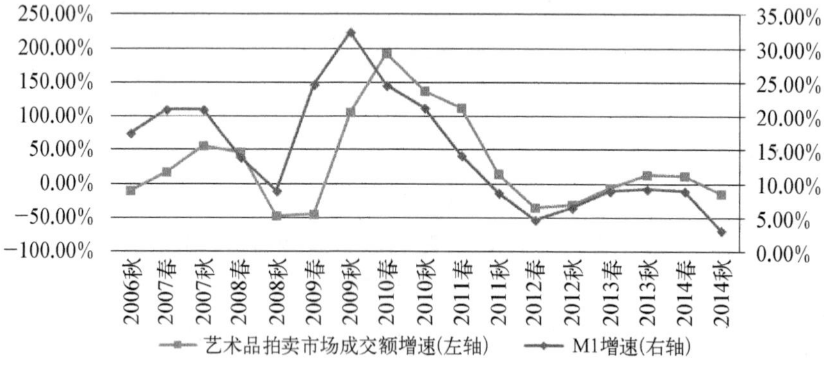

图 6-3　2006—2014 年艺术品拍卖成交额与货币供应量的关系[③]

① 数据来源：国际货币基金组织网站。http://www.imf.org/external/index.htm。
② 数据来源：国家统计局网站。www.stats.gov.cn/。
③ 数据来源：雅昌艺术监测中心、国家统计局。

（三）市场内部环境分析

从市场内部环境看，艺术品市场结构和投资渠道的完备性是将艺术品应用于资产组合管理中的重要前提。目前我国艺术品市场二级市场结构的雏形已经形成，虽然还远未发展成熟，但各个市场层次已逐渐开始发挥其基本职能，艺术品投资渠道也在不断拓宽。

1. 一级市场

画廊作为艺术品的一级市场（即艺术品的发行市场）是连接艺术家与艺术市场的纽带，具有推介艺术家、推出艺术作品的职能。2000年以来，中国的画廊业迈入了全新的发展阶段。部分专业画廊进入“赢利时代”，而外资画廊也大量涌入，形成了多元竞争的繁荣景象。至今，全国范围内人口百万以上的城市均形成了规模大小不等的画廊市场。根据中央美术学院国家艺术与文化政策研究所对国内画廊的调研，截至2013年3月31日，中国内地的专业画廊共有3 366余家，主要分布在东部地区。其中以北京、上海、广州等直辖市和省会城市为中心，画廊数量较多、质量较高，且已经形成了若干影响本地、辐射全国乃至在世界范围享有盛誉的画廊聚集区，例如北京的798艺术区、酒厂艺术区、草场地艺术区等和上海的莫干山艺术区、泰康路艺术区等；二、三线城市亦有相当的画廊数量，在市场上与一线城市形成互补。

2. 二级市场

艺术品拍卖市场是艺术品市场的二级市场，即艺术品的流通市场，由各个拍卖公司构成。拍卖市场保证了艺术品的正常流通和交易，起到了信息汇聚、价值发现和资源配置等基本功能。

从图6－4我们可以看到，2014年我国艺术品拍卖市场发展稳健，成交额基本与上年持平。虽然拍卖市场仍处于调整期，和2011年的全盛时期不可同日而语，但也呈现出了发展的新特点和新趋势。根据雅昌艺术网发布的《中国艺术品拍卖市场调查报告（2014年秋季）》，2014年成交价格在1 000万元以上的高端拍品数量、成交额双双下跌；而价格区间在100万至1 000万元的中端拍品数量持平，成交额上升；价格在10万至100万元的低端作品则拥有极高的市场密集度，成交数量占据整个拍卖成交数量的73％，显示出艺术品市场初级购买群体的扩大。一般来说，过高的成交价格隐藏着巨大的投资风险。因此，中低端拍品成交量价齐升反映出来的是拍卖市场在经过2011年资本洗礼后的理性回归，有利于艺术品市场的健康发展。

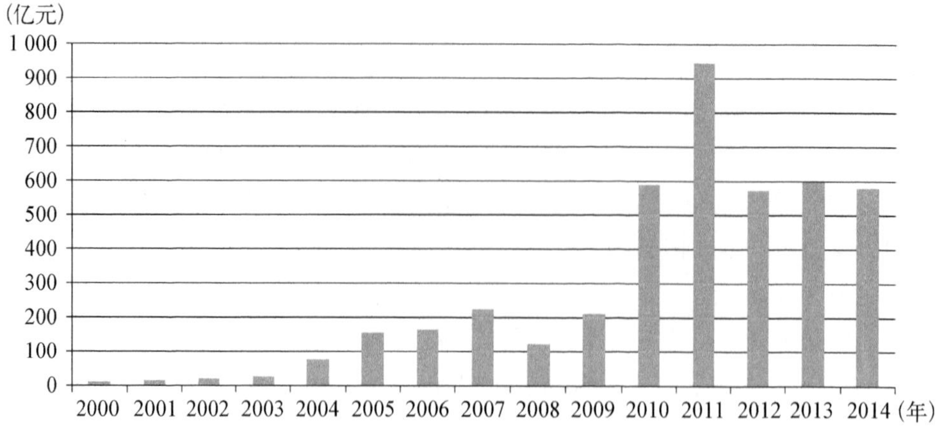

图 6-4 2000—2014 年中国艺术品拍卖市场成交额①

3. 艺术品投资基金

除了上述两种投资渠道，艺术品投资基金作为金融业与文化产业结合的新产物，也成为了近年来很多投资者的新选择。我国艺术品基金的融资方式以信托为主。在 2011 年艺术品市场全盛时期，共有 18 家机构发行了 45 款信托，融资规模达 55 亿元。但自此以后，艺术品信托的数量便逐年减少。根据用益信托网的统计，2014 年全年仅发行 8 款艺术品信托，发行规模 6.66 亿元（图 6-5）。导致艺术信托规模锐减的原因有很多，包括市场进入调整、专业人才配置不足、艺术金融配套服务空白等，但最主要的原因还是艺术品信托快进快出的投资方式在以中长线投资为主艺术品市场上变得越来越不合时宜。

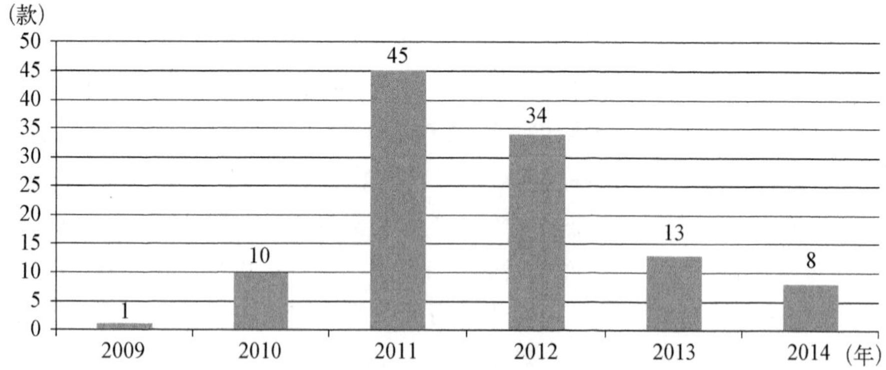

图 6-5 2009 年至 2014 年艺术品信托发行数量②

---

① 数据来源：雅昌艺术监测中心。

② 根据历年中国艺术品市场年度报告和用益信托网整理得到。

在这种情况下，伴随着证监会出台《私募投资基金监督管理暂行办法》将艺术品私募基金纳入监管，艺术品基金发行的私募化或将逐渐成为新趋势。这是因为小规模的艺术品基金一般来说较好运作，而私募基金正好符合体量偏小的特点，且资金成本比信托低。同时，私募基金参与人员有共识，有相同理念，这样艺术品私募基金更容易做专做精，在时间、周期和回报率上都比信托有更多非刚性的优势。

由此看来，艺术品信托的发行力度呈现明显下滑，私募艺术品基金正在成为共识和发展方向，这或许会成为今后高净值人群投资艺术品的新方向。

三、艺术品的定价分析

除了良好的投资环境外，投资者还需考虑的一点就是如何判断艺术品的价格趋势，从而比较合理地制定自己的价格决策。因此，考查影响艺术品价格的因素及其作用机制尤为重要，这也是一切艺术品买卖与投资活动的基本出发点和依据。然而，要探究艺术品价格如何被决定，首先我们需要对艺术品市场的特性进行分析——正是这些特性使得艺术品成为一种特殊的资产，从而促使我们用特殊的方法来分析其价格构成和变动规律。

（一）艺术品市场的特性

艺术品不同于其他一般商品，它所满足的不是人们的基本需求而是较高层次的精神需求；艺术品又不同于股票、债券等金融资产，持有艺术品并没有可预期的未来现金流，也无从确定折现率，从而也就无法通过准确的金融模型来为艺术品定价。因此，艺术品市场与一般商品市场和金融市场相比具有特殊性，这种特殊性就决定了艺术品定价的特殊性。概括地说，艺术品市场主要有以下几个特点。

首先，艺术品具有唯一性，是典型的“异质”商品。艺术品的创作受不同历史阶段、同一历史阶段的不同艺术家，同一艺术家的不同创作时期乃至同一艺术家同一创作时期的不同情绪的影响，从而形成了艺术品的独特性和多样性。因此艺术品之间不能完全相互替代。这种异质性的特点，就使得许多常见的商品定价方法失去了精确性。比如市场比较估价法，即将某一作品与市场中其他相同类型作品（比如相同题材的作品）做比较，借鉴已有的市场成交价格，由艺术品专家估算出该作品的市场价格。由于一件艺术品的内在性质不可能与其参照作品完全匹配，因而运用市场比较法估价只能是一种粗略的估价方式。

其次，艺术品定价的主观因素较强。这是因为艺术品作为文化产物不仅能够给投资者带来经济收益，还能带来精神上的回报，从而满足投资者的精神文化需求。而这种精神回报带来的效用的大小，显然是因购买人的审美品位、文化素养乃至受教育程度而异的。因此，同一件艺术品对于不同人群具有不同的“内涵”与“价值”，每一件艺术品在投资者心中的“价位”也就会有所区别，这是造成艺术品定价困难的原因之一。

最后，艺术品市场存在严重的信息不对称。这是因为艺术家根据时代背景和自身的艺术语言功底、技术能力、表现手法以及对艺术的审美与理解能力所创造出的艺术品，其包含的艺术价值和精神内涵很难被投资者完全理解。如果没有艺术方面的高度专业性，那么投资者很可能连对艺术品的真伪都难以辨别，遑论对其价值的精确判断。因此，艺术品市场这种严重的信息不对称往往会造成艺术品的价格常常严重偏离其价值，从而降低了艺术品定价的准确性。

（二）影响艺术品价格的因素

基于对艺术品市场特性的分析，我们可以看到艺术品定价受主观因素影响较大。因此，本节拟从客观因素和主观因素两方面探讨影响艺术品价格的因素。

1. 客观因素

首先我们先探讨艺术品、艺术家和销售环境等方面的一些客观特征对艺术品价格造成的影响。对此，国内外文献从定性和定量两个角度做了大量研究，限于篇幅，这里仅从定量的角度进行讨论。另外，由于笔者能力有限，这里主要通过对已有文献的评述来总结影响艺术品价格的客观因素。

考虑到艺术品的“异质性”特点，目前国内外主流文献采用的都是特征价格模型（Hedonic Model）来对艺术品的价格影响因素进行定量分析，其基本思路是，商品的需求并不是基于商品本身而是基于商品所具有的属性，所以商品的价格由其本身的一系列特征决定。该商品的每一种特征属性都与其价格的某一部分相联系，因而商品的特征的各种变化都可能造成价格的变化。该模型的一般形式如下：

$$\ln(P)=\ln(\beta_0)+\sum_{i=1}^{n}\beta_i\ln(X_i)+\varepsilon \tag{6-8}$$

其中，P 是商品的价格。$X_i(i=1, 2, \cdots, n)$ 是该商品具有的各个特征，$\beta_i(i=$

1, 2, …, n）对应着第 i 个特征的价格弹性，即在其他特征不变的情况下，该特征变量每变动 1%，价格将随之变动的百分比数。可见，该模型将艺术品的价格分解为各特征的贡献值，量化地反映了客观因素对艺术品价格的影响程度，从而给艺术品定价提供了依据。

总的来说，影响艺术品价格的客观因素可以归纳为艺术家、艺术作品和销售环境三个方面。笔者收集了 11 篇基于特征价格模型对艺术品价格影响因素进行定量分析的中外文文献，并加以梳理，将影响艺术品价格的客观因素归纳见表 6－2。

表 6－2　影响艺术品价格的客观因素

影响因素		说　　明	被证实次数
艺术家	姓　名	代表了艺术家的声誉和地位，艺术家越知名，其作品价格越高①	5
	国　籍	国籍不同，导致绘画的题材和艺术家的艺术风格不同，这会显著影响艺术品价格②	1
	年　龄	艺术家的年龄越大，作品价格越高③	2
	生死状态	画家去世以后，作品的价格弹性逐年增加④	1
艺术品	尺　寸	作品尺寸面积越大，价格越高⑤	7
	材　质	艺术家在不同介质上进行创作的难度不同⑥	3
	创作时间	创作年代越久远，艺术品价格越高⑦	2
	题　材	对于中国国画，山水题材对价格影响最为显著，花鸟和人物题材对价格的影响不显著⑧	1
	风　格	照相写实风格的油画价格显著高于其他风格的油画价格⑨	1

① Anderson(1974), De la Barre(1994)，陆霄虹(2009)，马利娜(2011)，龚聪颖(2012)。

② De la Barre(1994)。

③ Rengers 和 Velthuis(2002)，鲁智钢(2012)。

④ 马利娜(2011)。

⑤ Anderson(1974), Rengers 和 Velthuis(2002), Worthington 和 Higgs(2006), Gawrisch(2008)，陆霄虹(2009)，王艺(2010)，马利娜(2011)，鲁智钢(2012)。

⑥ Rengers 和 Velthuis(2002)，王艺(2010)，鲁智钢(2012)。

⑦ 陆霄虹(2009)，马利娜(2011)。

⑧ 陆霄虹(2009)。

⑨ 鲁智钢(2012)。

续 表

影响因素		说明	被证实次数
艺术品	是否有被画家作品集收录	被收录的作品更容易被专家判断为精品①	1
销售环境	拍卖地点	相同流派的艺术品在不同国家有不同的成交价格。② 在中国,香港地区对价格有较大影响,其他地区没表现出一般规律③	3
	拍卖行	类型相似的艺术品在不同拍卖行有不同的成交价格④,在顶尖的拍卖行更容易拍得高价⑤;在中国,香港两大拍卖行对成交价格的影响要比中国嘉德和北京保利高⑥	7

从表6-2可以看到,已有文献已经研究了众多影响艺术品价格的因素。其中同时被两名或者两名以上研究者证实的因素有:艺术家的姓名、年龄,艺术品的尺寸、材质、创作时间,以及拍卖地点和拍卖行。这些可以被认为是影响艺术品价格的主要客观因素。

2. 主观因素

然而,即便我们消除了艺术品市场的信息不对称,获得了某件艺术品的全部信息,得出了该件艺术品的保留价格或公允价值的区间,我们仍然无法保证(特别是在拍卖市场上)最终的成交价格会落于此区间内。实际成交价与公允价值的差额就来自于购买艺术品过程中感性的、主观的、非理性的因素,主要表现在以下几个方面。

一是投资者审美品位对艺术品价格的影响。这是最主要的主观因素。如前所述,投资者的审美品位影响着其对艺术品的价值的判断。对于符合其品位的艺术品,投资者会在公允价格上不断加价,直到达到他心中的"合理价位";反之,投资者则不愿加价,甚至欲求减价或者干脆不出价。而其中"加价"或"减价"的程度,又是根据艺术品对投资者的吸引力不同而不同。由此可见,艺术品价格中的"非理性溢价"是难以统一和量化的。

① 龚聪颖(2012)。
② Pesondo(1993), Gawrisch(2008)。
③ 王艺(2010)。
④ Pesondo(1993), De la Barre(1994), Worthington 和 Higgs(2006),陆霄虹(2009),马利娜(2011)。
⑤ 鲁智钢(2012)。
⑥ 龚聪颖(2012)。

二是"凡勃伦效应"对艺术品价格的影响。"凡勃伦效应"指的是一种"商品价格定得越高,越能受到消费者的青睐"的经济现象。这在艺术品市场也很常见。因为对于一些艺术品消费者,他们购买艺术品所期望得到的效用并不全都来自艺术品的艺术价值或者经济价值,而主要是通过消费艺术品来炫耀自己的财富。因此对于艺术品的炫耀性消费而言,市场价格越高,反而越能激发潜在买家的购买热情,特别是在拍卖市场中,这种跟风斗富的心理往往使投资者失去理性,也是导致艺术品的成交价格严重偏离其合理的价位的重要原因之一。

三是买家对专业人士评估的过度依赖。如前所述,艺术品市场具有高度专业性,对于没有经验的投资者来说,他们的价格决策高度依赖专家评估意见。而 Mei 和 Mose(2005)的研究表明,艺术品经纪人为获取更高佣金等收入往往会高估艺术品价格,导致一些轻信的投资者过度投资,推高价格,结果透支了作品的升值空间,降低了未来的回报。可见,艺术市场内的"专家"主观上是否持中立客观的态度,也会影响艺术品的最后成交价格。

由此可见,决定艺术品价格的因素纷繁复杂。这也就更需要我们投资者在做价格决策时理清思路,从主观和客观两方面分析投资标的的价格构成,正确判断各个因素对价格的影响程度,从而合理地确定价格区间。

四、艺术品投资对资产组合改善作用的实证研究

在分析了艺术品市场投资条件以及影响艺术品价格的因素之后,艺术品便有了作为资产进行投资的现实和理论基础,那么接下来我们要研究的一个问题就是,中国艺术品引入投资组合是否可以得到理论上的支持?中国艺术品是否能够改善资产组合的质量?如果可以,在艺术品市场内部又该如何构建最优的投资组合呢?本章我们将运用马科维茨均值方差模型,构建一个由股票、国债、黄金和艺术品构成的资产组合,研究中国艺术品在资产组合中的作用,并探讨艺术品市场内部的投资策略。

(一)艺术品投资在跨类投资组合中的优化作用

1. 数据的选取

1)艺术品市场的数据选取

如前所述,艺术品市场和股票市场一样,也有一级市场(画廊、展览)和二级市场(拍卖市场)之分。鉴于目前只有艺术品拍卖市场具有完备的数据可得,所

以我们的研究对象只能限于拍卖市场的艺术品价格数据。但这并没有什么不妥，因为这与研究股票时多以二级市场作为研究对象的逻辑是相同的。

从艺术品的类别看，我们的研究对象将是中国书画和油画。这是考虑到目前市场上的艺术品价格指数全是围绕中国书画和油画作品来编制，而书画和油画又是最大的艺术品门类，通常占到市场拍卖额的70%以上（文化部文化市场司，2013），非常具有代表性，且国内外研究艺术品市场的文献也多以绘画作品为主，因此，这里我们以中国书画和油画市场代表中国艺术品市场作为研究对象也合乎情理。

从数据的来源看，我们将选择使用雅昌艺术网的价格指数。雅昌艺术网是中国权威的艺术品门户专业网站，其旗下的"雅昌艺术市场监测中心"所发布的"雅昌指数"是目前国内唯一能够系统化反映中国艺术品市场行情走势指数体系，其数据一直被文化部发布的中国艺术品市场年度报告所引用，可见其可信度是非常高的。自2000年以来，雅昌艺术网在每个拍卖季度（春季拍卖和秋季拍卖）都会公布大约600名样本艺术家个人指数，指数计算方法是当季作品成交额/当季作品成交面积（单位：元/平方尺）。

艺术家个人指数反映了该艺术家的作品在当时市场上的平均价格，但并非每一位艺术家在每个拍卖季都有作品成交。为了反映艺术品市场的总体价格走势，又能使得每一期价格指数间具有一定可比性，这里选出174名从2002年秋季拍卖至2014年秋季拍卖有连续成交记录的艺术家个人指数，并以成交量为权重，计算出每一拍卖季的"艺术品市场指数"（见附录），计算公式如下：

$$P_t = \sum_{i=1}^{174} x_{it} \times p_{it} \tag{6-9}$$

其中，P_t 是 t 时期的艺术品市场指数，x_{it} 是第 i 位艺术家在 t 时期的作品成交量占所有艺术家作品成交量的比重，p_{it} 是第 i 位艺术家在 t 时期的个人指数。

综上所述，本部分的研究对象是拍卖市场的中国书画作品，艺术品市场价格指数由雅昌艺术网公布的174位具有连续成交记录的艺术家个人指数按成交量为权重计算得到。

2）传统投资市场数据的选取

传统投资领域，本文选择比较常见的投资品种股票、国债、黄金作为研究对象，对应的研究数据分别是上证综合指数、上证国债指数，以及上海黄金交易所公布的Au99.99每月收盘价。

但还需要对这些数据做些处理。因为艺术品拍卖市场不同于其他市场，其一年的成交量集中于春秋两季拍卖活动，雅昌艺术网也只提供春拍和秋拍两季的艺术家个人指数，所以艺术品市场指数近似为一个半年期指数。为了能和艺术品市场指数的期限对应，其他市场的指数也需换算成半年期。于是，本文取各个传统投资市场每年1—6月的指数（收盘价）的算术平均值作为其“上半年指数”，7—12月的指数（收盘价）的算术平均值为“下半年指数”（见附录）。

需要说明的是，上证国债指数从2003年1月1日开始发布，故所有市场的数据从2002年下半年开始收集。

2. 各个市场的风险收益特征和相关性分析

根据上节计算得出的各个市场的指数，我们就可以计算出各个传统市场的每个时期同比增长的年收益率。

但需要注意的是，艺术品市场年收益率的计算相比其他市场有所不同，这主要是因为以下几点。

（1）艺术品拍卖市场存在高昂的交易成本——拍卖行的佣金和所得税，计算收益率时需要将这两者考虑在内。根据中国拍卖行业协会发布的《2013年中国拍卖行业经营状况分析及2014年展望》，目前中国艺术品拍卖行业的平均佣金率为10.34%；根据《国家税务总局关于加强和规范个人取得拍卖收入征收个人所得税有关问题的通知》：“个人拍卖除文字作品原稿及复印件外的其他财产，应以其转让收入额减除财产原值和合理费用后的余额为应纳税所得额，按照‘财产转让所得’项目适用20%税率缴纳个人所得税。”

（2）艺术品投资必须是一个中长线的投资。这是因为艺术品的升值周期较长，且拍卖市场高昂的交易成本也不允许理性的投资者在短期内进行频繁的交易。鉴于此，考虑到市面上的各种艺术品基金的持有期限多为三年，所以这里也将艺术品资产的投资期限设为三年。

结合考虑以上两点，艺术品市场的年收益率计算过程如下。

首先，计算出艺术品市场的三年期收益率：

$$R_{t+2}=\frac{P_{t+2}\times(1-10.34\%)-P_{t-1}}{P_{t-1}}\times(1-20\%)\qquad(6-10)$$

其中，R_{t+2}是投资者从第$t-1$年某拍卖季投资至第$t+2$年同期的三年的总收益率；P_{t-1}是第$t-1$年某拍卖季的艺术品市场指数，P_{t+2}是自$t-1$时期三年后同期的艺术品市场指数。

接着，再根据三年期收益率计算艺术品市场第 t 年某拍卖季的有效年收益率(Effective Annual Rate)：

$$EAR_t = \sqrt[3]{1 + R_{t+2}} - 1 \tag{6-11}$$

这样，各个投资市场间的收益率就有了可比性，构建投资组合也就有了数据基础。还需要说明的是，由于之前艺术品资产持有三年的约定，艺术品市场的年收益率只能算到 2012 年秋季。那么相应地，其他投资市场的收益率数据也只能截止到 2012 年下半年。计算结果见附录。

由此可以得到四个市场的风险收益情况，如表 6-3 所列。

表 6-3　四个市场的风险、收益情况

	股　票	国　债	黄　金	艺术品
平均年收益率	0.143 934 525	0.038 920 412	0.151 109 103	0.171 954 559
年收益率方差	0.308 237 712	0.002 279 15	0.010 765 162	0.038 931 66
年收益率标准差	0.555 191 599	0.047 740 444	0.103 755 3	0.197 311 074
收益/风险	0.259 251 987	0.815 250 321	1.456 398 888	0.871 489 653

从表 6-3 可以看出黄金收益风险比最高，投资吸引力最大；虽然艺术品有更高的收益率，但风险也更大；国债以稳定的收益率排在艺术品市场之后；股票市场收益次低，风险却最高，因此收益风险状况最差。

不过一个投资品能否改善一个资产组合的质量不仅取决于其自身的风险收益，更取决于它与其他市场的相关性。表 6-4 给出了四个市场之间的相关系数。

表 6-4　四个市场的相关性

	股　票	国　债	黄　金	艺术品
股　票	1			
债　券	−0.337 031 416	1		
黄　金	0.222 737 144	−0.110 758 477	1	
艺术品	−0.181 397 635	0.184 608 6	−0.113 955 086	1

可以看到，艺术品市场与其他三个市场的相关性都非常低，甚至与股票、黄金市场呈负相关性。由此，可以判断，在传统资产组合中引入艺术品可以起到一定的优化效果。

3. 投资组合的构建

1）不含有艺术品的投资组合构建

现在研究由股票、国债和黄金构成的资产组合的收益风险情况。这三种资产的平均收益率和收益率之间的协方差如表 6－5 和表 6－6 所列。

表 6－5 三个传统市场的平均收益率

	股 票	债 券	黄 金
平均年收益率	0.143 934 525	0.038 920 412	0.151 109 103

表 6－6 三个传统市场收益率的协方差

协方差	股 票	债 券	黄 金
股 票	0.308 237 712	−0.008 933 049	0.012 830 566
债 券	−0.008 933 049	0.002 279 15	−0.000 548 623
黄 金	0.012 830 566	−0.000 548 623	0.010 765 162

将上述两个表格的数据化为矩阵，带入 Matlab 软件的 frontcon 函数，即可求得有效前沿上的各种资产组合的收益率和风险(标准差)，如表 6－7 所列。

表 6－7 有效前沿上各个投资组合的收益风险情况

	股 票	国 债	黄 金	收 益	风 险	收益/风险
组合 1	2.20%	81.63%	16.16%	0.059 4	0.039 7	1.496 221 662
组合 2	1.85%	72.57%	25.58%	0.069 6	0.041 1	1.693 430 657
组合 3	1.50%	63.51%	34.99%	0.079 8	0.045	1.773 333 333
组合 4	1.15%	54.44%	44.40%	0.089 9	0.050 9	1.766 208 251
组合 5	0.80%	45.38%	53.82%	0.100 1	0.058 2	1.719 931 271
组合 6	0.45%	36.31%	63.23%	0.110 3	0.066 4	1.661 144 578
组合 7	0.10%	27.25%	72.65%	0.120 5	0.075 2	1.602 393 617
组合 8	0.00%	18.17%	81.83%	0.130 7	0.084 4	1.548 578 199
组合 9	0.00%	9.09%	90.91%	0.140 9	0.093 9	1.500 532 481
组合 10	0.00%	0.00%	100.00%	0.151 1	0.103 8	1.455 684 008

同时也可以画出有效前沿的图像，如图 6－6 所示。

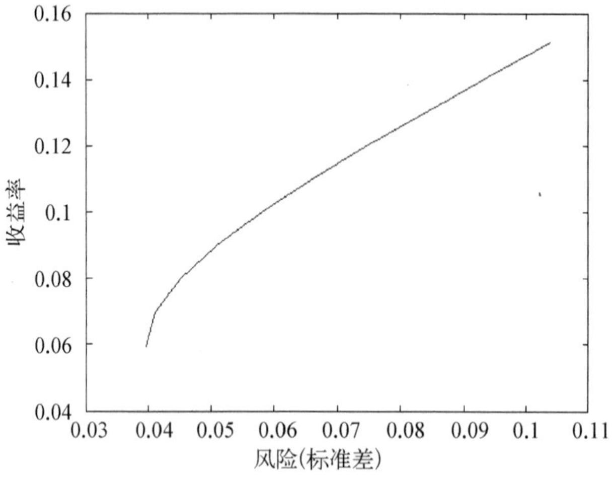

图 6－6 传统投资组合的有效前沿

2）含有艺术品的投资组合构建

现在研究由股票、国债、黄金和艺术品构成的资产组合的收益风险情况，并与不含艺术品的投资组合进行比较。四种资产的平均收益率和收益率之间的协方差如表 6－8 和表 6－9 所列。

表 6－8 四个市场的平均收益率

	股 票	债 券	黄 金	艺术品
平均年收益率	0.143 934 525	0.038 920 412	0.151 109 103	0.171 954 559

表 6－9 四个市场的收益率的协方差

协方差	股 票	债 券	黄 金	艺术品
股 票	0.308 237 712	－0.008 933 049	0.012 830 566	－0.019 871 286
债 券	－0.008 933 049	0.002 279 15	－0.000 548 623	0.001 738 961
黄 金	0.012 830 566	－0.000 548 623	0.010 765 162	－0.002 332 896
艺术品	－0.019 871 286	0.001 738 961	－0.002 332 896	0.038 931 66

将表 6－8 和表 6－9 的数据化为矩阵，带入 Matlab 软件的 frontcon 函数，即可求得有效前沿上的各种资产比例组成的资产组合的收益率和风险（标准差），如表 6－10 所列。

表 6－10　有效前沿上各个投资组合的收益风险情况

	股 票	国 债	黄 金	艺术品	收 益	风 险	收益/风险
组合 1	2.28%	78.86%	16.26%	2.60%	0.063	0.039 4	1.598 985
组合 2	2.11%	68.67%	23.49%	5.74%	0.075 1	0.040 6	1.849 754
组合 3	1.93%	58.47%	30.71%	8.88%	0.087 2	0.044 2	1.972 851
组合 4	1.76%	48.28%	37.93%	12.03%	0.099 3	0.049 6	2.002 016
组合 5	1.58%	38.09%	45.16%	15.17%	0.111 4	0.056 3	1.978 686
组合 6	1.41%	27.89%	52.38%	18.32%	0.123 5	0.063 9	1.932 707
组合 7	1.24%	17.70%	59.61%	21.46%	0.135 6	0.072 1	1.880 721
组合 8	1.06%	7.50%	66.83%	24.60%	0.147 7	0.080 7	1.830 235
组合 9	0.98%	0.00%	56.75%	42.27%	0.159 8	0.096 5	1.655 959
组合 10	0.00%	0.00%	0.00%	100.00%	0.172	0.197 3	0.871 769

为了更清楚地展现艺术品在资产组合中的作用，我们可以看一下在相同的收益率水平下，引入艺术品以后，投资组合风险变化情况，如表 6－11 所列。

表 6－11　两个资产组合的比较

	艺术品所占比重	收益率	不含艺术品的资产风险	含艺术品的资产风险	风险降低幅度
组合 1	4.41%	0.07	0.041 2	0.039 8	0.001 4
组合 2	7.01%	0.08	0.045 1	0.041 8	0.003 3
组合 3	9.61%	0.09	0.051	0.045 3	0.005 7
组合 4	12.20%	0.1	0.058 1	0.05	0.008 1
组合 5	14.80%	0.11	0.066 1	0.055 5	0.010 6
组合 6	17.40%	0.12	0.074 7	0.061 6	0.013 1
组合 7	19.99%	0.13	0.083 7	0.068 2	0.015 5
组合 8	22.59%	0.14	0.093 1	0.075 2	0.017 9
组合 9	25.19%	0.15	0.102 7	0.082 4	0.020 3

可以看到，对于相同的收益率，含有艺术品的投资组合风险小于不含艺术品的组合，而且随着艺术品所占比重增大，投资组合风险降低的幅度也逐渐增大。由此可见艺术品可以改善传统投资组合的质量。

最后，将两类资产组合的有效前沿绘制在一张图中，艺术品的优化作用就更加直观地体现了出来：将艺术品加入投资组合不仅提高了单位风险所能获得的收益，更拓宽了投资组合的选择范围(图6-7)。

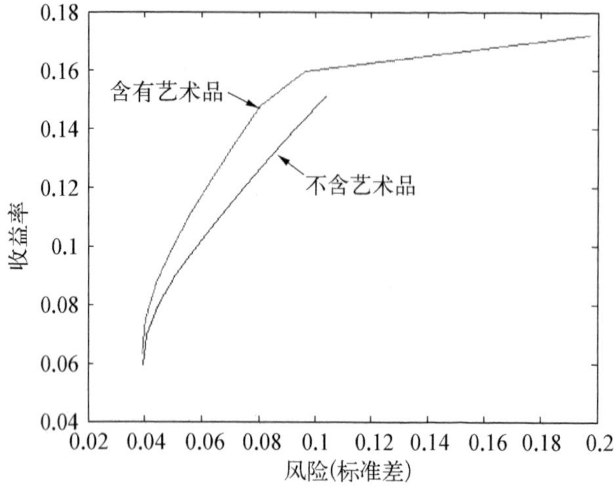

图6-7 含艺术品的投资组合的有效前沿

4. 考虑无风险借贷的最优资产配置

最后研究在可以进行无风险借贷的情况下资产组合的最优配置比例。无风险投资利率取2015年5月10日中国人民银行公布的一年期整存整取利率2.25%。无风险贷款利率取中国人民银行公布的六个月至一年(含1年)贷款利率5.1%。运用Matlab软件的portalloc函数，可以得到在风险厌恶系数从1取到8的时候，含有艺术品的资产组合的最优配置比例，结果如表6-12所列。

表6-12 考虑无风险借贷的最优资产配置

风险厌恶系数	股票	国债	黄金	艺术品	风险资产比重	总体收益率	总体风险	收益/风险
1	1%	4.16%	62.33%	32.48%	14.673 5	1.549 8	1.224 3	1.265 866 209
2	1%	4.16%	62.33%	32.48%	7.336 8	0.800 4	0.612 1	1.307 629 472
3	1%	4.16%	62.33%	32.48%	4.891 2	0.550 6	0.408 1	1.349 179 123
4	1%	4.16%	62.33%	32.48%	3.668 4	0.425 7	0.306 1	1.390 721 986
5	1%	4.16%	62.33%	32.48%	2.934 7	0.350 8	0.244 9	1.432 421 396
6	1%	4.16%	62.33%	32.48%	2.445 6	0.300 8	0.204	1.474 509 804
7	1%	4.16%	62.33%	32.48%	2.096 2	0.265 1	0.174 9	1.515 723 27
8	1%	4.16%	62.33%	32.48%	1.834 2	0.238 4	0.153	1.558 169 935

可见，考虑无风险借贷的情况下，艺术品投资比例应该是32.62%。而且让人惊讶的是，对于无论是激进的（风险厌恶系数较低）投资者还是相对保守的（风险厌恶系数较高）投资者，他们都会或多或少地借入一些资金进行投资，可见本文构建的含有艺术品的风险资产组合是非常具有投资价值的。

（二）艺术品市场内部的分散投资策略

上一部分本文证明了艺术品加入投资组合能有效改善风险收益状况，并得出艺术品在投资组合中的最优配置为32.48%。那么接下来面临的问题就是如何在艺术品市场内部分配这部分资金，使得这部分资产的收益风险状况最优。

影响艺术品价格的因素主要有：艺术家的名气，艺术作品的尺寸大小、绘画风格、创作时间、制作材料，拍卖行以及拍卖的地点。这些因素都可以作为划分艺术品市场的标准，从而形成我们在艺术品市场分散投资的策略。这里，考虑到数据的易得性，本文选取的划分标准是艺术作品的创作时间以及拍卖行和拍卖地点。

从创作时间看，艺术品可分为古代中国书画（1840年之前），近现代中国书画（1840—1949年），当代中国书画（1949年之后）。从拍卖行以及拍卖地点看，本文选取香港佳士得、中国嘉德（北京）、上海朵云轩作为研究对象。接下来，将按照“创作时间”以及“拍卖行和拍卖地点”构建艺术品投资组合，研究这两个策略在改善投资组合质量方面的作用。

1. 数据的选取

按照之前所述的投资策略，艺术品市场可被分为九个子市场（表6-13）。例如子市场1就是由香港佳士得拍出的古代中国书画。

表6-13　艺术品子市场

	香港佳士得	中国嘉德	上海朵云轩
古　代	1	2	3
近现代	4	5	6
当　代	7	8	9

按照惯例，各大拍卖行每季都会专门分别举行古代、近现代、当代书画的拍卖会，因此可以轻松地从各大拍卖行官方网站收集这九个子市场的拍卖数据。但由于无法获得每一件作品的尺寸大小，这里对于艺术品价格指数的计算只能

使用简单平均法，即成交总额/成交总量(单位：元/件)，各指数信息见附录。

2. 投资组合的构建与分析

用“艺术品市场指数”计算出艺术品市场从2003年秋拍至2012年秋拍的平均年收益率是0.172 0，标准差是0.197 3。这可以被认为是艺术品市场的平均收益风险值，如果之后构建出的艺术品投资组合的有效前沿在图像上包含了这一个“平均收益风险点”的话，那么就可以说，这个艺术品投资组合在艺术品市场平均风险下可以获得超额收益(或者在保证市场平均收益的情况下减少风险)，进一步而言，也就有助于改善整个投资组合的质量。

接下来再分析按照“创作时间”以及按照“拍卖行和拍卖地点”构建的艺术品投资组合的收益风险情况。在求出了两种资产组合的平均收益率和协方差矩阵后，我们运用Matlab软件可以画出如图6-8的两条有效前沿。

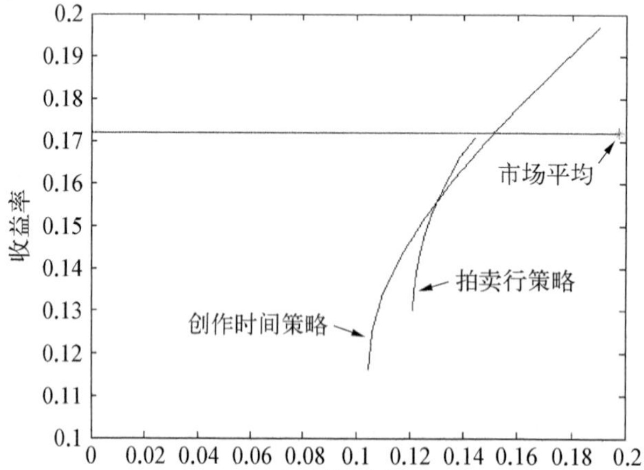

图6-8 两类投资组合的有效前沿

可以看到，按照“创作时间”构建的投资组合的有效前沿将“市场平均风险点”(星号)包含在内，可以有效改善投资组合质量——在保持市场平均收益的情况下，按此策略投资可有效减少风险。并且可以计算出，在保持艺术品市场平均收益率水平(0.172 0)的情况下，按“创作时间”构建的投资组合的风险为0.151 0，单位风险收益是1.139 1，资金分配比例分别是古代书画23.23%，近现代书画67.42%，当代书画9.35%。而按照“拍卖行和拍卖地点”构建的投资组合的有效前沿虽然没有直接包含“市场平均风险点”，但通过计算我们仍然可以说明其优于市场平均水平。按此策略投资所能获得的所有可能的投资收益率由小到大等距离分隔，计算出10组投资组合的单位风险收益率(表6-14)，可以看到所有10个组合的单位风险收益均大于艺术品市场平均水平0.871 5。因此，按该策略投资也可以改善艺术品投资组合质量，资金分配情况是：在佳士得分配不超过54.41%，在中国嘉德分配不少于35.05%，朵云轩的配额则在10.54%到13.35%之间。

表6-14　"拍卖行和拍卖地点"策略所构建的投资组合的风险收益情况

	佳士得	嘉　德	朵云轩	收益率	风　险	收益率/风险
组合1	0.544 1	0.350 5	0.105 4	0.145 3	0.121 2	1.198 844 884
组合2	0.480 3	0.410 8	0.108 9	0.148 1	0.121 5	1.218 930 041
组合3	0.416 5	0.471 1	0.112 5	0.151	0.122 4	1.233 660 131
组合4	0.352 7	0.531 3	0.116	0.153 8	0.123 9	1.241 323 648
组合5	0.288 9	0.591 6	0.119 5	0.156 7	0.125 8	1.245 627 981
组合6	0.225 1	0.651 9	0.123	0.159 5	0.128 4	1.242 211 838
组合7	0.161 3	0.712 2	0.126 5	0.162 4	0.131 3	1.236 862 148
组合8	0.097 6	0.772 5	0.13	0.165 2	0.134 8	1.225 519 288
组合9	0.033 8	0.832 7	0.133 5	0.168 1	0.138 6	1.212 842 713
组合10	0	1	0	0.170 9	0.144 2	1.185 159 501

之所以按上述两个策略进行投资可以取得优于市场平均水平的风险收益情况，笔者认为一方面是得益于分散投资所带来的风险降低的好处，另一方面样本的选取也对结果造成了一定影响。考虑到拍卖数据的易得性和权威性，笔者选取的拍卖行都是中国乃至亚洲顶尖的拍卖行，每年都会吸引全国最优秀的书画作品前来拍卖，因此，这些拍卖行的成交额很大一部分是名家名作。

而名家名作的价格波动特点，是在市场繁荣期，相对于市场平均水平，价格上涨的没有那么快；而在市场萧条期，相对于市场平均水平，价格下跌也没有那么剧烈。这就导致在年均收益率差不多的情况下，名家名作的价格风险小于市场平均水平。这一点可以从雅昌艺术网提供的反映市场平均水平的"雅昌综合指数"和名家名作价格水平的"近现代名家指数"近年来的走势就可以看出(图6-9)。

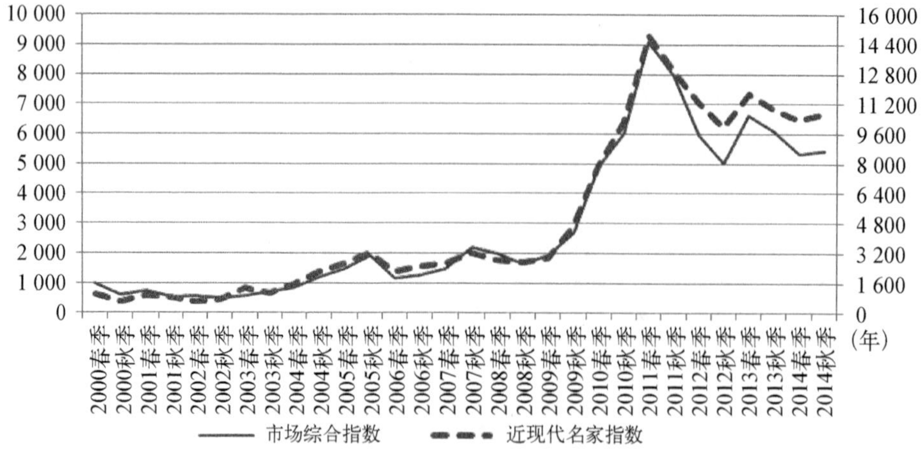

图 6-9 雅昌综合指数和近现代名家指数 2000 年至 2014 年走势

大致来看，近现代名家指数的曲线要比综合指数平稳。具体来看，在市场的繁荣期（2009 年春拍至 2011 年春拍），市场平均价格水平从 1 921 上涨到 9 100，上涨了 374%，名家名作价格水平从 2 930 上涨到 14 880，上涨了 308%，涨幅小于市场平均水平；在市场的调整期（2011 年春拍至 2012 年秋拍），市场平均价格水平从 9 100 下跌到 5 045，下跌了 45%，名家名作价格水平从 14 880 下跌到 9 951，下跌了 33%，跌幅小于市场平均水平。在这样的情况下，名家名作的年收益率会大致与市场平均水平持平，但价格风险比市场平均水平要低。这或许也是导致根据这两个策略构建的投资组合质量显著优于市场平均收益风险情况的原因之一，同时也说明在投资艺术品时选择顶尖的拍卖行可以在一定程度上降低价格风险，这对我们艺术品投资者也有一定的启示和借鉴意义。

（三）实证结论

本部分主要是对马科维茨资产组合管理理论的应用。分析了上证综合指数、上证国债指数、Au99.99 价格和艺术家市场指数的风险收益特征，分别构建了没有艺术品的组合和含有艺术品的组合，来分析艺术品在资产组合中起到的作用，并计算了无风险借贷条件下艺术品资产配置的最优比例。最后我们以艺术品的创作时间和拍卖行为切入点，探讨了艺术品市场内部的分散投资策略。

（1）将艺术品引入投资组合管理中可以有效地改善资产组合的质量。而且在相同收益率下，艺术品在资产组合中的比重越大，组合的整体风险降低的幅度就越大。

(2) 考虑无风险借贷的情况时,以目前的市场利率水平,艺术品在资产组合中的最优比例为 32.48%。

(3) 按照"创作时间"以及按照"拍卖行和拍卖地点"构建艺术品投资组合都能有效改善投入艺术品市场的这部分资金的风险收益情况。

五、结论

随着中国艺术品市场的发展,艺术品成为目前投资领域的一个新的热点。将艺术品应用于投资组合管理当中,成熟完善的市场投资环境是其现实基础。同时,作为一个金融资产,艺术品必须有一个理性的定价,因而影响艺术品价格的因素必须得到明确。最后,艺术品究竟值不值得投资,应该怎样投资也需要得到理论方面的支撑。本文针对以上问题进行研究,得出以下结论。

首先,我国艺术品市场已初步具备支持投资者投资艺术品的市场环境条件。从市场外部环境看,文化产业发展战略的驱动作用、金融支持文化产业的政策以及法律法规的不断规范并繁荣了艺术品市场;从市场内部环境看,艺术品的一级市场、二级市场不断成熟,夯实了艺术品交易的市场基础。艺术品私募基金接力艺术品信托,更为艺术品投资者拓宽了投资的渠道。

其次,影响艺术品价格的因素纷繁复杂,需要从客观和主观两方面进行考察。从客观角度看,艺术家的姓名、年龄,艺术品的尺寸、材质、创作时间、以及拍卖地点和拍卖行是影响艺术品价格的主要因素;从主观角度看,投资者的审美品味、炫耀性心理以及专业人士的评估意见都会影响艺术品价格。对于投资者来说,在做价格决策时需要从主观和客观两方面分析投资标的的价格构成,正确判断各个因素对价格的影响程度,才能合理地确定价格区间。

最后,将艺术品引入投资组合可以有效地改善资产组合的质量。在考虑无风险借贷时,艺术品投资比例应是 32.48%。进一步地,本文所提出的两个艺术品市场内部投资策略——"创作时间策略"和"拍卖行与拍卖地点策略"都可以优化艺术品资产组合的质量,从而提升整个投资组合的风险收益状况。

本文的不足之处主要有两点:

一是艺术品市场指数的计算比较粗糙。本文使用的计算方法和雅昌指数一样,是平均价格法,即考察期作品成交额/成交作品的面积。这种计算方法的问题在于没有充分考虑艺术品的异质性(本文仅保持了作品尺寸和艺术家两个性质不变),两个时点上交易的并不都是相同的艺术作品,因此严格来说不同时期的指数不具有可比性，这就导致艺术品市场收益率的计算不够准确。产生这个问题主要是因为中国艺术品拍卖市场的发展历史相对较短，经过重复拍卖的艺术品还不多，数据获得难度也很大。

二是对艺术品市场风险的度量不准确。马科维茨投资组合理论用资产收益率对期望收益的偏离程度来测量风险，即用资产收益率的标准差作为风险的度量。然而在真实的艺术品市场当中，除了价格波动风险之外，投资者还可能会面临赝品、假拍、虚假宣传与欺诈等道德风险。因此对于没有经验的艺术品投资者来说，艺术品市场的风险应是大于本文所给出的估算。从这个意义上来讲，相对于黄金、债券来说，艺术品的投资吸引力在本文中是被高估的。这个问题主要来自我国艺术品市场现存的一些交易乱象和监管缺失。要解决这个问题，还有赖于政府来进一步完善艺术品市场的监管体系，规范艺术品鉴定与估值行业，推动第三方鉴定机构的发展，逐步建立具有公信力的市场评估和鉴定机构，以降低市场信息不对称的程度。

参考文献

[1] BAUMOL W J. Unnatural Value: Or Art Investment as Floating Crap Game [J]. Journal of Arts Management and Law, 1985, 15(3): 47 - 60.

[2] CAMPBELL R. Art as a Financial Investment [J]. The Journal of Alternative Investments, 2008, 10(4): 64 - 81.

[3] DE LA BARRE M, DOCCLO S, GINSBURGH V. Returns of impressionist, modern and contemporary European paintings [J]. Annales d'Economie et de Statistique, 1994, 35: 143 - 181.

[4] FREY B S, POMMEREHNE W W. Art Investment: An Empirical Inquiry [J]. Southern Economic Journal, 1989, 56(2): 396 - 409.

[5] GAWRISCH D. Price Determinants and Investment Characteristics of Contemporary Paintings [D]. Bern: University of Bern, 2008.

[6] GOETZMANN W N. Accounting for Taste: Art and the Financial Markets over Three Centuries [J]. American Economic Review, 1993.

[7] MEI J, MOSES M. Art as an Investment and the Underperformance of Masterpieces [J]. American Economic Review, 2002, 92(5): 1656 - 1668.

[8] MEI J, MOSES M. Vested Interest and Biased Price Estimates: Evidence from an Auction Market [J]. The Journal of Finance, 2005, 60(5): 2409 - 2435.

[9] PESANDO J E. Art as an Investment: The Market for Modern Prints [J]. American Economic Review, 1993, 83(5): 1075 - 1089.

[10] RENGERS M, VELTHUIS O. Determinants of Prices for Contemporary Art in Dutch Galleries, 1992－1998 [J]. Journal of Cultural Economics, 2002, 26(1): 1－28.
[11] STEIN J P. The Monetary Appreciation of Paintings [J]. Journal of Political Economy, 1977, (5): 1021－1036.
[12] TUEKER M, HLAWISEHKA W, PIEME J. Art as an Investment: a Portfolio allocation analysis [J]. Managerial Finance, 1995, 21(6): 16－25.
[13] WORTHINGTON A C, HIGGS H. Art as an Investment: Risk, Return and Portfolio Diversification in Major Painting Markets [J]. Accounting and Finance, 2004, 44(2): 257－271.
[14] 博迪,凯恩,马库斯.投资学[M].北京：机械工业出版社,2012.
[15] 常华兵.论艺术品的价格决定与投资策略[J].会计之友,2006,(7)：75－76.
[16] 范正红.中国书画艺术品市场价值因素分析[J].山东财政学院学报,2007,(6)：84－86.
[17] 龚聪颖.中国艺术品市场金融化研究——以艺术品油画和国画为例[D].浙江大学,2012.
[18] 胡静,昝胜锋.论艺术品价格形成机制与投资策略[J].现代经济探讨,2008,02：61－65.
[19] 鲁智钢.艺术品特征、艺术家因素与拍卖行对油画拍卖价格影响研究[D].复旦大学,2012.
[20] 陆霄虹.中国当代绘画艺术作品特征价格研究[D].南京航空航天大学,2009.
[21] 马利娜.基于 Hedonic 模型的中国绘画艺术品定价研究[D].北方工业大学,2011.
[22] 倪进.论书画艺术品的价格定位[J].东南大学学报,2007,9(6)：77－81.
[23] 石阳,李曜.中国艺术品投资收益——整体特征与杰作效应[J].金融研究,2013,(12)：194－206.
[24] 文化部文化市场司.2012 中国艺术品市场年度报告[M].北京：人民美术出版社,2013.
[25] 文化部文化市场司.2013 中国艺术品市场年度报告[M].北京：人民美术出版社,2014.
[26] 西沐.中国艺术品市场概论[M].北京：中国书店,2010.
[27] 雅昌艺术市场监测中心.中国艺术品拍卖市场调查报告[R],2011.

附录

附表 1　艺术品市场指数、年收益率

	艺术品市场指数（元/平方尺）	三年期收益率	有效年收益率(EAR)
2002 秋季	19 068.5		
2003 春季	32 887.51		
2003 秋季	27 584.43		0.500 793 392%
2004 春季	39 520.95		0.139 514 733%
2004 秋季	53 722.85		0.182 617 394%
2005 春季	66 713.61		0.081 971 96%
2005 秋季	84 548.11	2.380 358 23%	0.064 453 691%
2006 春季	58 672.49	0.479 652 846%	−0.035 121 779%
2006 秋季	55 916.06	0.653 989 649%	−0.098 769 876%
2007 春季	58 769.28	0.266 624 888%	0.027 020 937%
2007 秋季	75 354.27	0.206 091 666%	0.157 382 092%
2008 春季	64 947.55	−0.101 708 044%	0.306 779 613%
2008 秋季	62 707.77	−0.268 006 712%	0.319 717 231%
2009 春季	72 250.47	0.083 272 934%	0.518 321 242%
2009 秋季	105 267.6	0.550 351 862%	0.514 321 149%
2010 春季	166 452.2	1.231 552 206%	0.392 763 796%
2010 秋季	220 458.1	1.298 490 228%	0.209 354 686%
2011 春季	298 821.8	2.500 185 039%	0.107 088 349%
2011 秋季	286 104.5	2.472 593 622%	0.025 495 223%
2012 春季	251 989.3	1.701 670 664%	−0.078 915 953%
2012 秋季	230 225.7	0.768 728 099%	−0.067 651 255%
2013 春季	268 469.9	0.356 896 87%	
2013 秋季	269 994.9	0.078 452 26%	
2014 春季	242 231.9	−0.218 556 142%	
2014 秋季	243 499.4	−0.189 533 306%	

附表 2 股票市场指数、年收益率

	指 数	年收益率(同比)
2002 年下	1 533.193	
2003 年上	1 517.676	
2003 年下	1 418.076	−0.075 08%
2004 年上	1 593.012	0.049 64%
2004 年下	1 342.128	−0.053 56%
2005 年上	1 163.314	−0.269 74%
2005 年下	1 125.763	−0.161 21%
2006 年上	1 434.851	0.233 417%
2006 年下	1 939.425	0.722 766%
2007 年上	3 437.17	1.395 489%
2007 年下	5 221.711	1.692 401%
2008 年上	3 677.869	0.070 028%
2008 年下	2 147.936	−0.588 65%
2009 年上	2 418.091	−0.342 53%
2009 年下	3 054.587	0.422 103%
2010 年上	2 835.245	0.172 514%
2010 年下	2 756.509	−0.097 58%
2011 年上	2 840.153	0.001 731%
2011 年下	2 438.228	−0.115 47%
2012 年上	2 329.644	−0.179 75%
2012 年下	2 092.575	−0.141 76%
2013 年上	2 240.892	−0.038 1%
2013 年下	2 124.157	0.015 092%
2014 年上	2 039.431	−0.089 9%
2014 年下	2 520.054	0.186 378%

附表 3　国债市场指数、年收益率

	指　　数	年收益率(同比)
2003 年 1 月 1 日	100	
2003 年上	101.163 3	
2003 年下	99.59	−0.004 1%
2004 年上	95.881 67	−0.052 21%
2004 年下	95.06	−0.045 49%
2005 年上	101.091 7	0.054 338%
2005 年下	108.051 7	0.136 668%
2006 年上	110.01	0.088 22%
2006 年下	110.838 3	0.025 79%
2007 年上	111.146 7	0.010 332%
2007 年下	110.175	−0.005 98%
2008 年上	112.96	0.016 315%
2008 年下	117.223 3	0.063 974%
2009 年上	121.086 7	0.071 943%
2009 年下	121.768 3	0.038 772%
2010 年上	124.4	0.027 363%
2010 年下	126.326 7	0.037 434%
2011 年上	127.658 3	0.026 192%
2011 年下	130.081 7	0.029 725%
2012 年上	132.681 7	0.039 35%
2012 年下	134.981 7	0.037 669%
2013 年上	137.13	0.033 526%
2013 年下	138.845	0.028 621%
2014 年上	140.73	0.026 252%
2014 年下	144.03	0.037 344%

附表 4　黄金市场指数、年收益率

	指　　数	年收益率(同比)
2002 年下	92.87	
2003 年上	93.351 67	
2003 年下	102.208 3	0.100 553%
2004 年上	106.93	0.145 454%
2004 年下	112.14	0.097 171%
2005 年上	114.286 7	0.068 799%
2005 年下	121.968 3	0.087 643%
2006 年上	154.18	0.349 064%
2006 年下	158.01	0.295 5%
2007 年上	163.835	0.062 622%
2007 年下	179.388 3	0.135 297%
2008 年上	207.636 7	0.267 352%
2008 年下	185.235	0.032 592%
2009 年上	202.08	−0.026 76%
2009 年下	227.993 3	0.230 833%
2010 年上	253.74	0.255 641%
2010 年下	282.418 3	0.238 713%
2011 年上	307.176 7	0.210 596%
2011 年下	345.333 3	0.222 772%
2012 年上	339.33	0.104 674%
2012 年下	342.763 3	−0.007 44%
2013 年上	300.435	−0.114 62%
2013 年下	258.825	−0.244 89%
2014 年上	257.105	−0.144 22%
2014 年下	243.44	−0.059 44

附表 5　按创作时间划分得到的各个艺术品子市场指数

	古代书画指数（万元/件）	三年期收益率	有效年收益率（EAR）	近现代书画指数（万元/件）	三年期收益率	有效年收益率（EAR）	当代书画指数（万元/件）	三年期收益率	有效年收益率（EAR）
2002 秋	14.073 89			7.121 208			33.105 83		
2003 春	16.213 41			8.400 832			45.792 93		
2003 秋	19.345 35		0.363 522%	12.539 88		0.475 388%	27.413 96		0.198 503%
2004 春	21.889 49		0.232 421%	15.453 63		0.405 812%	42.851 85		0.090 71%
2004 秋	32.387		0.062 134%	21.327 67		0.129 977%	58.829 96		0.378 235%
2005 春	40.122 99		0.241 091%	26.586 74		0.147 036%	57.910 97		0.302 518%
2005 秋	45.816 43	1.535 048%	0.251 138%	29.899 18	2.211 579%	0.108 709%	70.226 16	0.721 539%	0.246 477%
2006 春	37.791 1	0.871 875%	0.103 649%	30.197 39	1.778 314%	0.078 463%	70.071 08	0.297 562%	0.242 759%
2006 秋	26.922 52	0.198 224%	−0.026 01%	21.727 49	0.442 81%	−0.027 73%	92.414 34	1.618%	−0.010 16%
2007 春	52.235 39	0.911 662%	0.120 206%	28.205 23	0.509 145%	0.000 222%	120.069 3	1.209 792%	0.086 926%
2007 秋	79.399 13	0.958 465%	0.459 652%	34.576 7	0.362 864%	0.279 57%	142.437 4	0.936 658%	0.011 581%
2008 春	64.008 88	0.344 289%	0.122 907%	39.080 24	0.254 34%	0.266 073%	138.817 2	0.919 378%	−0.069 18%
2008 秋	46.244 14	−0.076 02%	0.055 843%	29.974 41	−0.080 92%	0.397 579%	75.371 53	−0.030 17%	−0.069 24%

续　表

	古代书画指数（万元/件）	三年期收益率	有效年收益率（EAR）	近现代书画指数（万元/件）	三年期收益率	有效年收益率（EAR）	当代书画指数（万元/件）	三年期收益率	有效年收益率（EAR）
2009 春	63.524 5	0.405 703%	0.203 235%	33.707 94	0.000 666%	0.507 949%	105.905 9	0.284 102%	−0.003 49%
2009 秋	109.221 2	2.109 913%	0.229 608%	57.403 65	1.095 042%	0.451 426%	107.600 5	0.035 148%	0.110 099%
2010 春	88.546 85	0.415 898%	0.154 256%	71.938 16	1.029 441%	0.374 126%	101.523	−0.193 51%	0.015 516%
2010 秋	108.155 2	0.177 058%	0.053 761%	121.949 2	1.729 789%	0.117 806%	120.406 3	−0.193 66%	−0.001 89%
2011 春	137.606 7	0.742 013%	0.063 479%	175.925 5	2.428 943%	0.200 444%	152.804 5	−0.010 45%	0.008 212%
2011 秋	106.964 1	0.859 09%	0.014 926%	119.417 3	2.057 626%	−0.024 63%	122.732 9	0.367 998%	0.056 689%
2012 春	118.481 9	0.537 825%	−0.090 07%	112.534 7	1.594 654%	−0.075 12%	125.099 4	0.047 274%	−0.086 49%
2012 秋	147.719 9	0.170 11%	0.001 983%	95.770 4	0.396 687%	−0.074 27%	119.158 4	−0.005 67%	−0.019 07%
2013 春	123.791 6	0.202 782%		153.440 3	0.729 921%		116.746 9	0.024 84%	
2013 秋	127.481 4	0.045 451%		123.759 5	−0.072 07%		164.489 4	0.179 89%	
2014 春	106.168	−0.246 6%		144.987 5	−0.208 86%		119.793 4	−0.237 68%	
2014 秋	120.188 6	0.005 961%		98.781 88	−0.206 67%		127.283	−0.056 13%	

附表 6　按拍卖行和拍卖地点划分得到的艺术品子市场指数

	香港佳士得书画指数（万港元/件）	三年期收益率	有效年收益率（EAR）	中国嘉德书画指数（万元/件）	三年期收益率	有效年收益率（EAR）	朵云轩书画指数（万元/件）	三年期收益率	有效年收益率（EAR）
2002 秋	28.743 51			10.585 65			3.902 19		
2003 春	26.726 74			16.419 43			4.654 929		
2003 秋	33.731 63		0.228 67%	16.616 8		0.465 401%	8.867 622		0.409 27%
2004 春	40.986 71		0.245 367%	22.061 67		0.193 443%	10.573 93		0.575 59%
2004 秋	43.221 71		0.258 771%	35.419 9		0.153 411%	11.972 68		0.052 064%
2005 春	54.814 89		0.244 652%	37.951 45		0.155 722%	17.364 65		0.129 824%
2005 秋	66.314 12	0.854 836%	0.310 29%	43.489 01	2.146 8%	0.108 453%	14.138 51	1.798 866%	0.140 83%
2006 春	64.517 39	0.931 488%	0.216 888%	34.332 9	0.699 827%	0.136 924%	24.085 72	2.911 38%	−0.024 83%
2006 秋	84.391 54	0.994 528%	−0.008 97%	30.914 41	0.534 45%	−0.082 84%	11.923 52	0.164 464%	0.093 652%
2007 春	98.750 38	0.928 162%	0.047 196%	41.328 44	0.543 691%	0.117 246%	18.312 46	0.442 222%	−0.081 46%
2007 秋	123.503 4	1.249 585%	0.138 474%	57.376 58	0.361 92%	0.275 921%	21.445 32	0.484 783%	0.228 647%
2008 春	122.424 7	0.801 988%	0.032 383%	67.173 98	0.469 584%	0.230 212%	17.607 97	−0.072 67%	0.082 395%
2008 秋	71.497 48	−0.026 65%	0.070 25%	34.649 52	−0.228 51%	0.230 88%	21.841 89	0.308 091%	0.155 766%

续　表

	香港佳士得书画指数（万港元/件）	三年期收益率	有效年收益率（EAR）	中国嘉德书画指数（万元/件）	三年期收益率	有效年收益率（EAR）	朵云轩书画指数（万元/件）	三年期收益率	有效年收益率（EAR）
2009春	85.303 88	0.148 376%	0.160 515%	57.179 52	0.394 59%	0.316 561%	19.307 24	−0.225 02%	0.355 375%
2009秋	150.080 9	0.475 602%	0.204 032%	80.905 03	1.077 169%	0.441 885%	27.507 02	0.854 733%	0.206 628%
2010春	123.951 2	0.100 328%	0.103 324%	95.751 81	0.861 831%	0.266 598%	27.269 31	0.268 11%	0.304 828%
2010秋	176.643 1	0.225 903%	−0.103 11%	133.175 6	0.864 864%	0.147 039%	40.179 09	0.543 867%	0.275 053%
2011春	232.631 6	0.562 976%	0.011 568%	194.985 2	1.282 041%	0.157 697%	56.212 6	1.489 882%	0.202 536%
2011秋	154.050 9	0.745 476%	−0.032 01%	135.149 3	1.997 727%	−0.017 5%	47.405 84	0.756 791%	0.101 791%
2012春	135.945 5	0.343 101%	−0.153 08%	146.039 2	1.031 967%	−0.023 75%	54.415 17	1.221 569%	−0.189 64%
2012秋	109.109 5	−0.278 53%	−0.084 77%	147.665 6	0.509 159%	−0.026 02%	71.825 05	1.072 928%	−0.069 63%
2013春	144.312 6	0.035 107%		180.431 6	0.551 619%		58.508 45	0.738 981%	
2013秋	174.112 6	−0.093%		138.958 3	−0.051 57%		63.718 72	0.337 511%	
2014春	132.151	−0.392 53%		198.556 1	−0.069 58%		26.030 02	−0.467 85%	
2014秋	121.698 6	−0.233 36%		136.405 4	−0.076 05%		40.006 9	−0.194 67%	